African American Inhabitants of Rapides Parish Louisiana

15 June to 4 September 1870

Harry F. Dill

HERITAGE BOOKS
2012

HERITAGE BOOKS
AN IMPRINT OF HERITAGE BOOKS, INC.

Books, CDs, and more—Worldwide

For our listing of thousands of titles see our website
at
www.HeritageBooks.com

Published 2012 by
HERITAGE BOOKS, INC.
Publishing Division
100 Railroad Ave. #104
Westminster, Maryland 21157

Copyright © 1998 Harry F. Dill

Other Heritage Books by the author:

African American Inhabitants of Rapides Parish, Louisiana: 15 June–4 September 1870

Appointments of Postmasters in Louisiana, 12 January 1827–28 December 1892

Louisiana Postmistress and Postmaster Appointments 20 June 1866–17 November 1931

Marriages and Deaths from The Caucasian, *Shreveport, Louisiana, 1903–1913*

Some Slaveholders and Their Slaves, Union Parish, Louisiana, 1839–1865
Harry F. Dill and William Simpson

The Underground Railroad and the Picayune *Connection*

All rights reserved. No part of this book may be reproduced or transmitted in any form or by any means, electronic or mechanical, including photocopying, recording or by any information storage and retrieval system without written permission from the author, except for the inclusion of brief quotations in a review.

International Standard Book Numbers
Paperbound: 978-0-7884-0928-8
Clothbound: 978-0-7884-9442-0

TABLE OF CONTENTS

Preface v
Inhabitants of Lamourie Ward 1
Inhabitants of City of Alexandria 55
Inhabitants of Spring Hill Ward 71
Inhabitants of Cheneyville Ward 101
Inhabitants of City of Pineville 169
Inhabitants of Alexandria Ward 175
Inhabitants of Calcasieu Ward 187
Inhabitants of Anacoco Ward 191
Inhabitants of Pineville Ward 197
Inhabitants of Cotile Ward 215
Inhabitants of Bayou Rapides Ward 247
Inhabitants of Rapides Ward 277
Inhabitants of Weste Ward 315

Preface

The 1870 United States census was the first periodic population enumeration that identified all African Americans, who lived in Louisiana and in other former slave-holding states, by their full names. Although free blacks or mulattoes were named on Federal censuses held in some slave states in 1850 and 1860, the numbers are small and scattered. The 1870 censuses for many former slave states have unusual research value, since they record full names as well as age, sex, color, occupation, place of birth, and whether certain persons were foreign born. (The 1850 and 1860 slave inhabitants population censuses pose serious problems for some researchers, because slaves were accounted for only by ages, sex, color, and names of slaveholders.)

This book provides a handy reference for persons seeking African American ancestors who lived in Rapides Parish, Louisiana, during the 1870 census counts. Researchers are saved the effort of scanning the entire census, inasmuch as the book omits people other than mulatto or black, except for those few whites who had African Americans in their families. Names of white heads of household could help researchers identify ancestors.

Where family tradition says that certain persons were foreign born, notations in the book drawn from the actual 1870 census could reinforce that tradition. Likewise, people who were unaware their ancestors were born abroad could find an added clues to pursue in their quests.

Recording relationships (wife, son, daughter, etc.) was not required on censuses until the 1880 Federal census; the rule by the Federal census bureau that guided census takers in 1870 was that "a family is one or more persons living together and provided for in common." However, many actual relationships can be seen in families that had other persons listed with the head of household.

Rapides Parish, in central Louisiana, is divided geographically: its population districts and major city and government seat, Alexandria, lie south of the Red River, with the city of Pineville and its environs on the north side. (During the 1870 census count, only the city of Pineville and Pineville Ward were established as districts in the Pineville area, all other wards being in the Alexandria vicinity.)

In 1805, Alexander Fulton surveyed and plotted the city of Alexandria, which he named for his daughter. The parish, established in 1807, got its name from "Les Rapides," the French designation for the limestone rapids that once created a portage on the Red River.

Ever since its founding, Rapides Parish has grown steadily into a major trading, commercial and agricultural center, and still has the distinction of being an important artery for land and river transportation.

Inhabitants of Lamourie Ward, Rapides Parish, Louisiana
1 Jun 1870 - 28 Jun 1870

Name	Age	Sex	Race	Occupation	Place of Birth
Walker, Jacob	23	M	B	Farm laborer	LA
Walker, Eliza Jane	21	F	B	Domestic servant	LA
Madison, Robert	12	M	B		LA
Boyd, James	50	M	B	Farm laborer	MD
Boyd, Silvia	40	F	B		MD
Boyd, Ralph	13	M	B		LA
Boyd, Randolph	11	M	B		LA
Boyd, Hannah	10	F	B		LA
Johnson, Spencer	40	M	B	Farm laborer	LA
Johnson, Anna	30	F	B		LA
Johnson, Louisa	4	F	B		LA
Johnson, Lavina	2	F	B		LA
Johnson, Henry	1	F	B		LA
Cammel, Solomon	49	M	M	Laborer	NC
Cammel, Mary	52	F	M		TN
Cammel, Nancy	85	F	M		NC
Cammel, Mary	14	F	M		LA
Baptiste, John	40	M	B	Farm laborer	VA
Baptiste, Maria	50	F	B		LA
Baptiste, Louisa	16	F	B		LA
Baptiste, Mary	5	F	B		LA
Albert, William	26	M	B	Farm laborer	LA
Legras, Dorcas	40	F	B	Farm laborer	LA
Legras, Ellen	14	F	B	Farm laborer	LA
Legras, Harriett	6	F	B		LA

Name	Age	Sex	Race	Occupation	Birthplace
Silman, William	45	M	B	Farm laborer	MD
Lee, John	65	M	B	Farm laborer	LA
Silman, Sam	45	M	B	Farm laborer	LA
Silman, Jane	35	F	B		LA
Simpson, James	21	M	B	Farm laborer	LA
Sullivan, William	30	M	B	Farm laborer	AL
Williams, Henry	55	M	B	Farm laborer	VA
Williams, Liddy	41	F	B		MO
Williams, Sarah	35	F	B	Farm laborer	MO
Williams, Moses	22	M	B	Farm laborer	LA
Williams, Jane	21	F	B	Farm laborer	LA
Williams, John	19	M	B	Farm laborer	LA
Thornton, Quinton	25	M	B	Farm laborer	LA
Ensign, Thomas	60	M	B	Farm laborer	LA
Francis, John	19	M	B	Farm laborer	LA
Williams, John R	48	M	W	Planter	LA
Jones, Elizabeth	50	F	B	Domestic servant	NC
Washington, James	50	M	B	Farm laborer	KY
Grey, Fletcher	45	M	B	Farm laborer	LA
Grey, Agnes	35	F	B		LA
Grey, George	5	M	B		LA
Grey, Jane	5/12	F	B		LA
Grey, George	70	M	M	Farm laborer	VA
Parm, Abraham	60	M	B	Farm laborer	VA
Parm, Julia	50	M	B		VA
Parm, Charity	30	F	B		VA
Gristin, Levin	60	M	B	Farm laborer	VA
Gristin, Phoebe	50	F	B		VA

Family continues on next page

Name	Age	Sex	Race	Occupation	State
Gristin, Caroline	18	F	B		LA
Gristin, James	1/12	M	B		LA
Gristin, Boler	16	M	B	Farm laborer	LA
Gristin, Arthur	12	M	B		LA
Adams, Daniel	50	M	B	Farm laborer	VA
Adams, Mary Ann	45	F	B		NC
Hollins, Aaron	23	M	M		LA
Newton, California	15	M	M		LA
Jackson, Harriett	60	F	B		LA
Jackson, Jacob	25	M	B	Farm laborer	LA
Jackson, William	23	M	B	Farm laborer	LA
Dyer, Sandy	55	M	B	Farm laborer	LA
Dyer, Ellen	40	F	B		KY
Dorsey, Winny	13	F	M		LA
Taylor, Francis	30	M	B	Farm laborer	LA
Taylor, Alexcenice (?)	29	F	B		LA
Taylor, Maria	3	F	B		LA
Martin, John	50	M	B	Farm laborer	VA
Martin, Jane	45	F	B		LA
Martin, Louisa	18	F	B	Farm laborer	LA
Martin, Jane	13	F	B	Farm laborer	LA
Martin, Mary	12	F	B		LA
Briserve, Levi	28	M	B	Farm laborer	LA
Briserve, Gracie	21	F	B		LA
Blair, Susan	70	F	B		KY
Blair, Archibald	36	M	B	Farm laborer	LA
Blair, Moses	18	M	B	Farm laborer	LA
Hopewell, Buck	50	M	B	Farm laborer	KY
Hopewell, Till	31	F	B		KY

Name	Age	Sex	Race	Occupation	Birthplace
Stewart, Fanny	50	F	B	Farm laborer	KY
Lee, Scipio	50	M	B		VA
Mosely, Peter	40	M	B	Farm laborer	MA
Mosely, Angeline	30	F	B		LA
Pierson, Edith	7	F	M		LA
Pierson, Caroline	5	F	B		LA
Pierson, Malinda	4	F	B		LA
Pierson, Eversilla	2	F	M		LA
Johnson, Melinda	50	F	B	Farm laborer	LA
Moore, Janet	60	F	B		VA
Gibson, Clinton	30	M	B	Farm laborer	LA
Gibson, Caroline	25	F	B		LA
Gibson, Ida	60	F	B		LA
Gibson, Caroline	4	F	B		LA
Gibson, Warfield	2	M	B		LA
Gibson, Clinton	3/12	M	B		LA
Hanson, Thomas	35	M	M	Farm laborer	LA
Hanson, Henrietta	25	F	B		LA
Johnson, Thomas	3	M	B		LA
Johnson, Winny	2	F	B		LA
Houston, Judith	24	F	B	Farm laborer	LA
Scott, Samuel	50	M	B	Farm laborer	VA
Scott, Maria	25	F	B		LA
Scott, Elisha	1	M	B		LA
Rester, Stephen	23	M	B	Farm laborer	NC
Parsons, Thornton	60	M	M	Farm laborer	VA
Thomas, Edward	30	M	M	Farm laborer	MD
Thomas, Maria	25	F	B		LA
Thomas, Josephine	19	F	B		LA
Thomas, Amelia	8	F	B		LA
Thomas, Jacob	6	M	B		LA

Johnson, Moses	56	M	B	Farm laborer	VA
Johnson, Katherine	50	F	B		KY
Johnson, Jeremiah	30	M	B	Farm laborer	LA
Johnson, Louisa	3	F	B		LA
Johnson, Emma	3	F	B		LA
Johnson, Edward	1	M	B		LA
Blackman, Amos	28	M	B	Farm laborer	LA
Foster, Lavina	29	F	B	Farm laborer	LA
Foster, Creesy Ann	3	F	B		LA
Oliver, Charles	50	M	B	Farm laborer	VA
Oliver, Ellen	50	F	B		VA
Oliver, John	22	M	B	Farm laborer	LA
Oliver, Cora	18	F	B	Farm laborer	LA
Oliver, Lucy	10	F	B		LA
Smith, Lewis	30	M	B	Farm laborer	LA
Smith, Mary	35	F	B		LA
Bohn, Alfred	25	M	B	Farm laborer	NC
Bohn, Susan	22	F	B		NC
Faircloth, Samuel	20	M	M	Farm laborer	NC
Williams, Allen	25	M	M	Farm laborer	TX
Williams, Ellen	30	F	B		TX
Williams, Betsey	19	F	B	Farm laborer	LA
Bradley, Godfrey	50	M	B	Farm laborer	VA
Bradley, Clara	32	F	B		VA
Bradley, Isaih	18	M	B	Farm laborer	VA
Bradley, Rachel	15	F	B	Farm laborer	VA
Bradley, Melvina	10	F	B		LA
Bradley, Priscilla	4	F	B		LA
Holliday, Charles	50	M	B	Farm laborer	KY

Family continues on next page

Name	Age	Sex	Race	Occupation	Birthplace
Holliday, Mary J	50	F	B		LA
Holliday, Milton	30	M	B	Farm laborer	LA
Holliday, Louise	20	F	B	Farm laborer	LA
Holliday, Mary	2	F	B		LA
Dorsett, Moses	50	M	B	Farm laborer	VA
Dorsett, Rachel	25	F	B		LA
Dorsett, Ann	11	F	B		LA
Dorsett, Janet	3	F	B		LA
Williams, Henry	50	M	M	Farm laborer	KY
Williams, Ann	40	F	B		LA
Williams, Lucy	20	F	B	Farm laborer	LA
Williams, Frank	10	M	B		LA
Smith, Nancy	60	M	M		VA
Lewis, Richard	50	M	B	Farm laborer	MD
Lewis, Malinda	40	F	B		VA
Lewis, Nancy	13	F	B		LA
Lewis, Samuel	40	M	B		LA
Ghempert, George	40	M	B	Farm laborer	LA
Ghempert, Emily	30	F	B		LA
Hite, George	12	M	B		LA
Lewis, Robert	50	M	M	Farm laborer	VA
Lewis, Dicey	50	F	B		VA
Lewis, William H	17	M	M		VA
Good, Richard	35	M	B	Farm laborer	LA
Jordan, Spencer	53	M	B	Farm laborer	KY
Jordan, Fanny	50	F	B		LA
Jordan, Augustine	35	M	B	Farm laborer	KY
Jordan, Harriett	40	F	B	Farm laborer	LA
Jordan, Harriett	10	F	B		LA
Jordan, Charlotte	8	F	B		LA
Jordan, Charlotte	50	F	B		LA

Clark, Nelson	45	M	B	Farm laborer	LA
Clark, Silvia	35	F	B		LA
Clark, Thomas	6	M	B		LA
Clark, Lucy	4	F	B		LA
Edwards, Lucy	25	F	B	Farm laborer	LA
Edwards, Lucy	10	F	B		LA
Lee, Louis	55	M	B	Farm laborer	LA
Bailey, William	70	M	W	Retired planter	VA
Green, Lizzie	50	F	B	Domestic servant	LA
Hopkins, James	60	M	B	Farm laborer	MD
Hopkins, Maria	40	F	B		VA
King, Elizabeth	8	F	B		LA
Gamble, John	50	M	B	Farm laborer	LA
Gamble, Ann	48	F	B		LA
Gamble, Joicy	15	F	B		LA
White, William	38	M	M	Farm laborer	LA
White, Emma	30	F	B		LA
White, Willis	3	M	B		LA
White, Jane	1	F	B		LA
Thompson, Matthew	35	M	B	Farm laborer	LA
Thompson, Sidney	30	F	M		LA
Thompson, Sarah	4	F	M		LA
Thompson, Esther	3	F	M		LA
Wright, Kate	60	F	B		MD
Barrett, George	45	M	B	Farm laborer	MD
Barrett, Margaret	50	F	B		LA
Johnson, Jupiter	45	M	B	Farm laborer	NC
Johnson, Juliana	55	F	B		MD
Briscoe, William	50	M	B	Farm laborer	VA

Family continues on next page

Briscoe, Mary	45	F	B			MD
Briscoe, Cassy	24	F	B	Farm laborer		LA
Liles, Ellen	78	F	M	Farm laborer		LA
Liles, Joseph	1	M	M			LA
Foreman, David	60	M	B	Plantation blacksmith		LA
Foreman, Clorey	40	F	B			LA
Foreman, Caroline	20	F	B	Farm laborer		LA
Foreman, Angeline	5	F	B			LA
Peters, Stephen	30	M	B	Farm laborer		LA
Peters, Delia	24	F	M			LA
Peters, Anna	3	F	B			LA
Tighlman, Richard	45	M	B	Farm laborer		MD
Tighlman, Hannah	46	F	B			VA
Tighlman, Sarah	20	F	B			LA
Tighlman, Alexina	12	F	B			LA
Tighlman, Elijah	48	M	B	Farm laborer		MD
Tighlman, Arina	35	F	B			MD
Tighlman, Michael	18	M	B			MD
Tighlman, Maria	10	F	B			LA
Tighlman, Charles	6	M	B			LA
Tighlman, Pinkney	1	M	B			LA
Hawkins, Penny	65	F	B	Domestic servant		SC
Henry, James	30	M	B	Farm laborer		LA
Pembroke, Joseph	21	M	M	Farm laborer		LA
Hines, Laura	3	F	M			LA
Hines, John	2	M	M			LA
Kimball, Margaret	80	F	B			MD
Hall, Micky	33	F	B	Farm laborer		LA
Hall, Isaac	16	M	B	Farm laborer		LA
Hall, Rose	5	F	B			LA

Family continues on next page

Hall, Isaac	2	M	B		LA
Hall, Margaret	1	F	B		
Crawford, William	38	M	B	Farm laborer	LA
Crawford, Alma	18	F	B	Farm laborer	LA
Kitchen, Moses	55	M	B	Farm laborer	LA
Smith, John	25	M	B	Farm laborer	LA
Smith, Susan	25	F	B		MO
Barnes, John	47	M	M	Farm laborer	MO
Barnes, Jane	27	F	B		LA
Barnes, John	15	M	B		LA
Barnes, Cornelia	6	F	B		LA
Barnes, John	4	M	B		LA
Barnes, Edith	2	F	B		LA
Ballard, Henry	60	M	B	Farm laborer	VA
Smith, Major	28	M	B	Farm laborer	LA
Smith, Susan	26	F	B		LA
Stewart, Esther	6	F	B		LA
Stewart, Rose	5	F	B		LA
Stewart, James	2	M	B		LA
Stewart, Timothy	1	M	B		LA
Nelson, Isam	65	M	B	Farm laborer	SC
Nelson, Dora	30	F	B		LA
Nelson, William	3	M	B		LA
Nelson, Thomas	1/12	M	B		LA
Watson, Robert	9	M	B		LA
Pace, William	64	M	B	Farm laborer	VA
Pace, Mary	60	F	B		VA
Pace, William Jr	40	M	B	Farm laborer	VA
Pace, Eda	25	F	M		LA
Pace, Matilda	2	F	B		LA

Family continues on next page

Pace, William	1	M	B		LA
Pace, Mary	1	F	B		LA
Alexander, Gabriel	35	M	B	Farm laborer	LA
Alexander, Flora	24	F	B		LA
Jones, Gabriel	2	M	M		LA
Steveson, Jeremiah	33	M	B	Farm laborer	LA
Steveson, Eva	27	F	B		LA
Steveson, Mary	2	F	B		LA
Whitter, Margaret	30	F	B		LA
Bowles, Zem	36	M	B	Farm laborer	LA
Bowles, Rosalie	20	F	B		LA
Bowles, Delia	15	F	M		LA
Carr, Narcissa	5	F	M		LA
Hall, Thomas	40	M	B	Farm laborer	LA
Hall, Margaret	29	F	B		LA
Curtis, James	9	M	B		LA
Curtis, Alice	2	F	M		LA
Williams, Anthony	78	M	B	Farm laborer	LA
Williams, Phillis	48	F	B		LA
Black, Joseph	30	M	B		LA
Black, Mary	30	F	B		LA
Owen, Berry	25	M	B		GA
Owen, Susan	22	F	B		LA
Owen, Laura	2	F	B		LA
Brown, Alice	8	F	B		LA
Chase, Willis	50	M	B	Farm laborer	LA
Chase, Caroline	55	F	B		KY
Williams, Isaac	28	M	B	Farm laborer	TN
Williams, Jane	3	F	B		LA

Name	Age	Sex	Race	Occupation	Birthplace
Dawson, Edan	30	M	B	Farm laborer	LA
Dawson, Harriett	58	F	B		LA
Bradley, Lucinda	17	F	B	Farm laborer	LA
Bradley, Adam	13	M	B	Farm laborer	LA
Bradley, Hetty	8	F	B		LA
Bradley, Jane	6	F	B		LA
Betterson, Ruth	69	F	B		MD
Hamilton, Martin	49	M	B	Farm laborer	LA
Hamilton, Kate	48	F	B		VA
King, Coleman	25	M	B	Farm laborer	LA
King, Susan	16	F	B		NC
King, Mary	3/12	F	B		LA
Valentine, Doctor	40	M	B		MO
Valentine, Jane	20	F	B		VA
Lewis, John	5	M	M		LA
Williams, Daniel	20	M	B		VA
Pool, John	40	M	B	Farm laborer	MS
Pool, Margaret	30	F	B		AL
Pool, Jackson	10	M	B		LA
Pool, Elizabeth	1	F	B		LA
White, Stephen	75	M	M	Farm laborer	LA
White, Mary	50	F	M		MD
Bowles, Rainnie	16	F	B	Farm laborer	LA
Bowles, James	8	M	B		LA
Johnson, Rosannah	35	F	B	Farm laborer	LA
White, Eliza	48	F	M	Farm laborer	LA
White, Manuel	8	M	M		LA
Baillio, Gervais	58	M	W	Planter	LA
Hopell, Clarissa	19	F	B	Domestic servant	LA

Name	Age	Sex	Race	Occupation	Birthplace
Baillio, Gervais Jr	36	M	W	Plantation manager	LA
Gibson, Johanna	13	F	B	Domestic servant	LA
Baillio, Sosthene	24	M	W	Planter	LA
Washington, Eliza	14	F	B	Domestic servant	LA
Hopell, Wilfred	59	M	B	Farm laborer	MD
Hopell, Matilda	59	F	B		VA
Hopell, Eva	17	F	B	Farm laborer	LA
Hopell, Jane	2	F	B		LA
Figgins, Richard	50	M	M	Farm laborer	VA
Figgins, Pheome	45	F	B		LA
Figgins, Washington	20	M	B		LA
Sewell, Mary Ann	55	F	B		MD
White, George	21	M	B	Farm laborer	LA
White, Minerva	22	F	B		LA
Carmel, James	6/12	M	B		LA
Jones, William	48	M	B	Farm laborer	MD
Jones, Harriett	45	F	B		LA
Jones, Mary	24	F	B	Farm laborer	LA
Jones, Patsey	15	F	B		LA
Jones, Anthony	12	M	B		LA
Jones, Cleburn	9	M	B		LA
Jones, Manuel	25	M	B	Farm laborer	LA
Jones, Leena	20	F	B		LA
Jones, Jefferson	21	M	B	Farm laborer	LA
Jones, Thomas	1	M	B		LA
Perry, Francis	20	M	B	Farm laborer	LA
Evans, Edward	28	M	B		LA
Evans, Lucinda	27	F	B		LA
Hoppel, Charles	30	M	B	Farm laborer	LA

Family continues on next page

Hoppel, Gabrella	25	F	B		LA
Hoppel, Perry	3	M	B		LA
Hoppel, Vincent	2	M	B		LA
Smith, Emily	54	F	B	Farm laborer	MD
Smith, Seymour	5	M	B		LA
Harris, Louis	17	M	B	Farm laborer	LA
Louis, Peter	57	M	M	Farm laborer	VA
Harris, Hannah	42	F	B		LA
Bennett, Dennis	30	M	B	Farm laborer	MS
Bennett, Lila	27	F	B		LA
Dumfort, Stephen	75	M	B	Ox team driver	LA
Dumfort, Stephen Jr	35	M	B	Farm laborer	LA
Dumfort, Alice	33	F	B		LA
Dumfort, Edward	11	M	B		LA
Dumfort, Ann	5	F	B		LA
Dumfort, Samuel	1	M	B		LA
Mitchell, Tillman	39	M	B	Farm laborer	LA
Mitchell, Adeline	40	F	B		LA
Mitchell, Lucinda	16	F	B	Farm laborer	LA
Mitchell, Jeremiah	10	M	B		LA
Mitchell, Harry	9	M	B		LA
Napoleon, Henry	28	M	B	Farm laborer	MS
Napoleon, Lizzie	24	F	B		TN
Napoleon, Elva	6	F	B		LA
Webster, Frank	45	M	M	Farm laborer	VA
Webster, Mary	32	F	B		LA
Webster, Lucy	12	F	B		LA
Webster, Eli	10	M	B		LA
Webster, George	5	M	B		LA
Webster, Louisa	4	F	B		LA

Johnson, Frank	45	M	M	Farm laborer	LA
Johnson, Susan	40	F	B		LA
Johnson, Josephine	10	F	B		LA
Anderson, Jesse	31	M	B	Farm laborer	LA
Anderson, Nancy	35	F	B		LA
Anderson, Katie	11	F	B		LA
Wright, Mary	48	F	B	Farm laborer	VA
Goodman, David	13	M	B	Farm laborer	VA
Chapley, Vinas	6	F	B		LA
Chapley, Stephen	5	M	B		LA
Anderson, Daniel	1	M	B		LA
Williams, Stephen	26	M	B	Farm laborer	LA
Williams, Rebecca	25	F	B		LA
Williams, Missouri	4	F	B		LA
Williams, Frank	6/12	M	B		LA
Harrison, Henry	43	M	B	Farm laborer	LA
Smith, Van	23	M	B	Farm laborer	LA
Rawlings, John	27	M	B	Farm laborer	MS
Mayberry, Rachel	40	F	B	Farm laborer	MD
Mayberry, Nancy	16	F	B		LA
Mayberry, Peter	10	M	B		LA
Mayberry, Octavius	8	M	B		LA
Mayberry, Arthur	7	M	B		LA
Hall, Richard	54	M	B	Farm laborer	LA
Hall, Jane	40	F	B		LA
Hall, Polly	16	F	B	Farm laborer	LA
Hall, Serina	90	F	B		LA
Grafferied, Henry	52	M	B	Farm laborer	LA
Grafferied, Maria	52	F	B		LA
Grafferied, Elizabeth	13	F	B		LA

Name	Age	Sex	Race	Occupation	State
Wilson, Frank	25	M	B	Farm laborer	LA
Wilson, Sarah	25	F	B		LA
Lewis, Daniel	50	M	B	Farm laborer	VA
Williams, John	25	M	B	Farm laborer	VA
Baillio, Charlotte	60	F	B	Farm laborer	LA
Mason, Henry	35	M	B	Farm laborer	VA
Morris, John	50	M	B	Farm laborer	LA
Hamilton, George	35	M	B	Farm laborer	LA
Hamilton, Patsey	50	F	B		LA
Hamilton, Simon	4	M	B		LA
Clements, Sim	28	M	B	Farm laborer	LA
Clements, Hannah	20	F	B		LA
Clements, Samuel	5/12	M	B		LA
Osborn, Elizabeth	40	F	B	Domestic servant	LA
Osborn, Armstead	13	M	B	Farm laborer	LA
Osborn, Agnes	4	F	B		LA
Crockett, David	25	M	B	Farm laborer	VA
Crockett, Emily	20	F	B		LA
Crockett, Silas	2	M	B		LA
Flecher, Clemence	50	M	B		TX
Flecher, Nancy	30	F	B		LA
Flecher, Frances	12	F	B		LA
Flecher, Josephine	3	F	B		LA
Winder, William	40	M	B	Farm laborer	LA
Winder, Jane	18	F	B		LA
Miller, Josiah	30	M	B	Farm laborer	LA
Miller, Emily	25	F	B		LA
West, Griffen	40	M	B	Farm laborer	MS

Family continues on next page

West, Emiline	40	F	B		LA
West, Robert	15	M	B	Farm laborer	LA
West, Emiline	13	F	B		LA
West, Charles	9	M	B		LA
West, Louisa	7	F	B		LA
West, James	5	M	B		LA
West, George	2	M	B		LA
Addison, John	23	M	M	Farm laborer	LA
Addison, Betsey	21	F	B		LA
Addison, Lindsey	2	M	B		LA
Brown, Charles	23	M	B	Farm laborer	LA
Brown, Sarah	16	F	B		LA
Hamilton, Arthur	71	M	B	Farm laborer	NC
Hamilton, Patience	70	F	B		MD
Butler, James	40	M	B	Farm laborer	LA
Butler, Mary	30	F	B		LA
Butler, Anderson	3	M	B		LA
Elis, Josette	13	F	B	Farm laborer	LA
Elis, Jane	11	F	B		LA
Milliard, John	60	M	B	Farm laborer	LA
Milliard, Rebecca	70	F	B		LA
Milliard, Charity	12	F	B		LA
Williams, Eliza	11	F	B		LA
Milliard, Sosthene	27	M	B	Farm laborer	LA
Milliard, Lethi	26	F	B	Farm laborer	LA
Milliard, Dion	4	M	B		LA
Milliard, Henry	1	M	B		LA
Milliard, Elsey	20	F	B	Farm laborer	LA
Milliard, Orris	15	M	B	Farm laborer	LA
Brown, Richard	66	M	B	Farm laborer	VA
Brown, Peggy	76	F	B		LA

Family continues on next page

Brown, Ellen	25	F	B	Farm laborer	LA
Brown, Elgee	23	M	B	Farm laborer	LA
Brown, Sophia	18	F	B	Farm laborer	LA
Brown, Annie	1	F	B		LA
Brown, Peggy	4/12	F	B		LA
Moore, Daniel	75	M	B	Farm laborer	VA
Moore, Maria	75	F	B		VA
Warren, Rebecca	49	F	B	Farm laborer	LA
Wallace, George	26	M	B	Farm laborer	LA
Wallace, Eliza	23	F	B		LA
Wallace, Nancy	16	F	B	Farm laborer	LA
Wallace, Maria	12	F	B		LA
Wallace, Orange	7	M	B		LA
Wallace, Susan	2	F	B		LA
Chase, Aaron	30	M	B	Farm laborer	LA
Chase, Rebecca	25	F	B		LA
Chase, Sarah	6	F	B		LA
Chase, Ellen	1	F	B		LA
Williams, Moses	60	M	B	House carpenter	NC
Williams, Sarah	50	F	B		LA
Neeley, William	45	M	B	Farm laborer	LA
Neeley, Phillis	25	F	B		LA
Normand, Jacob	50	M	B	Farm laborer	LA
Normand, Mary	45	F	B		LA
Normand, Ailsey	6	F	B		LA
Normand, David	4	M	B		LA
Normand, Silva	3	F	B		LA
Normand, Mary	3	F	B		LA
Normand, Octavia	2	F	B		LA
Normand, John	3/12	M	B		LA
Street, Michael	45	M	B	Farm laborer	LA
Street, Elinora	39	F	B		LA

Family continues on next page

Smith, Charles	4	M	B		LA
Smith, Clara	3	F	B		LA
Hill, Warren	35	M	M	Farm laborer	LA
Hill, Lucinda	25	F	B		LA
Hill, Mary	4	F	B		LA
Hill, Virginia	3	F	B		LA
Jones, Robert	49	M	B	Farm laborer	LA
Jones, Sarah	35	F	B		LA
Jones, Charity	13	F	B		LA
Jones, Harriett	11	F	B		LA
Jones, Jane	4	F	B		LA
Jones, Jeremiah	2	M	B		LA
Smith, Richard	30	M	B	Farm laborer	LA
Acen, Caroline	17	F	B		LA
Calvin, Thomas	7	M	B		LA
Jones, Hercules	55	M	B	Farm laborer	NC
Jones, Hannah	80	F	B		NC
Robinson, Henry M	28	M	W	Cotton plantation manager	MS
Brown, Lemuel	23	M	B	Domestic servant	LA
Brown, Elizabeth	17	F	B	Domestic servant	LA
Robinson, Charles	30	M	W	Planter	MS
Ogeese, Dora	16	F	B	Domestic servant	LA
Gibson, Hiram	15	M	B	Domestic servant	LA
Robinson, Elizabeth	50	F	W		MS
Hall, Georgianna	25	F	M	Domestic servant	FL
Victor, Frank	30	M	B	Farm laborer	LA
Robinson, Aaron	30	M	M	Farm laborer	MS
Robinson, Ceeley	25	F	B		LA
Duffy, William	25	M	B	Farm laborer	LA

Murry, Jefferson	48	M	M	Farm laborer	LA
Murry, Ellen	43	F	B		LA
Murry, Mary	16	F	B	Farm laborer	LA
Murry, Ananias	13	M	B	Farm laborer	LA
Murry, Beverley	12	F	B	Farm laborer	LA
Vaile, Rachel	28	F	B	Farm laborer	LA
Murry, Jefferson	6	M	B		LA
Murry, Caroline	2	F	B		LA
Murry, Jacob	1	M	B		LA
Murry, Missouri	1/12	F	B		LA
Freeman, Stephen	29	M	B	Farm laborer	LA
Freeman, Louisa	25	F	B		LA
Freeman, Selmore	3	M	B		LA
Freeman, Matilda	1	F	B		LA
Foster, Doctor	49	M	B	Farm laborer	LA
Foster, Susan	25	F	B		KY
Page, John	3	M	B		LA
Bryan, Bruce	72	M	B	Farm laborer	NC
Bryan, Amarilla	6	F	B		NC
Green, Harriett	42	F	B	Farm laborer	LA
Clark, Melissa	35	F	B	Farm laborer	LA
Clark, Albert	15	M	B	Farm laborer	LA
Clark, Hannah	8	F	B		LA
Clark, Margaret	5	F	B		LA
Clark, Jacob	3	M	B		LA
Dickson, John	26	M	B	Farm laborer	LA
Dickson, Annie	22	F	B		NC
Dickson, Johanna	8	F	B		LA
Dickson, Norah	7	F	B		LA
Wells, Arthur	55	M	B	Farm laborer	LA
Wells, Caroline	44	F	B		VA
Holly, Thomas	54	M	B	Farm laborer	VA

Commodore, Frank	20	M	B	Farm laborer	LA
Armstrong, Asa	55	M	B	Farm laborer	LA
Armstrong, Mahala	50	F	B		LA
Hanson, Dallas	14	M	B	Farm laborer	LA
Hanson, Timothy	8	M	B		LA
Mitchell, Sip	27	M	B	Farm laborer	LA
Brown, Benjamin	30	M	B	Farm laborer	LA
Brown, Betsey	23	F	B		LA
Brown, Thomas	2	M	B		LA
Duval, Wallace	44	M	B	Farm laborer	LA
Duval, Mary Jane	40	F	B		MO
Nicholas, Lawson	24	M	B	Farm laborer	LA
Nicholas, Dolly	30	F	B		NC
Nicholas, Lolette	14	F	B		LA
Miller, Henry	40	M	B	Farm laborer	LA
Miller, Charlotte	24	F	B		LA
Miller, Martin	14	M	B		LA
Miller, Amelia	2	F	B		LA
Hall, Isaac	25	M	B	Farm laborer	LA
Hall, Olivia	20	F	B		LA
Hall, Ellen	2	F	B		LA
Hall, Margaret	1	F	B		LA
Jones, Margaret	48	F	B	Farm laborer	NC
Brown, Elgee	27	M	B	Farm laborer	LA
Brown, Rachel	25	F	B		LA
Brown, Jane	7	F	B		LA
Brown, Alice	5	F	B		LA
Brown, Aaron	5	M	B		LA
Brown, Judith	4	F	B		LA

Fortnight, Jesse	65	M	B	Farm laborer	LA
Fortnight, Emily	50	F	B		LA
Jean, Peter	52	M	B	Farm laborer	LA
Jean, Mary	50	F	B		LA
Johnson, Anderson	29	M	B	Farm laborer	LA
Johnson, Hannah	25	F	B		VA
Johnson, George	18	M	B	Farm laborer	LA
Johnson, Mary	2	F	B		LA
Johnson, Benjamin	55	M	B	Farm laborer	LA
Johnson, Maria	53	F	B		VA
Johnson, Austin	28	M	B	Farm laborer	LA
Johnson, Doctor	16	M	B	Farm laborer	LA
Johnson, Horace	15	M	B	Farm laborer	LA
Smalley, John	30	M	B	Farm laborer	LA
Smalley, Sarah	50	F	B		LA
Garey, Letia	20	F	B		LA
Pierce, Toney	45	M	B	Farm laborer	LA
Pierce, Emiline	30	F	B		LA
Pierce, Dennis	12	M	B		LA
Pierce, Rose	8	F	B		LA
Pierce, Oaphens	3	M	B		LA
Pierce, Judith	1	F	B		LA
Norwood, William	27	M	B	Farm laborer	MS
Norwood, Martha	18	F	B		LA
Norwood, Ann	12	F	B		LA
Reid, Thomas	17	M	B	Farm laborer	LA
Morgan, Caesar	25	M	B	Farm laborer	LA
Morgan, Martha	18	F	B		LA
Morgan, Thomas	2	M	B		LA
Morgan, Madaline	4/12	F	B		LA
Hallet, Emeline	40	F	B	Farm laborer	LA

Bonners, Zacharia	40	M	B	Farm laborer	LA
Bonners, Jason	38	M	B	Farm laborer	LA
Bonners, Jurilla	23	F	B		LA
Bonners, Nancy	70	F	B		MD
Farrell, Betsey	49	F	B	Farm laborer	NC
Crawford, James	31	M	B	Farm laborer	MS
Crawford, Ellen	27	F	B		LA
Crawford, Elizabeth	5	F	B		LA
Samuel, John	45	M	B	Farm laborer	MO
Samuel, Mary J	25	F	B		VA
Samuel, Stella	7	F	B		LA
Samuel, John	4	M	B		LA
Samuel, Alice	2	F	B		LA
Johnson, Anthony	38	M	B	Farm laborer	MO
Johnson, Ann	38	F	B		LA
Johnson, William	7	M	B		LA
Johnson, Harriett	2	F	B		LA
Washington, George	60	M	B	Farm laborer	MS
Washington, Mary	55	F	B		NC
Washington, Josephine	18	F	B	Farm laborer	LA
Washington, Bart	12	M	B		LA
Washington, Solomon	26	M	B	Farm laborer	LA
Washington, Laura	28	F	B		LA
Washington, George	3	M	B		LA
Washington, John	2/12	M	B		LA
Meath, Eli	47	M	B	Farm laborer	SC
Meath, Julia	24	F	B		LA
Meath, Benjamin	10	M	B		LA
Meath, Lee	7	M	B		LA
Meath, Henderson	5	M	B		LA
Meath, Cinny	2	F	B		LA
Meath, Judith	2	F	B		LA

Family continues on next page

Name	Age	Sex	Race	Occupation	Birthplace
Meath, Thomas	1/12	M	B		LA
Armstead, Polly	28	F	B	Farm laborer	LA
Vane, Jacob	28	M	M	Farm laborer	AL
Vane, Elizabeth	27	F	B		VA
Vane, Josephine	8	F	B		LA
Vane, Sylvester	4	M	B		LA
Vane, Martha	4/12	F	B		LA
Barrell, John	44	M	B	Farm laborer	LA
Barrell, Julia	22	F	B		LA
Barrell, Emily	3/12	F	B		LA
Francis, Tina	40	F	B	Farm laborer	VA
Layssard, Moses	60	M	B	House carpenter	LA
Layssard, Eliza	50	F	B		MD
Layssard, Horace	12	M	B		LA
Layssard, Betsey	11	F	B		LA
Green, Jefferson	23	M	B	Farm laborer	LA
Green, Rachel	30	F	B	Farm laborer	NC
Moore, Marshal	30	M	B	Farm laborer	MS
Moore, Elizabeth	22	F	M		LA
Moore, Lee	7	M	B		LA
Moore, William	3	M	B		LA
Money, Jack	27	M	B	Farm laborer	MO
Money, Matilda	22	F	B		LA
Money, Anna Maria	2	F	B		LA
Turner, John	21	M	B	Plantation blacksmith	LA
Turner, Elizabeth	19	F	B	Farm laborer	LA
Turner, Harriett	2	F	B		LA
Robinson, Reuben	27	M	B	Farm laborer	LA
Robinson, Esther	20	F	B		LA
Robinson, Nisey	2	F	B		LA

Sampson, Robert	22	M	B	Farm laborer	NC
Clairborn, John	23	M	B	Farm laborer	VA
White, Henry	24	M	B	Farm laborer	LA
Jones, Priscilla	40	F	B	Farm laborer	KY
Jones, James	3	M	B		LA
Duffield, Thomas	18	M	M	Farm laborer	LA
Champ, Mary	34	F	B		LA
Hagar, Laura	13	F	B		LA
Hagar, Dallas	11	M	M		LA
Mounts, Reuken	10	M	M		LA
Mounts, Celeste	7	F	M		LA
Champ, Fenton	40	M	B	Farm laborer	LA
Davis, Reuben	40	M	B	Farm laborer	LA
Davis, Esther	22	F	B		LA
Davis, Lizzie	2	F	B		LA
Davis, Thomas	1	M	B		LA
Mullen, Lucy	30	F	B	Farm laborer	LA
Mullen, Isam	14	M	B		LA
Mullen, Fanny	10	F	B		LA
Farron, Henry	55	M	B	Farm laborer	LA
Farron, Johanna	40	F	B		LA
Farron, Sally	22	F	B		LA
Farron, Betsey	1	F	M		LA
Farron, Samuel	44	M	B	Farm laborer	LA
Farron, Harriett	42	F	M		LA
Farron, Luther	17	M	B	Farm laborer	LA
Farron, Elizabeth	16	F	B	Farm laborer	LA
Farron, Manuel	13	M	B	Farm laborer	LA
Farron, Tyler	12	M	B		LA
Farron, Thomas	39	M	M	Farm laborer	LA
Farron, Margaret	7	F	B		LA

Name	Age	Sex	Race	Occupation	Birthplace
Thompson, James	39	M	B	Farm laborer	LA
Thompson, Maria	22	F	B		LA
Thompson, Henry	4	M	B		LA
Thompson, Priscilla	1	F	B		LA
Curtis, John	30	M	B	Farm laborer	LA
Curtis, Ludy	26	F	B		LA
Curtis, Sarah	5	F	B		LA
Curtis, Henry	2	M	B		LA
Curtis, Elizabeth	2/12	F	B		LA
Jones, Ephraim	12	M	B		LA
Jones, Sandy	5	M	B		LA
Perry, Dennis	50	M	B	Farm laborer	MD
Perry, Betsey	24	F	B		NC
Perry, James	8	M	B		LA
Perry, Elly	7	F	B		LA
Perry, William	5	M	B		LA
Perry, Peter	40	M	B	Farm laborer	MD
Perry, Lucy	25	F	B		LA
Perry, Thomas	5	M	B		LA
Perry, William	2	M	B		LA
Lee, John	30	M	B	Farm laborer	NC
Lee, Susan	35	F	B		LA
Farrell, William	19	M	B	Farm laborer	LA
Farrell, Ailsey	17	F	B		LA
Farrell, Lavina	14	F	B		LA
Hall, Dennis	50	M	B	Farm laborer	LA
Hawkins, Gracie	70	F	B		LA
Hawkins, Carlotte	19	F	B		LA
Thompson, William	56	M	B	Farm laborer	NC
Thompson, Sarah	39	F	B		LA
Thompson, Melinda	9	F	B		LA

Name	Age	Sex	Race	Occupation	Birthplace
Barnes, Nelson	37	M	B	Farm laborer	NC
Winbush, Lizzie	40	F	B	Farm laborer	LA
Winbush, Mary	16	F	B	Farm laborer	LA
Barnes, Francis	3	M	B		LA
Barnes, Dorothy	2	F	B		LA
Lee, Julia Ann	40	F	B	Domestic servant	LA
Hawkins, Thomas	60	M	B	Farm laborer	NC
Hawkins, Fanny	70	F	B		NC
Reese, Judith	40	F	B	Farm laborer	LA
Reese, Catherine	16	F	B	Farm laborer	LA
Reese, David	19	M	B	Farm laborer	LA
Reese, George	3	M	B		LA
Compton, Jefferson	25	M	B	Farm laborer	LA
Compton, Newt	25	F	B		LA
Compton, Rose	2	F	B		LA
Compton, Archy	19	M	B	Farm laborer	LA
Cheatam, Lizzie	20	F	B	Farm laborer	LA
Wright, Allen	60	M	B	Farm laborer	LA
Wright, Catherine	35	F	B		LA
Wright, Ann	34	F	B	Farm laborer	LA
Wright, Cora	18	F	B	Farm laborer	LA
Wright, Frances	12	F	B		LA
Wright, Janet	8	F	B		LA
Wright, Elisha	2	M	B		LA
Wright, Clara	6/12	F	B		LA
Farron, Robert	37	M	B	Farm laborer	LA
Farron, Anna	17	F	B		LA
Board, Jesse	60	M	B	Farm laborer	NC
Board, Gracie	70	F	B		NC
Johnson, Doctor	20	M	B	Farm laborer	LA

Family continues on next page

Johnson, Temperance	33	F	B		LA
Johnson, Nellie	13	F	B		LA
Johnson, Sarah	5	F	B		LA
Wholes, Isam	30	M	B	Farm laborer	TX
Wholes, Vina	25	F	B		LA
Wholes, Mary	2	F	B		LA
Wholes, Susan	1	F	B		LA
Murrey, Harriett	40	F	M	Domestic servant	LA
Murrey, Etienne	24	M	M	Farm laborer	LA
Murrey, Baziel	18	M	M	Farm laborer	LA
Murrey, Plishe	12	F	M		LA
Murrey, Hugh	2	M	M		LA
Packens, Thornton	45	M	B	Farm laborer	LA
Packens, Mary Ann	42	F	B		LA
Packens, Beauregard	7	M	B		LA
Washington, Murry	3	M	B		LA
Brown, Nicholas	40	M	B	Farm laborer	VA
Brown, Gastur	30	F	B		LA
Brown, Betsey	8	F	B		LA
Frild, Daniel	60	M	B	Farm laborer	VA
Frild, Archy	17	M	B	Farm laborer	VA
Frild, Daniel	15	M	B	Farm laborer	VA
Frild, Silas	13	M	B	Farm laborer	VA
Frild, Matthias	23	M	B	Farm laborer	VA
Frild, Matilda	20	F	B		LA
Bunn, Lemuel	15	M	B		LA
Bunn, Jones	19	M	B		LA
Brown, Fanny	13	F	B		LA
Hartesin, Thomas	52	M	M	Farm laborer	LA
Hartesin, Liddy	40	F	B		LA
Hartesin, Apolis	22	F	B		LA

Family continues on next page

Hartesin, Elisha	14	M	B		LA
Hartesin, Myers	11	M	B		LA
Hartesin, Thomas	10	M	B		LA
Hartesin, Nancy	6	F	B		LA
Hartesin, Letty	3	F	B		LA
Hartesin, Monsy	10/12	M	B		LA
Aaron, Lewis	24	M	B	Farm laborer	LA
Aaron, Caroline	22	F	B		LA
Aaron, Perry	6/12	M	B		LA
Cottin, Peter	45	M	B	Farm laborer	LA
Cottin, Teinic (?)	40	F	B		LA
Work, William	40	M	B	Farm laborer	LA
Work, Adeline	35	F	B		LA
Dawson, Harrison	14	M	B	Farm laborer	LA
Work, Frank	11	M	B		LA
Work, Celia	6	F	B		LA
Work, Malvey	3	F	B		LA
Work, Hannah	1	F	B		LA
Webster, John	50	M	B	Farm laborer	LA
Webster, Martha	30	F	B		LA
Webster, Nelson	14	M	B	Farm laborer	LA
Hartison, Thomas	26	M	B	Farm laborer	LA
Hartison, Margaret	22	F	B		LA
Hartison, Hallet	1	M	B		LA
Webster, John	50	M	B	Farm laborer	LA
Webster, Martha	30	F	B		LA
Webster, Nelson	14	M	B	Farm laborer	LA
Hartison, Thomas	26	M	B	Farm laborer	LA
Hartison, Margaret	22	F	B	Domestic servant	LA
Hartison, Hallet	1	M	B		LA

Perr, Edmund	25	M	B	Farm laborer	LA
Perr, Biddy	20	F	B		LA
Perr, Providence	1	F	B		LA
Williams, Lenna	45	M	B	Farm laborer	LA
Williams, Eliza	40	F	B		LA
Williams, Clements	17	M	B	Farm laborer	LA
Williams, Waira (?)	12	M	B		LA
Williams, Armstead	12	M	B		LA
Williams, Jane	8	F	B		LA
Williams, Betty Ann	10/12	F	B		LA
Robinson, Westley	25	M	B	Farm laborer	LA
Robinson, Lolette	20	F	B		LA
Robinson, Emily	12	F	B		LA
Robinson, Mary Ann	5	F	B		LA
Robinson, Nancy	10/12	F	B		LA
Perr, Baker	27	M	B	Farm laborer	LA
Perr, Penelope	20	F	B		LA
Perr, Jefferson	5	M	B		LA
Perr, Lizzie	3	F	B		LA
Perr, Silva	2	F	B		LA
Perr, Peter	1	M	B		LA
Harteson, Samuel	50	M	B	Farm laborer	NC
Harteson, Phillis	70	F	B		LA
Cammell, Hardy	70	M	B	Farm laborer	SC
Reddin, Stephen	24	M	B	Farm laborer	LA
Reddin, Phillis	22	F	B		LA
Reddin, Unas	5/12	M	B		LA
Hosea, William	25	M	B	Farm laborer	LA
Hosea, Viney	24	F	B		LA
Young, Joseph	22	M	B	Farm laborer	LA
Wilson, Idoff	17	M	B	Farm laborer	LA

Name	Age	Sex	Race	Occupation	Birthplace
McCaia (?), Elizabeth	20	F	B	Farm laborer	LA
McCaia (?), Maria	17	F	B	Farm laborer	LA
McCaia (?), Daniel	5	M	B		LA
Young, William	3	M	B		LA
Gales, Koyer	25	M	B	Farm laborer	LA
Gales, Dolly	19	F	B		LA
Harris, Alexander	25	M	B	Farm laborer	LA
Harris, Rosaina	20	F	B		LA
Clay, William	21	M	B	Farm laborer	LA
Clay, Betsey	20	F	B		LA
Reynolds, Jesse	30	M	B	Farm laborer	LA
Reynolds, Mary Ann	19	F	B		LA
Reynolds, Lavina	11	F	B		LA
Reynolds, Major	5	M	B		LA
Reynolds, Jesse	4	M	B		LA
Hatta, Richard	70	M	B	Farm laborer	VA
Hatta, Judith	60	F	B		LA
Hatta, Thomas	5	M	B		LA
Robinson, Monroe	38	M	B	Farm laborer	LA
Robinson, Phoebe	30	F	B		VA
Robinson, William	4	M	B		LA
Robinson, May	2	F	B		LA
Mason, Albert	31	M	B		VA
Mason, Mary J	20	F	B		LA
Mason, Janette	9	F	B		LA
Mason, Jackson	5	M	B		LA
Mason, Westley	2	M	B		LA
Fields, David	24	M	B	Farm laborer	LA
Fields, Elsie	22	F	B	Domestic servant	LA
Price, James	2	M	B		LA
Fields, Silvia	6/12	F	B		LA

Roberts, Pleasant	22	M	B	Farm laborer	LA
Roberts, Mary	20	F	B		LA
Butler, Acell	30	M	B	Farm laborer	LA
Butler, Laura	30	F	B		LA
Perr, James	13	M	B	Farm laborer	LA
Perr, Isaac	12	M	B		LA
Perr, Dennis	7	M	B		LA
Butler, Dicey	5	F	B		LA
Butler, Henry	3	M	B		LA
Butler, Hester	1	F	B		LA
Bonner, Gliffen	58	M	B	Farm laborer	LA
Bonner, Winney	50	F	B		LA
Bonner, Eli	20	M	B	Farm laborer	LA
Harris, James H	19	M	B	Farm laborer	LA
Poindexter, George	65	M	B	Farm laborer	VA
Poindexter, Martha	32	F	B		LA
Poindexter, O'Donnel	7	M	B		LA
Henry, John	21	M	B	Farm laborer	GA
Henry, Tenton	26	F	B		LA
Henry, Westley	3	M	B		LA
Henry, Lucy	2	F	B		LA
Turner, David	65	M	B	Farm laborer	VA
Turner, Maria	52	F	B		LA
Turner, Lizzie	15	F	B		LA
Turner, Averana	13	F	B		LA
Turner, Lucinda	12	F	B		LA
Turner, Mary	7	F	B		LA
Turner, Emma	6	F	B		LA
Wilson, Henry	39	M	B		LA
Wilson, Jane	23	F	B		LA
Wilson, James	7	M	B		LA
Wilson, Elsie	7	M	B		LA

Family continues on next page

Wilson, Hillery	5	M	B		LA
Wilson, George	3	M	B		LA
Wilson, Milton	1	M	B		LA
Cristal, Jesse	21	M	B	Farm laborer	LA
Cristal, Alzina	22	F	B		LA
Dorsey, Captain	45	M	B	Farm laborer	LA
Dorsey, Dolly	60	F	B		VA
Curtis, John	23	M	B	Farm laborer	LA
Curtis, Gilphy	16	F	B	Farm laborer	LA
Curtis, Israel	12	M	B		LA
Booker, Hannah	70	F	B	Farm laborer	VA
Williams, Susan	27	F	B	Farm laborer	LA
Williams, Mahala	7	F	B		LA
Minerva, Palles	28	F	B	Farm laborer	LA
Minerva, Ella	7	F	B		LA
Reid, Cupid	28	M	B	Farm laborer	LA
Reid, Dicey	27	F	B		LA
Reid, Nancy	4	F	B		LA
Reid, Ceily	3	F	B		LA
Reid, Putnam	1	M	B		LA
Smith, Allen	40	M	B	Farm laborer	NC
Smith, Clarissa	23	F	B		LA
Perry, Caroline	2	F	B		LA
Curtis, Bonaparte	19	M	B	Farm laborer	LA
Bynum, Lemuel	23	M	M	Farm laborer	NC
Boyd, Thomas	19	M	M	Farm laborer	LA
Austin, Charlotte	41	F	B		LA
Jackson, George	50	M	B	Farm laborer	LA
Jackson, Delia	46	F	B		LA
Jackson, Dennis	18	M	B	Farm laborer	LA

Family continues on next page

Name	Age	Sex	Race	Occupation	State
Jackson, Matthew	14	M	B		LA
Jackson, George	8	M	B		LA
Jackson, Joseph	6	M	B		LA
Jackson, Douglas	5	M	B		LA
Jackson, Shelbin	3	M	B		LA
Jackson, Lanty	3	M	B		LA
Curtis, Susannah	35	F	B	Farm laborer	LA
Curtis, Prudence	19	F	B	Farm laborer	LA
Curtis, Sarah	18	F	B	Farm laborer	LA
Curtis, Nelder	13	M	B		LA
Curtis, Vina	6	F	B		LA
Curtis, Jane	2	F	B		LA
Reid, John	29	M	B	Farm laborer	LA
Reid, Venjamin	27	M	B	Farm laborer	LA
Kiplet, Margaret	37	F	B	Farm laborer	LA
Diggs, James	22	M	B	Farm laborer	LA
Diggs, Somerfield	18	M	B	Farm laborer	LA
Diggs, Dennis	15	M	B	Farm laborer	LA
Diggs, Silas	10	M	B	Farm laborer	LA
Morgan, Charles	23	M	B	Farm laborer	LA
Morgan, Ardel	19	F	B	Farm laborer	LA
Morgan, Manuel	6/12	M	B		LA
Cartridge, Augustus	24	M	B	Farm laborer	LA
Cartridge, Rosa	21	F	B		LA
McBride, Bella	25	F	B	Farm laborer	LA
Holmes, Edward	21	M	B	Farm laborer	LA
Williams, Walter	10	M	B		LA
Williams, Amanda	7	F	B		LA
Harris, Alexander	45	M	B		LA
Harris, Phebe	36	F	B		LA
Harris, Shadrick	9	M	B		LA

Family continues on next page

Harris, Bell	6	F	B			LA
Harris, Christine	3	F	B			LA
Harris, Nancy	1/12	F	B			LA
Harris, Dinah	1/12	F	B			LA
Perkins, Henrietta	24	F	B	Farm laborer		SC
Hawkins, George	28	M	B	Farm laborer		LA
Hawkins, Mary	22	F	B			LA
Weems, Jesse	60	M	B	Farm laborer		LA
Weems, Eliza	30	F	B			LA
Weems, Dixie	9	F	B			LA
Weems, Grant	3	F	B			LA
Weems, Martha	2	F	B			LA
Davenport, Lavin	31	F	B	Farm laborer		VA
Davenport, Hannah	25	F	B			LA
Davenport, Sylvester	4	M	B			LA
Davenport, Shrive	2	M	B			LA
Wilson, Lawson	60	M	B	Farm laborer		VA
Wilson, Julia	54	F	B			LA
Buggs, Simion	48	M	B	Farm laborer		LA
Buggs, Judith	41	F	B			LA
Curtis, George	48	M	B	Farm laborer		VA
Curtis, Delphi	35	F	B			LA
Curtis, Georgianna	15	F	B			LA
Curtis, Eliza	9	F	B			LA
Curtis, Priscilla	8	F	B			LA
Curtis, Lavina	2	F	B			LA
Cobb, Jesse	50	M	B	Farm laborer		VA
Cobb, Rosetta	27	F	B			VA
Cobb, Delia	12	F	B			LA
Cobb, Robert	3	M	B			LA

Family continues on next page

Cobb, Charles	1	M	B		LA
Stewart, James	74	M	B		TN
Stewart, Washington	15	M	B	Farm laborer	LA
Smiler, Milton	50	M	B	Farm laborer	KY
Smiler, Mary	30	F	B		AR
Smiler, Frances	13	F	B		LA
Smiler, Martin	5	M	B		LA
Smiler, Sarah	2	F	B		LA
Smiler, John	1	M	B		LA
Diggs, Robert	11	M	B		LA
Diggs, Nancy	7	F	B		LA
Stewart, Anthony	25	M	B		LA
Stewart, Lottie	30	F	B		LA
Stewart, Mary Ann	6	F	B		LA
Stewart, Delphie	4	F	B		LA
Stewart, Anthony	3	M	B		LA
Stewart, Rebecca	1	F	B		LA
Gaines, Catherine	7	F	B		LA
Mayer, Robert	25	M	B	Farm laborer	LA
Mayer, Lizzie	15	F	B		LA
Green, Florida	4	F	B		LA
Johnson, Albert	25	M	B	Farm laborer	LA
Johnson, Caroline	21	F	B		LA
Johnson, Caloit	6	M	B		LA
Johnson, Teinet	4	F	B		LA
Johnson, Susan	5	F	B		LA
Johnson, Thomas	1/12	M	B		LA
Calloway, Stephen	30	M	B	Farm laborer	LA
Calloway, Milly	27	F	B		LA
Calloway, Louis	9	M	B		LA
Davis, James	40	M	B	Farm laborer	LA
Davis, Amy	51	F	B		LA
Starts, Mack	30	M	B	Farm laborer	LA
Starts, Delphi	21	F	B		LA

Fillmore, Battle	70	M	B	Farm laborer	VA
Fillmore, Matilda	60	F	B		VA
Buchanan, Simeon	61	M	B	Farm laborer	LA
Buchanan, Mary	49	F	B		GA
Williams, James	31	M	B	Farm laborer	LA
Williams, Antoniette	28	F	B		LA
Williams, Linda	7	F	B		LA
Williams, Mary	6	F	B		LA
Williams, James	4/12	M	B		LA
Burton, William	41	M	B	Farm laborer	LA
Burton, Sarah	33	F	B		LA
Burton, Baziel	12	M	B		LA
Burton, Charles	10	M	B		LA
Burton, Moses	6	M	B		LA
Burton, Mary	2	F	B		LA
Wilson, Edmund	78	M	B	Farm laborer	LA
Wilson, Janette	37	F	B		LA
Jenkins, Minerva	31	F	B		LA
Jenkins, Julia	5	F	B		LA
Jenkins, Albert	4	M	B		LA
Melbert, William	25	M	B	Farm laborer	LA
Melbert, Rebecca	24	F	B		LA
Melbert, Ellen	11	F	B		LA
Melbert, Nancy	9	F	B		LA
Melbert, Cella	7	F	B		LA
Melbert, George	6	M	B		LA
Melbert, Thomas	26	M	B	Farm laborer	LA
Melbert, Ann	24	F	B		LA
Melbert, Ella	9	F	B		LA
Melbert, Maria	7	F	B		LA
Walker, Jozette	40	F	B	Farm laborer	LA
Walker, Esau	33	M	B	Farm laborer	LA
Walker, Bully	28	M	B	Farm laborer	LA

Family continues on next page

Walker, Martha	31	F	B		LA
Walker, Esther	26	F	B	Farm laborer	LA
Walker, Frogine	11	F	B		LA
Walker, Mary	9	F	B		LA
Walker, Baziel	4	M	B		LA
Snowden, Ceaser	40	M	B	Farm laborer	LA
Snowden, Isabella	50	F	B		LA
Snowden, Isdin	21	F	B	Farm laborer	LA
Snowden, Isam	10	M	B	Farm laborer	LA
Snowden, Harriett	8	F	B		LA
Thomas, John	60	M	B	Farm laborer	LA
Thomas, Sukey	28	F	B	Farm laborer	MD
Thomas, Joseph	12	M	B		LA
Thomas, John	11	M	B		LA
Thomas, Nancy	8	F	B		LA
Thomas, Henry	6	M	B		LA
Nalre, John	30	M	B	Farm laborer	LA
Nalre, Pilla	29	F	B		LA
Nalre, Mack	5	M	B		LA
Nalre, Sosthene	2	M	B		LA
Nalre, Clemence	4/12	M	B		LA
White, William	30	M	B	Farm laborer	LA
White, Clorese	25	F	B		LA
White, Spencer	2	M	B		LA
White, Alfred	28	M	B	Farm laborer	LA
White, Clarissa	24	F	B		LA
White, Clarence	7	M	B		LA
White, Kate	4	F	B		LA
White, Ettinan	2	M	B		LA
White, John	2	M	B		LA
White, Frances	1	F	B		LA
Wright, Joshua	27	M	B	Farm laborer	LA

Family continues on next page

Name	Age	Sex	Race	Occupation	Birthplace
Wright, Remus	10	M	B		LA
Wright, Joshua	8	M	B		LA
Wright, Party	3	M	B		LA
Williams, Henry	40	M	B	Farm laborer	LA
Williams, Mary	24	F	B		LA
Williams, Crip	3	M	B		LA
Young, Sylvia	22	F	B	Farm laborer	LA
Young, Mary	50	F	B		LA
Young, Landy	4	M	B		LA
Young, Doc	1	M	B		LA
Mayhan, Peter	100	M	B		Africa
(Parents were foreign born)					
Mayhan, Elsie	89	F	B		MD
Mayhan, Phileste	15	F	B		LA
Mayhan, Elsie	14	F	B		LA
Jenkins, Deacon	60	M	B	Farm laborer	LA
Jenkins, Samuel	4	M	B		LA
Jenkins, George	3	M	B		LA
White, Charles	24	M	B	Farm laborer	NC
White, Caroline	23	F	B		NC
Brooks, Henry	20	M	B	Farm laborer	LA
Thompson, Philip	70	M	B		LA
Thompson, Emmeline	30	F	B		LA
Thompson, Mary Celeste	3/12	F	B		LA
Marshal, Thomas	50	M	B	Farm laborer	MD
Marshal, Martha	28	F	B		LA
Marshal, Abner	17	M	B	Farm laborer	LA
Lewis, Richard	53	M	B	Farm laborer	LA
Lewis, Harriett	35	F	B		LA
Cotton, Betsey	30	F	B	Farm laborer	LA
Cotton, Moses	16	M	B	Farm laborer	LA
Cotton, Eliza	13	F	B	Domestic servant	LA

Family continues on next page

Cotton, Thomas	11	M	B		LA
Cotton, Harvey	9	M	B		LA
Cotton, Prince	7	M	B		LA
Cotton, Dinah	4	F	B		LA
Cotton, Mary	2	F	B		LA
Dolville, Fanny	40	F	B	Farm laborer	LA
Dolville, Baziel	14	M	B	Farm laborer	LA
Dolville, Seymour	5	M	B		LA
Dolville, Corinne	2	F	B		LA
Dolville, Paul	1	M	B		LA
Paine, Marcellus	50	M	B	Farm laborer	NC
Paine, Rachel	75	F	B		LA
Keating, Frank	60	M	B	Farm laborer	LA
Keating, Jane	31	F	B		LA
Hawkins, Clara	23	F	B	Domestic servant	LA
Hawkins, Lisbon	7	M	B		LA
Clark, William Henry	15	M	B	Farm laborer	LA
Lewis, John	56	M	B	Farm laborer	LA
Lewis, Mary	53	F	B		LA
Lewis, Moses	16	M	B	Farm laborer	LA
Lewis, Daniel	14	M	B	Farm laborer	LA
Lewis, Jane	13	F	B		LA
Lewis, Jeremiah	10	M	B		LA
Israel, Abner	40	M	B	Farm laborer	NC
Israel, Ann	42	F	B		LA
Israel, Isaac	16	M	B	Farm laborer	LA
Israel, Robert	14	M	B		LA
Israel, Dora	11	F	B		LA
Israel, Emmeline	3	F	B		LA
Israel, John	10/12	M	B		LA
Hox, Frank	50	M	B	Farm laborer	NC
Hox, Mima	35	F	B		LA

Family continues on next page

Name	Age	Sex	Race	Occupation	State
Hox, Isabella	14	F	B		LA
Hox, William	3	M	B		LA
Brent, Hannah	51	F	B	Farm laborer	LA
Brent, James	17	M	B	Farm laborer	LA
Brent, Amanda	15	F	B	Farm laborer	LA
Brent, Sarah	11	F	B		LA
Hawkins, Dennis	30	M	B		LA
Hawkins, Charlotte	22	F	B		LA
Hawkins, Squire	3	M	B		LA
Hawkins, Chatman	1	M	B		LA
Tyler, Dent	25	M	B	Farm laborer	LA
Tyler, Rose	28	F	B		LA
Tyler, Henry	2	M	B		LA
Claggett, Henry	55	M	B	Farm laborer	LA
Claggett, Riney	54	F	B		LA
Smith, Perry	24	M	B	Farm laborer	LA
Smith, Martha	22	F	B		LA
Williams, Henry	50	M	B	Farm laborer	LA
County, Philip	26	M	B	Farm laborer	LA
County, Harriett	30	F	B		LA
County, Abe	17	M	B	Farm laborer	LA
County, Joseph	16	M	B	Farm laborer	LA
County, Maria	10	F	B		LA
County, Cornelia	1	F	B		LA
Cotton, Thomas	13	M	B	Farm laborer	LA
Cotton, Eliza	11	F	B		LA
Davis, Adam	70	M	B	Farm laborer	LA
Davis, Agnes	55	F	B		GA
Davis, Anthony	22	M	B	Farm laborer	LA
Davis, Lucinda	16	F	B		LA
Wilson, Alfred	22	M	B	Farm laborer	MS
Davis, Nathan	16	M	B	Farm laborer	LA
Davis, Daniel	14	M	B		LA

Thompson, Henry	24	M	B	Farm laborer	LA
Thompson, Caroline	20	F	B		LA
Russel, Richard	27	M	B	Farm laborer	LA
Russel, Matilda	39	F	B		LA
Lee, Martha	23	F	B		LA
Lee, Maria	15	F	B		LA
Lee, Louise	10	F	B		LA
Russet, James	27	M	B	Farm laborer	LA
Russet, Anthony	8	M	B		LA
Russet, Emmeline	2	F	B		LA
Dowells, Thomas	60	M	B	Farm laborer	LA
Dowells, Christine	60	F	B		LA
Hunkerfoot, Sarah	62	F	B	Farm laborer	LA
Hunkerfoot, Nancy	32	F	B	Farm laborer	LA
Wade, Albert	23	M	B	Farm laborer	LA
Lane, Lawson	50	M	B	Farm laborer	LA
Lane, Mary	48	F	B		LA
Lane, Dodey	14	F	B		LA
Frew, Francisco	28	M	B	Farm laborer	LA
Frew, Margaret	25	F	B		LA
Frew, Rachel	7	F	B		LA
Frew, John	4	M	B		LA
Frew, Susan	3	F	B		LA
Frew, Sarah	2	F	B		LA
Pew, Johman	60	M	B	Farm laborer	LA
Pew, Elizabeth	40	F	B		LA
Pew, Sarah Ann	50	F	B		LA
Pew, Albert	24	M	B	Farm laborer	LA
Fanner, John	60	M	B	Farm laborer	LA
Fanner, Georgiana	25	F	B		LA
Fanner, Thomas	7	M	B		LA

Name	Age	Sex	Race	Occupation	State
Gaster, Joseph	40	M	B	Farm laborer	LA
Gaster, Louisa	38	F	B		LA
Gaster, Hester	8	F	B		LA
Gaster, Betsey	4	F	B		LA
Gaster, Sarah	3	F	B		LA
Bates, Henry	60	M	B	Farm laborer	LA
Bates, Marella	39	F	B		LA
Bates, John	25	M	B	Farm laborer	LA
Bates, Henry	24	M	B	Farm laborer	LA
Bates, Elizabeth	18	F	B		LA
Bates, Mary Jane	13	F	B		LA
Bates, Richard	6	M	B		LA
Bates, Thomas	4	M	B		LA
Bates, Samuel	2	M	B		LA
Bates, Cherry	1	F	B		LA
Bowers, Anthony	70	M	B	Farm laborer	LA
Bowers, Milly	54	F	B		LA
Bowers, Josephine	15	F	B		LA
Bowers, Isaac	13	M	B		LA
Dyer, Louisa	61	F	B	Farm laborer	LA
Dyer, Abby	37	F	B		LA
Dyer, Paul	16	M	B		LA
Polk, Enoch	61	M	B	Farm laborer	LA
Polk, Ellen	31	F	B		LA
Polk, Henry	13	M	B		LA
Polk, Rose	19	F	B		LA
Polk, Ransom	10	M	B		LA
Polk, Martha	9	F	B		LA
Polk, Elvira	6	F	B		LA
Polk, Augustus	3	M	B		LA
Scott, Stanhope	25	M	B	Farm laborer	LA
Scott, Fanny	23	F	B		LA
Scott, Stanley	1	M	B		LA

Family continues on next page

Reeves, Charlotte	8	F	B		LA
Berry, Robert	39	M	B		GA
Cooper, John	40	M	B	Farm laborer	LA
Cooper, Nancy	31	F	B		LA
Cooper, Mary	6	F	B		LA
Cooper, Cora	3	F	B		LA
Cooper, John	11/12	M	B		LA
Lawson, John	31	M	B	Farm laborer	LA
Lawson, Henrietta	30	F	B		LA
Lawson, Morris	2	M	B		LA
Blackston, John	27	M	B	Farm laborer	LA
Blackston, Alice	23	F	B		LA
Blackston, Isaac	4	M	B		LA
Blackston, John	2	M	B		LA
Blackston, Andrew	3/12	M	B		LA
Marvey, William	61	M	B	Farm laborer	LA
Marvey, Nancy	64	F	B		VA
Marvey, Lucinda	16	F	B		LA
Scott, Charles	67	M	B	Farm laborer	NC
Scott, Mary	63	F	B		VA
Burton, Charles	8	M	B		LA
Burton, Moses	6	M	B		LA
Burton, Lafayatte	2	M	B		LA
Brooks, James	26	M	B	Farm laborer	NC
Brooks, Betsey	30	F	B		NC
Brooks, Alice	8	F	B		LA
Brooks, Kate	6	F	B		LA
Brooks, Mary	5	F	B		LA
Brooks, Birdy	3	F	B		LA
Brooks, Thomas	1	M	B		LA
Phillips, Sarah	35	F	B	Farm laborer	LA
Phillips, George	15	M	B		LA

Clark, Anderson	35	M	B	Farm laborer	VA
Clark, Cornelia	25	F	B		NC
Porter, Fanny	90	F	B		VA
Thompson, Samuel	55	M	B		VA
Thompson, Jane	55	F	B		VA
Thompson, Rosanna	13	F	B	Domestic servant	LA
Thompson, Sophia	11	F	B		LA
Holt, Reuben	50	M	B	Farm laborer	LA
Holt, Adeline	45	F	B		LA
Lewis, Francis	30	M	B	Farm laborer	LA
Lewis, Frances	19	F	B	Domestic servant	LA
Lewis, Abraham	11	M	B		LA
Lewis, Fanny	8	F	B		LA
Lewis, Cora	6	F	B		LA
Lewis, Louis	4	M	B		LA
Lewis, Mary	1	F	B		LA
McIntyre, Louis	22	M	B	Farm laborer	LA
McIntyre, Mary	19	F	B		LA
McIntyre, Theodore	16	M	B	Farm laborer	LA
McIntyre, Albert	19	M	B	Farm laborer	LA
McIntyre, Phebe	12	F	B		LA
Brooks, David	55	M	B	Farm laborer	NC
Brooks, Nancy	49	F	B		NC
Brooks, Polk	24	M	B	Farm laborer	NC
Brooks, Sarah	22	F	B		NC
Brooks, Mary Jane	6/12	F	B		LA
Brooks, David	20	M	B	Farm laborer	LA
Brooks, Charlotte	25	F	B	Farm laborer	LA
Brooks, Martha Thomas	4/12	F	B		LA
Brooks, John	13	M	B	Farm laborer	LA
Brooks, Paul	11	M	B	Farm laborer	LA
Brooks, Frank	9	M	B		LA
Brooks, Nancy	6	F	B		LA

Family continues on next page

Williams, Judy	24	F	B	Domestic servant	LA
Williams, John	3	M	B		LA
Emberton, Joseph	28	M	B	Farm laborer	LA
Emberton, Fannie	30	F	B		LA
Emberton, Alice	7	F	B		LA
Emberton, Horace	4	M	B		LA
Brooks, Thomas	26	M	B	Farm laborer	NC
Brooks, Emily	20	F	B		NC
Brooks, Nathaniel	30	M	B		NC
Brooks, Sarah	3	F	B		NC
Tinnan, John	38	M	B	Farm laborer	NC
Tinnan, Harriett	35	F	B		NC
Tinnan, George	1	M	B		LA
People, Doc	30	M	B	Farm laborer	NC
People, Pricilla	18	F	B		NC
Hubbard, Romeo	35	M	B	Farm laborer	NC
Hubbard, Jane	30	F	B		NC
Hubbard, Mary	60	F	B		NC
Hubbard, Annie	1	F	B		LA
Hubbard, Spencer	20	M	B	Farm laborer	NC
King, Nathan	55	M	B	Farm laborer	NC
King, Dilly	3	F	B		NC
Morehead, William	40	M	B	Farm laborer	NC
Morehead, Phebe	20	F	B		NC
Cobb, Willis	17	M	B	Farm laborer	NC
Williams, Alexander	30	M	B	Farm laborer	LA
Williams, Nathan	29	M	B	Farm laborer	LA
Raymond, Edward	27	M	B	Farm laborer	LA
Nelson, John	28	M	B	Farm laborer	LA
Henderson, Monroe	22	M	B	Farm laborer	NC
Alston, Peter	50	M	B	Farm laborer	NC

Family continues on next page

Name	Age	Sex	Race	Occupation	Birthplace
Hight, Hercules	55	M	B	Plantation blacksmith	VA
Conte, Matthew	55	M	B	Carpenter	MD
Conte, Arnold	13	M	B	Farm laborer	LA
Conte, Artilla	11	F	B		LA
Conte, Mack	6/12	M	B		LA
Taylor, Henry	55	M	B	Cooper	VA
Taylor, Prisilla	50	F	B		VA
Taylor, Benjamin	15	M	B	Farm laborer	LA
Wright, Orrin	45	M	B	Cooper	VA
Wright, Louisa	35	F	B		LA
Wright, Laura	14	F	B		LA
Moore, Henry	50	M	B	Cooper	LA
Brown, Aaron	56	M	B	Farm laborer	NC
Brown, Jane	28	F	B		NC
Brown, Lucy	9	F	B		LA
Brown, Duncan	7	M	B		LA
Brown, Cornelia	6	F	B		LA
Brown, Rebecca	4	F	B		LA
Brown, Jane	10	F	B	Domestic servant	LA
Madison, Martha	47	F	B	Farm laborer	LA
Madison, Letty	8	F	B		LA
Madison, William	6	M	B		LA
Hynes, Caroline	30	F	B	Domestic servant	LA
Houston, Louis	68	M	B	Brickmason	NC
Houston, Matilda	56	F	B		KY
Houston, William	19	M	B	Farm laborer	LA
Houston, Osborn	13	M	B		LA
Houston, Louis	12	M	B		LA
Houston, Clarissa	12	F	B		LA
Eloin, Samuel	30	M	B	Farm laborer	LA

Family continues on next page

Fuller, Joseph	35	M	B	Farm laborer	SC
Fuller, Maria	30	F	B		SC
Tilford, Annie	8	F	B		LA
Green, Stephen	32	M	B	Farm laborer	LA
Commodore, Sophia	20	F	B	Farm laborer	LA
Jessman, Simon	45	M	B	Farm laborer	VA
Jessman, Margaret	35	F	B		LA
Jessman, Isaac	13	M	B		LA
Jessman, Elsie	12	F	B		LA
Jessman, Patsey	12	F	B		LA
Jessman, Henry	6	M	B		LA
Jessman, Thomas	4	M	B		LA
Jessman, James	2	M	B		LA
Rollins, John	18	M	B	Farm laborer	LA
Rollins, Ellen	16	F	B		LA
Lee, Nathan	35	M	B		LA
Lee, Fanetta	30	F	B		LA
Lee, Fanny	12	F	B		LA
Lee, John	3	M	B		LA
Anderson, Isaac	21	M	B	Farm laborer	LA
Anderson, Annika	20	F	B		LA
Anderson, Thomas	6/12	M	B		LA
Perry, Miles	35	M	B	Farm laborer	LA
Perry, Isabella	25	F	B		LA
Perry, Peter	7/12	M	B		LA
Robinson, Sandy	70	M	B	Farm laborer	LA
Robinson, Holly	50	F	B		LA
Robinson, Louisa	24	F	B		LA
Robinson, Zachariah	18	M	B	Farm laborer	LA
Robinson, Sandy	4	M	B		LA
Robinson, Cassel	2/12	F	B		LA
Robinson, Clemence	45	M	B	Farm laborer	LA

Family continues on next page

Robinson, Jane	40	F	B		LA
Robinson, Sarah	16	F	B		LA
Robinson, Nathaniel	12	M	B		LA
Smith, Andrew	50	M	B	Farm laborer	LA
Smith, Phebe	41	F	B		LA
Price, Andrew	40	M	B	Farm laborer	LA
Price, Dolly	35	F	B		LA
Price, Caroline	15	F	B		LA
Price, Andrew	10	M	B		LA
Price, Jesse	8	M	B		LA
Price, Stephen	6	M	B		LA
Roscoe, David	55	M	B	Farm laborer	NC
Roscoe, Sarah	45	F	B		NC
Bailey, Gilbert	40	M	B	Farm laborer	LA
Bailey, Maria	25	F	B		LA
McDaniel, Calvin	35	M	B	Farm laborer	LA
McDaniel, Polly	30	F	B		LA
McDaniel, Leonard	10	M	B		LA
McDaniel, Sarah	3	F	B		LA
Fenno, Ann	30	F	B	Domestic servant	LA
Fenno, Jane	11	F	B		LA
Levy, Arland	21	M	B	Farm laborer	LA
Richards, Dallas	18	M	B	Farm laborer	LA
Burrell, Dallas	24	M	B	Farm laborer	LA
Collins, Edward	34	M	B	Farm laborer	LA
Collins, Virginia	36	F	B		LA
McElroy, Mary	20	F	B		LA
McElroy, Corinne	17	F	B		LA
McElroy, Thomas	16	M	B		LA
McElroy, Virginia	8	F	B		LA
Collins, Melinda	10	F	B		LA
Collins, Annie	8	F	B		LA
Collins, Fanny	6	F	B		LA

Family continues on next page

Collins, Edward	4	M	B		LA
Collins, Philip	2	M	B		LA
Farro, Milly	60	F	B		VA
Farro, Benjamin	17	M	B	Farm laborer	LA
Wallace, Prince	9	M	B		LA
Baker, Beverly	8	F	B		LA
Farro, John	25	M	B	Farm laborer	LA
Farro, Eliza	30	F	B		LA
Farro, Mary	9	F	B		LA
Dorris, Isaac	50	M	B	Farm laborer	LA
Dorris, Milly	59	F	B		LA
Green, Melinda	37	F	B	Farm laborer	LA
Brown, Aaron	50	M	B	Farm laborer	LA
Brown, Julia	25	F	B		LA
Brown, Lucy	10	F	B		LA
Brown, Duncan	8	M	B		LA
Brown, Amelia	7	F	B		LA
Brown, Rebecca	5	F	B		LA
County, Matthew	60	M	B	Farm laborer	LA
County, Arnold	13	M	B	Farm laborer	LA
County, Artilla	5	F	B		LA
County, Mac	3	M	B		LA
County, Jane	3/12	F	B		LA
Pruet, Washington	40	M	B	Farm laborer	LA
Pruet, Olivia	35	F	B		LA
Johnson, Isaac	35	M	B	Farm laborer	LA
Johnson, Sophia	40	F	B		LA
Morris, John	45	M	B	Farm laborer	LA
Morris, Henrietta	55	F	B		LA
Thompson, Miles	30	M	B	Farm laborer	LA

Family continues on next page

Name	Age	Sex	Race	Occupation	Birthplace
Thompson, Georgianna	31	F	B		LA
Winbush, Abraham	18	M	B	Farm laborer	LA
Griffin, Alfred	40	M	B	Farm laborer	LA
Griffin, Margaret	25	F	B		LA
Griffin, Daphney	2	F	B		LA
Allen, Perry	35	M	B	Farm laborer	LA
Allen, Mary	30	F	B		LA
Allen, William	16	M	B		LA
Allen, David	14	M	B		LA
Allen, Eliza	12	F	B		LA
Allen, John	8	M	B		LA
Allen, Cornelius	3	M	B		LA
Jackson, Abraham	65	M	B	Farm laborer	VA
Jackson, Daphney	45	F	B		LA
Jackson, Isaac	30	M	B		LA
Jackson, Sanders	17	M	B		LA
Hall, Thomas	30	M	B	Farm laborer	LA
Hall, Mary	32	F	B		LA
Hall, Catherine	12	F	B		LA
Hall, Manda	10	F	B		LA
Hall, James	3	M	B		LA
Hall, George	25	M	B	Farm laborer	LA
Hall, Betsey	50	F	B		LA
Hall, Maria	20	F	B		LA
Darling, Benjamin	35	M	B	Farm laborer	LA
Darling, Jane	25	F	B		LA
Darling, Nancy	4	F	B		LA
Johnson, Alexander	23	M	B	Farm laborer	LA
Johnson, Sally Ann	26	F	B		LA
Johnson, Thomas	12	M	B		LA
Johnson, Della	10	F	B		LA
Johnson, Louisa	5	F	B		LA
Johnson, Alexander	1	M	B		LA

Baker, Israel	33	M	B	Farm laborer	LA
Thompson, Lila	40	F	B		NC
Thompson, Nathan	50	M	B	Farm laborer	NC
Williams, Penny	26	F	B		LA
Williams, James	25	M	B	Farm laborer	LA
Williams, Samuel	2	M	B		LA
Williams, Thomas	3/12	M	B		LA
Gibbs, Dennis	36	M	B	Farm laborer	LA
Gibbs, Cornelia	26	F	B		LA
Gibbs, John	6/12	M	B		LA
Dumfort, Shackley	35	M	B	Farm laborer	LA
Dumfort, Harriett	25	F	B		LA
Dumfort, Phamey	12	F	B		LA
Dumfort, Susan	8	F	B		LA
Dumfort, Money	4	F	B		LA
Dumfort, Johanna	1	F	B		LA
Wood, Frank	40	M	B	Farm laborer	NC
Wood, Sarah	36	F	B		NC
Wood, Frank	10	M	B		LA
Wood, Jefferson	35	M	B	Farm laborer	LA
Wood, Virginia	16	F	B		LA
Thompson, Albert	37	M	B	Farm laborer	LA
Thompson, Randolph	50	M	B	Farm laborer	LA
Allen, Edmund	20	M	B	Farm laborer	LA
Thompson, Celeste	26	F	B		LA
Thompson, Jefferson	17	M	B	Farm laborer	LA
Thompson, Virginia	14	F	B		LA
Thompson, Albert	2	M	B		LA
Thompson, Margaret	17	F	B		LA
Jones, William	50	M	B	Farm laborer	LA
Jones, Mary	45	F	B		LA

Family continues on next page

Jones, Stephen	21	M	B	Farm laborer	LA
Jones, Marceline	16	F	B	Farm laborer	LA
Jones, Louisa	13	F	B	Farm laborer	LA
Jones, Josephine	8	F	B		LA
Ridely, Thomas	55	M	B	Farm laborer	LA
Clark, Anderson	46	M	B	Farm laborer	LA
Reeves, Hay	46	M	B	Farm laborer	LA
Reeves, Jane	46	F	B		LA
Reeves, Emily	6	F	B		LA
Reeves, Henry	6	M	B		LA
Reeves, William	3	M	B		LA
Brooks, James	26	M	B	Farm laborer	LA
Brooks, Betsey	30	F	B		LA
Brooks, Alice	8	F	B		LA
Brooks, Kate	6	F	B		LA
Brooks, Mary	4	F	B		LA
Brooks, Birdy	3	F	B		LA
Phillips, Sally	35	F	B	Farm laborer	LA
Phillips, George	5	M	B		LA
Porter, Richard	47	M	B	Farm laborer	KY
Porter, Eliza	30	F	B		LA
Porter, William	2	M	B		LA
Porter, Henry	6/12	M	B		LA
Fisher, Mary	17	F	B	Farm laborer	LA
Walker, Prince	54	M	B	Farm laborer	MO
Walker, Darling	36	F	B		LA
Walker, Walter	5	M	B		LA
Walker, Philip	4	F	B		LA
Walker, Prince	2	M	B		LA
Walker, Martha	1	F	B		LA
Brown, Peter	65	M	B	Farm laborer	NC
Brown, Matilda	70	F	B		LA

Family continues on next page

Hale, Anderson	29	M	B	Farm laborer	LA
Hale, Jenetta	21	F	B		LA
Sorrell, Manuel	50	M	B	Farm laborer	LA
Jackson, Henry	31	M	B	Farm laborer	LA
Olstreet, Nelson	25	M	M	Farm laborer	LA
Thompson, John	50	M	M	Farm laborer	NC
Thompson, Susan	47	F	B		LA
Thompson, Delia	27	F	B	Farm laborer	LA
Thompson, William	21	M	B	Farm laborer	LA
Thompson, Charles	17	M	B	Farm laborer	LA
Gaines, Amanda	13	F	B		LA
Gaines, Thomas	11	M	B		LA
Jones, Levi	45	M	B	Farm laborer	LA
Williams, Elvira	25	F	B	Farm laborer	VA
Martin, Johnson	33	M	B	Farm laborer	LA
Martin, Mary	31	F	B		LA

Inhabitants of City of Alexandria, Rapides Parish, Louisiana
6 Jun 1870 - 14 Jun 1870

Name	Age	Sex	Race	Occupation	Place of Birth
Walker, Kate	27	F	M		LA
Walker, Louisiana	7	F	M		LA
Walker, Mary	5	F	M		LA
Jarell, Martha	58	F	W		GA
Johnson, Belle	23	F	B	Domestic Servant	MD
Washington, Catty	24	F	B	Domestic Servant	MD
Washington, George	26	M	B	Cook	MO
Washington, Henderson	4	M	B		LA
Scott, Sally	40	F	B	Laundress	LA
Moles, David	41	M	M	Laborer	LA
Moles, Marie D.	36	F	M		LA
Corckey, David	15	M	B		LA
Corckey, John	40	M	B	Farm laborer	LA
Ballio, Alphonse	29	M	M		LA
Ballio, Laura	19	F	M		LA
Ballio, Calmus	3	M	M		LA
Hatch, Josephine	27	F	M		LA
Kane, Brant	53	M	B	Farm Laborer	LA
Kane, Caroline	49	F	B		LA
Kane, Sally	19	F	B		LA
Manning, Thomas C.	44	M	W	Lawyer	NC
Manning, Rachel	68	F	B		NC
Manning, Sarah	52	F	B	Domestic servant	NC
Manning, Henrietta	15	F	B	Domestic servant	NC

Name	Age	Sex	Race	Occupation	State
Despal, Juda	80	F	B	Domestic servant	VA
Croye, Johanna	30	F	B		LA
Walker, Thomas	80	M	B		VA
Walker, Rose	58	F	B		LA
Walker, Silvia	13	F	B		LA
Walker, Betty	12	F	B		LA
Elbie, Thomas	19	M	B		LA
Jordan, Safier	30	F	B		LA
Jordan, Peter	1	M	B		LA
Jordan, Charles	50	M	B	Brick mason	LA
Rome, Cillia	19	F	B		LA
Robinson, Horace	34	M	B	Carpenter	LA
Robinson, Sarah	32	F	B		MD
Robinson, Elvie	14	F	B		LA
Coy, Peggy	10	F	B		LA
Coy, Reilly	8	F	B		LA
Parker, John	35	M	B	Laborer	LA
Parker, Mahalia	26	F	B		LA
Parker, John F	2	M	B		LA
Boone, Catty	26	F	B	Laundress	LA
Boone, Mary	50	F	B		VA
Bush, Louisa	62	F	B		VA
Johnson, Sarah	13	F	M		LA
Perry, Liza	10	F	B		LA
Behoser (?), Leindell	64	M	B	Carpenter	VA
Johnson, Louisa	15	F	B		LA
Johnson, Sallie	45	F	B	Laundress	SC
Simons, Loda	30	F	M		LA
Simons, Louisa	26	F	B	Seamstress	LA

Family continues on next page

Simons, Lizzie	9	F	M		LA
Simons, Josephine	4	F	M		LA
Anderson, Howard	22	M	M	Domestic servant	SC
Goodman, Lavina	15	F	B		VA
Weil, Jonas	43	M	W	Dry goods merchant	France
Bowans, Stephen	10	M	B	Domestic servant	LA
Depher, Joseph	22	M	M	Laborer	LA
Deon, Paul	19	M	B	Laborer	LA
Maon, John	30	M	B	Laborer	LA
Maon, Maria	33	F	B		LA
Maon, Sarah	7	F	B		LA
Kinse, Joseph	22	M	B	Laborer	LA
Kinse, Laura	24	F	B	Laundress	LA
Hilburn, Calley	45	F	B		LA
Grubbs, Mollie	9	F	B		LA
Grubbs, Lizzie	39	F	B	Seamstress	LA
Grubbs, Eliza	12	F	M		LA
Grubbs, Taylor	6	M	M		LA
Reilly, Jack	30	M	W	Barkeeper	OH
Reagen, Georgianna	27	F	M	Domestic servant	LA
Reagen, Frank	12	M	M		LA
Reagen, Estelle	8	F	M		LA
Reagen, Ben	4	M	M		LA
Reagen, Mary	9/12	F	M		LA
Esell, Warren	40	M	B	Laborer	VA
Esell, Rachel	32	F	B		GA
Esell, Moses D	9	M	B		LA

Bell, Maria	36	F	B	Laundress	LA
Nelson, Tony	10	M	M		LA
Johnson, Jane	70	F	B		VA
Johnson, Nicholas	65	M	B		VA
Sanders, Mary	25	F	B	Laundress	LA
Sanders, Beckie	7	F	B		LA
Sanders, Mary	9/12	F	B		LA
Sanders, Sarah	40	F	B	Laundress	VA
Jones, Delica	30	F	B	Laundress	LA
Taylor, Mary	25	F	B	Laundress	LA
Williams, Fillis	20	F	M		LA
Hardie, Mary	9	F	M		LA
Hynson, Maria	16	F	B		LA
Hynson, Joseph	6	M	B		LA
Hollins, Adolf	21	M	B	Laborer	LA
Hollins, Edward	19	M	B	Laborer	LA
Lynch, Dennis	76	M	B		VA
(Parents were foreign born)					
Lynch, Lucinda	60	M	B		VA
Green, Andrew	27	M	B	Laborer	LA
Green, Emilia	30	F	M		LA
Green, Maria	80	F	M		VA
Mills, William	50	M	W	Carpenter	MD
Mills, Maria J	80	F	M		VA
Mills, William Jr	21	M	M	Carpenter	LA
Pords, Mary	61	F	M	Domestic servant	MD
Posey, Jane	50	F	M	Domestic servant	VA
Posey, Cready	6	F	M		LA
Conorton, Joseph	30	M	M	Carpenter	LA

Johnson, Henry	33	M	B	Tailor		LA
Johnson, Louisa	29	F	M			LA
Johnson, Hattie	2	F	M			LA
Johnson, William T	1	M	M			LA
Enins, Amanda	25	F	M	Domestic servant		LA
Enins, Amos	3	M	B			LA
Enins, Bettie	10/12	F	B			LA
Enins, Charlotte	18	F	B	Domestic servant		LA
Enins, Manning	45	M	B	Domestic servant		VA
Hall, Sarah	50	F	B			VA
Clark, Brane	55	M	B	Domestic servant		VA
Clark, Hanna	54	F	B	Domestic servant		VA
Lykye, Ann	60	F	B	Domestic servant		VA
Williams, Lucy	30	F	B	Domestic servant		LA
Williams, Silda	9	F	B			LA
Williams, Frank	5	M	B			LA
Tucker, Ann	43	F	B	Laundress		LA
Briggs, Emma	20	F	M			MS
Briggs, Ophelia	7	F	M			LA
Curtis, Jarry	50	M	B	Laborer		MD
Curtis, Maria	37	F	B			TN
Curtis, Carlos	16	M	B			LA
Cokolsey, Thompson	42	M	B	Carpenter		NC
Cokolsey, Matilda	33	F	B			LA
Cokolsey, Lucy	8	F	B			LA
Ehostine, Bernard	42	M	W	Dry goods merchant	France	
Broon, Jane	45	F	B	Domestic servant		LA
Ruth, Harriett	27	F	M	Laundress		LA
Ruth, Louisa	1	F	M			SC

Family continues on next page

Holmes, Julia	24	F	B	Domestic servant	LA
Holmes, Henry	2	M	B		LA
Sanders, Viliot	40	F	B		VA
Sanders, John	22	M	B	Laborer	LA
Carr, Susuna	26	F	B	Laundress	LA
Carr, Matta	11	F	M		LA
Carr, Frosina	7	F	M		LA
Washington, Anna	40	F	B	Laundress	NY
Washington, Samuel	20	M	B	Laborer	LA
Washington, George	16	M	B		LA
DeLacy, John	50	M	W	Sheriff of Alexandria	LA
DeLacy, Juda	26	F	B		LA
DeLacy, John W	16	M	B		LA
DeLacy, Mary E	13	F	M		LA
DeLacy, Julie	8	F	M		LA
DeLacy, Margaret	6	F	M		LA
DeLacy, William	2	M	M		LA
DeLacy, Edward	5/12	M	M		LA
Williams, Edward	33	M	M	Butcher	MO
Williams, Caroline	24	F	M		LA
Green, Amos	23	M	M	Laborer	LA
Green, Clara	21	F	M		LA
Green, Samuel	1	M	M		LA
Nolin, Mary	40	F	M		NC
Nolin, Elvira	16	F	M		KY
Martin, Rosa	25	F	M	Laundress	MS
Martin, America K	10	F	M		LA
Martin, Ellen	4	F	M		LA
Martin, Annie V	3	F	M		LA

Name	Age	Sex	Race	Occupation	Birthplace
Gistine, Mary	50	F	B	Laundress	MD
Fatin, Adeline	50	F	M	Laundress	LA
Fatin, John	35	M	M	Laborer	MD
Fatin, Alexander	18	M	M		LA
Fatin, Mary C	12	F	M		LA
Fatin, Anna L	2	F	M		LA
Kitchen, Moses	60	M	B	Laborer	LA
Kitchen, Esther	65	F	B		NC
Lea, John	39	M	M	Teacher	VA
Lea, Eliza	21	F	M	Nurse	LA
Lea, Robert	5/12	M	M		LA
Jones, Peggy	95	F	B		NC
Hill, Jenny	70	F	B	Laundress	NC
Scott, Maria	40	F	B	Laundress	LA
Murry, William	25	M	M	Tailor	LA
Murry, Levina	18	F	B	Seamstress	LA
Bavon (?), Lotta A	4	F	M		LA
Bavon (?), Adolf	1	F	M		LA
Clark, Elizabeth	14	F	M		LA
Johnson, Russett	17	F	M		LA
Brooks, Ransom	17	F	M		LA
Sanders, Emily	23	F	B	Laundress	LA
Sanders, Joseph	60	M	B	Brick mason	NC
Sanders, Patsy	3	F	B		LA
Richardson, Sam	10	M	B		LA
Crawford, William	35	M	M		LA
Crawford, Charlotte	34	F	M		LA
Crawford, Alisin	18	M	B		LA
Crawford, Ann	15	F	B	Domestic servant	LA
Haywood, Ebenezer	53	M	B	Minister	MD
Haywood, Rosetta	35	F	B		VA

Name	Age	Sex	Race	Occupation	Birthplace
Parks, Nancy	37	F	B	Laundress	LA
Osborn, Pinkney	14	F	B		LA
Beray, William	11	M	B		LA
Parks, Louisa	32	F	M		LA
Dorsey, Joseph	45	M	B	Laborer	LA
Dorsey, Roxanna	35	F	M		LA
Hudson, Lottie	15	F	M		LA
Burns, Birtine	13	M	M		LA
Leroy, Fant L	9	M	M		LA
Whiting, Lena	30	F	B	Laundress	LA
Jones, Eliza	37	F	B	Laundress	VA
Jones, Sarah	3	F	B		LA
Jones, William	2	M	B		LA
Meyer, Moses	42	M	W	Dry goods merchant	Babaria
Johnson, Mary	30	F	B	Domestic servant	VA
Estrial, Lizzie	16	F	B	Domestic servant	LA
Butler, Thompson	43	M	W	Clerk in store	KY
Jones, Lizzie	36	F	M	Domestic servant	KY
Newman, Frances	31	F	B	Domestic servant	VA
Sullivan, Catherine	26	F	W	Milliner	Ireland
Clark, George W	25	M	B	Domestic servant	MS
Brooks, J	11	F	B		LA
Murry, Emanuel	57	M	B	Drayman	LA
Murry, Lilly C	7	F	B		LA
Murry, Eliza	26	F	B		MD
Murry, Mary	3	F	B		LA
Murry, Binnard	1/12	M	M		LA
Murry, Catrin	29	F	B		LA
Ballis, Joseph	55	M	M		LA

Name	Age	Sex	Race	Occupation	Birthplace
Bax, Augustus F	24	M	M		LA
(Father was foreign born)					
Bax, Cornelia	26	F	M		LA
Smith, Joseph P	43	M	B	Brick mason	GA
Smith, Maria	47	F	B		MD
Ray, Clara	29	F	B		LA
Watts, Mary	11	F	B		LA
Ridge, William S	41	M	W	Blacksmith	KY
Bernard, Sheppard	15	M	B	Apprentice Blacksmith	LA
Jones, William H	52	M	W		KY
Williams, Harriett	29	F	B		VA
Williams, Theresa	6	F	B		LA
Williams, William	9/12	M	B		LA
Williams, Daniel	16	M	B		LA
Craig, Mary Ann	50	F	B	Domestic servant	MD
Heyman, Abram	32	M	W	Dry goods merchant	France
Heyman, Louisa	40	F	M	Domestic servant	LA
Craig, Amelia	24	F	B	Domestic servant	MD
Craig, William	21	M	B	Domestic servant	MD
Craig, Cinderilla	14	F	B	Domestic servant	LA
Thomas, John	14	M	B		MD
Thomas, Mary	2	F	B		LA
Aaron, Morris	21	M	W	Clerk in store	LA
Burke, George	22	M	M	Domestic servant	LA
Scott, Jacob	18	M	B	Domestic servant	LA
Greenwood, Betty	15	F	W		LA
Greenwood, Mary	30	F	B	Domestic servant	LA
Greenwood, Chancie	12	F	B	Domestic servant	LA
Little, Levina	70	F	B		NC
Mitchel, Clarrissa	24	F	M	Laundress	LA

Family continues on next page

Mitchel, Alto	30	M	M	Domestic servant	LA
Brown, Emily	25	F	M	Laundress	LA
Brown, Jeff	5	M	M		LA
Brown, John J	4	M	M		LA
Hamilton, Henry	40	M	B	Laborer	KY
Hamilton, Eliza	55	F	M		KY
Williams, Sam	20	M	B		LA
Thompson, Jeff	17	M	B		LA
Brown, Alto	9	M	M		LA
Caleir, Anna	46	F	B		NC
Porter, Edith	45	F	B	Laundress	NC
Porter, Mary J	30	F	B	Laundress	NC
Moon, Leestella	18	F	B		LA
Levins, John	70	M	B		MD
Levins, Harriett	80	F	B		MD
Levins, Sarah	10	F	M		LA
Figgins, Andrew	15	M	B		LA
Lewis, Thornton	25	M	M	Laborer	NC
Clark, Ann	22	F	M	Seamstress	LA
Lewis, William	16	M	M		LA
Lewis, Bibley	14	M	M		LA
Crowley, Ann	44	F	W		Ireland
Chaine, Ann	34	F	B	Domestic servant	NC
Brent, Moses	50	M	B		MD
(In Jail on 11 June 1870)					
May, Emily	30	F	B	Laundress	TN
Splar, Eliza	30	F	B	Domestic servant	GA
Splar, Adeline	13	F	B		LA
Splar, Elisha	12	M	B		LA
Splar, George R	8/12	M	M		LA

Family continues on next page

Splar, Tanny M	2	F	M			LA
Kelso, Rebecca	48	F	M			KY
Kelso, John P	28	M	M			LA
Woods, Andrew	86	M	M			KY
Tucker, Charlotte	66	F	M			MD
Flanigan, Mary	26	F	W			LA
Copeland, Warren	80	M	B			SC
Carter, Isaac	40	M	M	Laborer		KY
Porter, Joseph	60	M	B			NC
Porter, Harriett	65	F	B			NC
Morris, Margaret	20	F	B			LA
Wilburn, Joseph	75	M	B			NC
Wilburn, Ellen	50	F	M			VA
Wilburn, Stella	24	F	M	Seamstress		LA
Wilburn, Winnie	22	F	M			LA
Wilburn, Eva	18	F	M			LA
Wily, Morris	2	M	M			LA
Wise, Lilly	1	F	M			LA
Stephens, Selvin	30	M	B	Laborer		TN
Stephens, Louisa	25	F	B			LA
Hall, George	5	M	B			MS
Hall, Jane	13	F	B			LA
Hall, John	5/12	M	B			LA
Hall, Louisa	12	F	B			LA
Washington, Lewis	35	M	B	Carpenter		GA
Washington, Martha	27	F	M			TX
Washington, David	6	M	B			TX
Brown, Elizabeth	28	F	B			MS
Brown, Charles E	2	M	M			LA
Brown, Robert M	9	M	M			LA
Brown, Clara	50	F	B			VA

Huckiller, Fanny	44	F	M	Laundress	LA
Huckiller, Lucy	55	F	B		NC
Ballio, Ann	22	F	M		LA
Ballio, Lizzie	7	F	M		LA
Ballio, John	3	M	M		LA
Ballio, Henry	5/12	M	M		LA
Ligras, Michael	52	M	W	Tax collector	IN
Ligras, Cornelia	53	F	M		SC
Ligras, William	14	M	M		LA
Keelso, George Y	27	M	M		LA
Keelso, Mary L	20	F	M		LA
Moss, Matthew	49	M	B	Laborer	SC
Moss, Sarah	47	F	B		SC
Moss, Fanny	7	F	M		TX
Butler, Andrew	45	M	B	Laborer	MD
Butler, Annetta	27	F	B		LA
Lanster, Henriette	8	F	B		LA
Lanster, Georgeanna	2	F	B		LA
Lanster, William	4	M	B		LA
Gunning, Fanny	32	F	M		LA
Gunning, Julia	16	F	M		LA
Gunning, John P	14	M	M		LA
Gunning, Eliza	42	F	M	Laundress	LA
Curtis, William	24	M	M	Laborer	LA
Esine, Louis	18	M	M	Domestic servant	LA
Esine, Matilda	12	F	M		LA
Esine, Frederick	12	M	M		LA
Esine, Andrew	8	M	M		LA
Garlin, Mary	24	F	M	Laundress	LA
Amber, Watkins	29	M	B	Laborer	LA
Amber, Laura	28	F	M		LA
Amber, Henry	4	M	M		LA

Family continues on next page

Amber, William	1	M	M			LA
Amber, Ellen	17	F	M			LA
Goodman, Walter	17	M	M			LA
Matley, Caroline	11	F	M			LA
Kelly, Dennis	38	M	W	Carpenter		Ireland
Powal, Edward	15	M	B	Laborer		LA
Miller, Isaac C	37	M	W	Tinner		PA
Webster, Lucy	15	F	B	Domestic servant		LA
Coats, James	66	M	B	Carpenter		VA
Coats, Mary Ann	50	F	B			VA
Taylor, Gabelle	76	M	B			NC
Jones, Caroline	62	F	B			LA
Detusa, Richard	40	M	B	Blacksmith		LA
Detusa, Delia	21	F	B			LA
Detusa, Emaline	14	F	B			LA
Detusa, Hiram	5	M	B			LA
Detusa, Mary	2	F	B			LA
Foster, Samuel	25	M	B	Laborer		VA
Foster, Juda	20	F	B			LA
Johnson, Abraham	40	M	B	Laborer		VA
Johnson, Kitty	35	F	B			KY
Flowers, Harriett	55	F	B			LA
Guiles, Winnie	110	F	B			NC
Lewis, Hagar	30	F	B			LA
Flowers, Henry	22	M	B	Laborer		LA
Flowers, Adeline E	16	F	M			LA
Flowers, Hannah	5	F	M			LA
Flowers, Louie	1	M	M			LA
Flowers, Julia	13	F	M			LA
Quarner, Antonia	60	M	B			Africa

Family continues on next page

Quarner, Emily	60	F	B		LA
Quarner, Charles	30	M	B	Laborer	LA
Quarner, George	18	M	B		LA
Quarner, Alice	16	F	B		LA
Quarner, Emily H	16	F	B		LA
Quarner, Eliza	33	F	B		LA
Quarner, Antonia	30	M	B	Laborer	LA
Quarner, Simon	28	M	B	Laborer	LA
Cannon, Newman	43	M	M		LA
Cannon, Levina	27	F	M		LA
Cannon, Maria	2	F	M		LA
Cannon, Alice	5/12	F	M		LA
Dunham, Sarah	50	F	B		SC
Dunham, Jane	22	F	B	Laundress	LA
Dunham, Minerva	21	F	B		LA
Dunham, Selina	19	F	B		LA
Dunham, Jacob	18	M	B	Laborer	LA
Dunham, Nash	16	M	M		LA
Dunham, Jessie	4	F	M		LA
Bowman, Robert J	47	M	W	Lawyer	MS
Williams, Nancy	8	F	B	Domestic servant	LA
Lott, Harry	35	M	M		OH
Lott, Pauline	34	F	M		LA
Johnson, Amanda	18	F	M		LA
Johnson, William W	10	M	M		LA
Lott, Alice M	7	M	M		LA
Lott, Little B	4	M	M		LA
Lott, Louisiana V	2	F	M		LA
Lott, Henry	65	M	M		PA
Lott, Joseph B	31	M	M	Teacher	OH
Lott, George B	21	M	M	Carpenter	LA
Capon, Sylvia	60	F	B		LA
Bradley, Emily	16	F	M		LA

Family continues on next page

Holt, William	28	M	M			LA
Williams, Stephen	7	M	M			LA
Ward, Charlotte	35	F	B			LA
(Father was foreign born)						
Ward, Filo	18	M	B	Domestic servant		LA
Ward, Joseph	6	M	B			LA
Clark, John	54	M	W	Livery stable owner		VA
Robinson, John	22	M	B	Laborer		LA
French, George E	52	M	W	Physician		VA
Smith, Charles	19	M	B	Domestic servant		LA
Smith, Tanny	12	F	B	Domestic servant		LA
Tilman, Jane	52	F	B	Domestic servant		MD
Carnet, Louisa	20	F	M	Domestic servant		LA
Whittington, William W	30	M	W	Lawyer		LA
Brown, William	50	M	B	Domestic servant		LA
Brown, Hamilton	12	M	B	Domestic servant		LA
Johnson, Samuel K	48	M	W	Planter	Ireland	
Johnson, Josephine	10	F	M	Domestic servant		LA
Johnson, Lethia	14	F	M	Domestic servant		LA
Barnes, Henry	22	M	B	Domestic servant		MD
James, Henry	8	M	B			LA
Bright, Tony	40	M	B	Carpenter		TN
Bright, Sarah	20	F	B			MS
Bright, William	1	M	B			LA
Bright, Eliza	17	F	B			LA
Bright, Amanda	15	F	B			LA
Handlin, Wade	28	M	B	Carpenter		VA
Handlin, Kitty	26	F	B			MS
Handlin, Malina M	12	F	B			MS
Handlin, Joseph	1	M	B			LA

Carr, Carter	27	M	B	Carpenter	LA
Carr, Sarah F	28	F	M		LA
Carr, Parker	11	M	M		LA
Carr, Carter Jr	4	M	M		LA
Carr, Lena E	1	F	M		LA
Blue, Fanny	70	F	B		VA
Resina, Horace	29	M	B		LA
Resina, Catherine	27	F	B		LA
Lossee, Joseph	40	M	M	Carpenter	FL
Carr, Hester	31	F	B		LA
Lossee, Louisa	7	F	M		LA
Lossee, Margaret	6	F	M		LA
Graham, Daniel N	49	M	W	Carpenter	SC
Graham, Clara	33	F	B		LA
Cumming, Jerry	18	F	B	Domestic servant	LA

Inhabitants of Spring Hill Ward, Rapides Parish, Louisiana
6 Jun 1870 - 14 Jul 1870

Name	Age	Sex	Race	Occupation	Place of Birth
Josey, Wilson	60	M	B	Farm laborer	NC
Josey, Nancy	60	F	B		NC
Warrick, Berlin	60	M	B	Farm laborer	LA
Warrick, Kate	60	F	B		LA
Morrison, John	23	M	B	Farm laborer	MD
Cox, Simdo	70	M	B		Africa
(Parents were foreign born)					
Reuben, William	35	M	B	Farm laborer	LA
Reuben, Caroline	28	F	B		LA
Reuben, Matilda	19	F	B		LA
Reuben, Laura	13	F	B		LA
Reuben, Cheney	12	M	B		LA
Reuben, Elizabeth	8	F	B		LA
Reuben, Reuben	4	M	B		LA
Reuben, Nancy	2	F	B		LA
Reuben, Kizzy	6/12	F	B		LA
Everett, Alfred	30	M	B	Farm laborer	LA
Everett, Rachel	26	F	B		LA
Everett, Ailsey	12	F	B		LA
Everett, Benjamin	5	M	B		LA
Bellard, Paul	30	M	B	Farm Laborer	LA
Butler, Cornelius	31	M	B	Farm Laborer	LA
Butler, Matilda	30	F	B		LA
Butler, Elsey	4	F	B		LA

Dohey, Stephen	32	M	B	Farm Laborer	LA
Dohey, Violet	30	F	B		LA
Dohey, Abby	13	F	B		LA
Dohey, Junior	10	M	B		LA
Dohey, Louisa	4	F	B		LA
Dohey, John	4/12	F	B		LA
Bellard, Solomon	29	M	B	Farm Laborer	LA
Bellard, Hagar	29	F	B		LA
Bellard, Henrietta	18	F	B		LA
Bellard, Kyer	14	M	B	Farm Laborer	LA
Bellard, Margaret	12	F	B		LA
Bellard, Tempey	6	F	B		LA
Bellard, Robert	6	M	B		LA
Thomas, Reuben	24	M	B	Farm laborer	LA
Thomas, Delia	24	F	B		LA
Thomas, James	12	M	B		LA
Thomas, Thomas	10	M	B		LA
Thomas, Noah	5	M	B		LA
Thomas, Harriett	2	F	B		LA
Pollock, Robin	17	M	B	Farm laborer	LA
Pollock, Watson	24	M	B	Farm laborer	LA
Griffin, Larry	15	M	B	Farm laborer	LA
Griffin, Paul	38	M	B	Farm laborer	LA
Griffin, Letitia	32	F	B		NC
Manuel, Lindy	14	M	B	Farm laborer	LA
Manuel, Sabria	13	F	B		LA
Manuel, Essey	12	M	B		LA
Manuel, Rosalie	6	F	B		LA
Manuel, Sarah	3	F	B		LA
Randall, Jesse	58	M	B	Farm laborer	NC
Randall, Chloe	58	F	B		NC

Wiggins, Turner	34	M	B	Farm laborer	NC
Wiggins, Silvia	25	F	B		LA
Wiggins, Julius	15	M	B		LA
Wiggins, Maria	12	F	B		LA
Simmons, William	23	M	B	Farm laborer	LA
Simmons, Martha	20	F	B		LA
Antony, John	26	M	B	Farm Laborer	LA
Antony, Mina	22	F	B		LA
Antony, Emily	7	F	B		LA
Antony, Lelia	5	F	B		LA
Antony, Sallie	2	F	B		LA
Williams, Jeffery	27	M	B	Farm Laborer	LA
Pollock, Hancy	55	F	B		LA
Thomas, Daniel	24	M	B	Farm laborer	LA
Clarke, Chloe	64	F	B		LA
Ackley, Henry	56	M	B	Hostler	NC
Ackley, Eliza	50	F	B		LA
Ackley, Maria	27	F	B		LA
Ackley, Mina	5	F	B		LA
Ackley, Prince	1	M	B		LA
Slade, Fenton	15	M	B	Farm laborer	LA
Buck, Joseph	48	M	B	Farm laborer	LA
Downing, Mack	34	M	B	Farm laborer	LA
Downing, Vina Ann	30	F	B		LA
Carter, Hilliard	16	M	B	Farm laborer	LA
Carter, Henry	13	M	B	Farm laborer	LA
Potter, Issac	35	M	B	Blacksmith	NC
Potter, Tempey	30	F	B		LA
Potter, Tempey	14	F	B	Farm laborer	LA
Potter, Washington	13	M	B	Farm laborer	LA

Family continues on next page

Potter, Ellis	6	M	B		LA
Potter, Jane	4	F	B		LA
Potter, Rhody	70	F	B		NC
Moses, Simon	16	M	B	Farm laborer	LA
Miller, Charles	22	M	B	Farm laborer	LA
Ellis, Aaron	22	M	B	Farm laborer	LA
Ellis, Clarissa	21	F	B		LA
Ellis, Julia	3	F	B		LA
Robertson, Frances	22	F	B	Farm laborer	LA
Griffin, Malvina	18	F	B	Farm laborer	LA
Carter, Agnes	60	F	B		VA
Middleton, Issac	27	M	B	Farm laborer	LA
Middleton, Mary	26	F	B		LA
Middleton, Jane	1	F	B		LA
Aaron, Burkett	23	M	B	Farm laborer	LA
Aaron, Elsey	21	F	B		LA
Aaron, Susan	16	F	B	Farm laborer	LA
Aaron, Winny	15	F	B	Farm laborer	LA
Aaron, Andy	14	M	B	Farm laborer	LA
Williams, Perry	24	M	B	Farm laborer	LA
Williams, Hester	90	F	B		LA
Ballard, Harriett	55	F	B		VA
Burnett, Washington	21	M	B	Farm laborer	LA
Burnett, Sally	25	F	B		LA
Burnett, Virginia	5	F	B		LA
Burnett, Jane	4	F	B		LA
Burnett, Marshall	2	M	B		LA
Williams, Elizabeth	70	F	B		NC

Readdon, John	70	M	B	Farm laborer	NC
Williams, Moses	80	M	B	Farm laborer	NC
Clark, Susan	80	F	B		NC
Clark, Delia	18	F	B		LA
Clark, Louise	14	F	B		LA
Turner, Hector	52	M	B	Farmer	LA
Turner, Keziah	50	F	B		LA
Turner, Preston	30	M	B		LA
Turner, Charles	15	M	B	Farm laborer	LA
Turner, Jane	7	F	B		LA
Turner, William	24	M	B	Farm laborer	MS
Turner, Laura	19	F	B		LA
Turner, Mitchell	4	M	B		LA
Turner, Virginia	2	F	B		LA
Turner, Robert	20	M	B	Farm laborer	LA
Turner, Mary	23	F	B		LA
Turner, Aurelia	2	F	B		LA
Turner, Melia	2	F	B		LA
Turner, Keziah	1/12	F	B		LA
Briley, William	5	M	M		LA
Turner, Louis	22	M	B	Farm laborer	LA
Stapleton, Thomas	35	M	B	Farm laborer	LA
Stapleton, Courtney	30	F	B		LA
Stapleton, Celeste	10	F	B		LA
Stapleton, Americus	6	M	B		LA
Redmond, Anthony	35	M	B	Farm laborer	LA
Redmond, Martha	30	F	B		LA
Redmond, Samuel	10	M	B		LA
Redmond, Lucy	7	F	B		LA
Redmond, Mary	1	F	B		LA
Griffin, Spencer	27	M	B	Farm laborer	MS
Griffin, Charlotte	40	F	B		GA

Name	Age	Sex	Race	Occupation	State
Gibson, Charles	25	M	B	Farm laborer	LA
Williams, Guy	22	M	B	Farm laborer	LA
Williams, Thomas	24	M	B	Farm laborer	LA
Williams, David	1	M	B		LA
Walker, David	60	M	B	Farm laborer	AL
Watson, Walter	22	M	B	Farm Laborer	AL
Broden, Bacchus	40	M	B	Farm laborer	SC
Broden, Sallle	40	F	B		AL
Gibson, Pascall	15	M	B	Farm laborer	LA
Williams, Richard	25	M	B	Farm laborer	LA
Williams, William	40	M	B	Farm laborer	LA
Williams, Nancy	39	F	B		LA
Williams, Joseph	22	M	B	Farm laborer	LA
Williams, David	19	M	B	Farm laborer	LA
Williams, Teena	8	F	B		LA
Williams, Fanny	7	F	B		LA
Mitchell, James	20	M	M	Farm laborer	LA
Mitchell, Azarius	22	F	M		LA
Jones, Maria	4	F	M		LA
Wade, Jefferson	3	M	M		LA
Read, Anthony	22	M	B	Farm laborer	LA
Read, Emily	25	F	B	Farm laborer	LA
Walker, Reuben	22	M	B	Farm laborer	AL
Walker, Thornton	60	M	B	Farm laborer	AL
Vance, Ball	18	M	B	Farm laborer	LA
Veil, Henry	20	M	B	Farm laborer	LA
Veil, Harriett	50	F	B		AL
Veil, Mary	15	F	B		AL
Veil, Clifton	10	M	B		AL
Veil, Duncan	4	M	B		AL

Name	Age	Sex	Race	Occupation	State
Houston, Peter	30	M	B	Farm laborer	LA
Houston, Cheely	25	F	B		AL
Houston, Keziah	10	F	B		LA
Veil, Louisa	18	F	B	Farm laborer	MS
Veil, Kate	16	F	B	Farm laborer	MS
Hampton, Burrell	75	M	B	Farm laborer	LA
Hampton, Arey	70	F	B		LA
Hampton, Ellen	30	F	B		LA
Hampton, Rebecca	18	F	B		LA
Hampton, Margaret	7	F	B		LA
Hampton, Noah	2	M	B		LA
Hampton, Rebecca	1	F	B		LA
Hampton, Alfred	30	M	B	Farm laborer	LA
Hampton, Emmeline	25	F	B		LA
Davis, William	30	M	B	Farm laborer	MS
Davis, Hester	25	F	B		LA
Davis, Juliet	15	F	B		LA
Davis, Annie	6	F	B		LA
Davis, William	4	M	B		LA
Davis, Jackson	2	M	B		LA
Davis, Phillis	1	F	B		LA
Furr, Jarvey	19	M	B	Farm laborer	LA
Butler, Augustus	18	M	B	Farm laborer	LA
Gibson, Sarah	12	F	B		LA
Gibson, John	40	M	B	Plantation blacksmith	FL
Gibson, Phoebe	25	F	B		LA
Gibson, Jasper	10	M	B		LA
Gibson, Christine	8	F	B		LA
Slack, Louis	28	M	B	Farm laborer	LA

Williams, Ebenezer	24	M	B	Farm laborer	LA
Williams, Mary	20	F	B		LA
Williams, Jane	4	F	B		LA
Paid, Benjamin	40	M	B	Farm laborer	LA
Thornton, Lizzie	24	F	B	Farm laborer	LA
Thornton, Betsey	16	F	B		LA
Scoffrl, Benjamin	40	M	B	Farm laborer	LA
Wheaton, John J	33	M	W	Dry goods merchant	VA
Young, Joshua	35	M	B	Domestic servant	LA
Williams, Rhodin	45	M	M	Farm laborer	LA
Williams, Annie	50	F	B		LA
Williams, Celia	12	F	B		LA
Williams, Israel	31	M	B	Farm laborer	LA
Williams, Mahala	40	F	B		LA
Williams, Rhina	18	F	B		LA
Williams, Mark	9	M	B		LA
Williams, Nancy	3	F	B		LA
Williams, Jane	3	F	B		LA
Willis, Price	65	M	B	Farm laborer	NC
Willis, Mary	55	F	B		NC
Willis, William	4	M	B		LA
Willis, Jane	2	F	B		LA
Armstrong, Peter	50	M	B	Farm laborer	LA
Armstrong, Susan	40	F	B		LA
Armstrong, Emily	25	F	B		LA
Armstrong, Peter	2	M	B		LA
Armstrong, William	1	M	B		LA
Jenkins, Tip	30	M	B	Farm laborer	LA
Jenkins, Mina	25	F	B		LA

Family continues on next page

Jenkins, Jesse	3	M	B		LA
Jenkins, Joseph	2	M	B		LA
Jenkins, Rhiney	2/12	F	B		LA
Bird, Richard	40	M	B	Farm laborer	LA
Bird, Yattie	50	F	B		LA
Bird, Lucy	21	F	B		LA
Bird, John	15	M	B		LA
Bird, Charles	2	M	B		LA
Price, Ezekiah	40	M	B	Farm laborer	LA
Price, Penelope	35	F	B		LA
Price, Appy	16	M	B		LA
Price, Thomas	12	M	B		LA
Price, Matthew	10	M	B		LA
Price, Pleasant	9	M	B		LA
Price, Joshua	6	M	B		LA
Price, Gilbert	4	M	B		LA
Price, William	4	M	B		LA
Baker, Robert	30	M	B	Farm laborer	LA
Baker, Amanda	29	F	B		LA
Baker, Beverly	12	F	B		LA
Baker, Noah	10/12	M	B		LA
Thompson, Charles	30	M	B	Farm laborer	LA
Thompson, Margaret	29	F	B		LA
Thompson, Mary Ann	9	F	B		LA
Thompson, Rose	7	F	B		LA
Thompson, Hagar	3	F	B		LA
Thompson, Alexander	1	M	B		LA
Williams, Pilgrim	40	M	B	Farm laborer	LA
Williams, Harriett	27	F	B		LA
Williams, Lucy	20	F	B	Farm laborer	LA
Williams, Elvira	16	F	B	Farm laborer	LA
Williams, Ezekial	13	M	B	Farm laborer	LA
Williams, Martha	3	F	B		LA

Family continues on next page

Williams, Liddy	2	F	B		LA
Williams, Lucinda	1	F	B		LA
Williams, Nelia	95	F	B		LA

(Parents were foreign born)

Jordan, Spencer	35	M	B	Farm laborer	LA
Jordan, Eliza	23	F	B		LA
Jordan, Abraham	7	M	B		LA
Jordan, Maria	7/12	F	B		LA
Brown, Nathan	35	M	B	Farm laborer	LA
Brown, Riah	30	F	B		LA
Brown, Eliza	12	F	B		LA
Brown, Francis	10	M	B		LA
Brown, Jane	6	F	B		LA
Brown, Mary E	2	F	B		LA
Brown, Patsey	1	F	B		LA
Harris, Charles	30	M	B	Farm laborer	LA
Harris, Olive	23	F	B		LA
Harris, Sally	4	F	B		LA
Harris, William	7/12	M	B		LA
Siah, Benjamin	50	M	B	Farm laborer	LA
Siah, Hester	48	F	B		LA
Baker, Noah	33	M	B	Farm laborer	LA
Baker, Lavilla	30	F	B		LA
Baker, Scipio	12	M	B		LA
Baker, Catherine	4	F	B		LA
Baker, Edney	2	F	B		LA
Price, Silas	22	M	B	Farm laborer	LA
Price, Mary E	24	F	B		LA
Price, Elizabeth	3	F	B		LA
Turner, Hardy	40	M	B	Farm laborer	LA
Turner, Creecy	35	F	B		LA

Family continues on next page

Turner, Louisiana	16	F	B	Farm laborer	LA
Turner, William	10	M	B		LA
Williams, Kiah	31	M	B	Farm laborer	LA
Williams, Eliza	27	F	B		LA
Williams, West	10	M	B		LA
Williams, Jesse	9	M	B		LA
Williams, William	4	M	B		LA
Williams, Elenora	3	F	B		LA
Williams, Fanny	2	F	B		LA
Becker, Philip	32	M	B	Farm laborer	LA
Becker, Liddy	25	F	B		LA
Becker, Benjamin	3	M	B		LA
Becker, Elsie	2	F	B		LA
Williams, Mima	50	F	B		LA
Williams, Cora	20	F	B	Farm laborer	LA
Williams, William	18	M	B	Farm laborer	LA
Williams, Jesse	17	M	B	Farm laborer	LA
Williams, Sarah	14	F	B	Farm laborer	LA
Williams, Moses	10	M	B		LA
Williams, Susan	7	F	B		LA
Williams, Mary	2	F	B		LA
Williams, Kenneth	39	M	B	Farm laborer	LA
Williams, Harriett	36	F	B		LA
Williams, Charles	21	M	B		LA
Williams, Victoria	18	F	B		LA
Williams, Patience	16	F	B		LA
Williams, Henry	13	M	B		LA
Williams, George	7	M	B		LA
Williams, Betsey	5	F	B		LA
Toby, Henry	55	M	B	Farm laborer	LA
Henry, Peter	23	M	B	Farm laborer	LA
Baker, Benjamin	75	M	B	Farm laborer	LA
Baker, Lucy	50	F	B		NC

Williams, Simon	31	M	B	Farm laborer	VA
Williams, Sabria	35	F	B		LA
Williams, Winnie	18	F	B	Farm laborer	LA
Williams, Sarah	18	F	B	Farm laborer	LA
Williams, Cherry	14	F	B	Farm laborer	LA
Williams, Teena	9	F	B		LA
Williams, Caleb	7	M	B		LA
Williams, Emma	5	F	B		LA
Williams, Truman	4	M	B		LA
Williams, Joseph	2	M	B		LA
Baker, Abraham	35	M	B	Farm labor	LA
Baker, Antonetta	32	F	B		LA
Baker, Cupid	16	M	B	Farm laborer	LA
Baker, Mary	10	F	B		LA
Baker, Nancy	8	F	B		LA
Baker, Dennis	4	M	B		LA
Baker, Mack	3	M	B		LA
Baker, Ellen	9/12	F	B		LA
Arnold, Harriett	35	F	B	Farm laborer	LA
Arnold, Jacob	16	M	B		LA
Arnold, George	12	M	B		LA
Arnold, Turner	8	M	B		LA
Arnold, Abner	4	M	B		LA
Pero, Jesse	50	M	B	Farm laborer	NC
Pero, Mary	45	F	B		NC
Pero, Alfred	22	M	B	Farm laborer	LA
Pero, Frederick	20	M	B	Farm laborer	LA
Pero, Esau	16	M	B	Farm laborer	LA
Pero, Julianna	14	F	B		LA
Pero, Priscilla	9	F	B		LA
Pero, Lemuel	8	M	B		LA
Pero, Jane	8	F	B		LA
Pero, Matthew	7	M	B		LA
Pero, Glover	5	M	B		LA

Butter, Adam	55	M	M	Farm laborer	MS
Butter, Juliana	55	M	B		GA
Griffin, Joseph	30	M	B	Farm laborer	GA
Viel, Nolan	30	M	B		MS
Viel, Liddy	25	F	B		MS
Viel, Adley	11	M	B		MS
Viel, Maria	50	F	B		MS
Viel, Charles	12	M	B		LA
Viel, Alice	11	F	B		LA
Linn, Jeremiah	30	M	B	Farm laborer	LA
Linn, Matilda	25	F	B		LA
Linn, Charlotte	2	F	B		LA
Cole, Matthew	60	M	B	Farm laborer	KY
Cole, Lucy	60	F	B		SC
Cole, Mary	15	F	B		LA
Watson, Alexander	45	M	B	Farm laborer	MO
Watson, Ellen	26	F	B		LA
Watson, Liddy	3	F	B		LA
Watson, Ann	1	F	B		LA
Hamilton, Mumfat	45	M	B	Farm laborer	LA
Hamilton, Adeline	34	F	B		LA
Hamilton, Lara	5	F	B		LA
Hamilton, Elizabeth	4	F	B		LA
Hamilton, Stessnicey (?)	10/12	M	B		LA
Kelly, William	70			Stock handler	GA
Wallace, Washington	35	M	B	Farm laborer	LA
Wallace, Nep (?)	38	F	B		LA
Wallace, Emma	4	F	B		LA
Wallace, David	8/12	M	B		LA
Call, George	40	M	B	Farm laborer	VA

Family continues on next page

Call, Martha	33	F	B		VA
Call, Merinda	9	F	B		LA
Call, Georgianna	6	F	B		LA
Call, Alexander	5	M	B		LA
Call, George	3	M	B		LA
Call, Mary Ann	2	F	B		LA
Pickens, Jonas	49	M	B	Farm laborer	LA
Pickens, Silva	33	F	B		LA
Pickens, Richard	7	M	B		LA
Pickens, Hagar	5	F	B		LA
Pickens, Mary	4	F	B		LA
Pickens, George	2	M	B		LA
Robinson, Charles	35	M	B	Farm laborer	LA
Robinson, Eliza Ann	30	F	B		LA
Raymond, Thomas	40	M	B	Farm laborer	VA
Raymond, Josephine	35	F	B		LA
Raymond, Francis	4	M	B		LA
Raymond, Martha	3	F	B		LA
Raymond, Julia	2	F	B		LA
Williams, Richard	30	M	B	Farm laborer	LA
Williams, Winny	40	F	B		LA
Cox, Phoebe	75	F	B		VA
Taylor, Penelope	60	F	B		LA
Washington, Isabella	22	F	B	Farm laborer	LA
Taylor, Delia	16	F	B	Farm laborer	LA
Taylor, Hester	15	F	B	Farm laborer	LA
Taylor, Charles	16	M	B	Farm laborer	LA
Ellis, Lewis	26	M	B	Farm laborer	LA
Ellis, Carlee	25	F	B		LA
Ellis, George	7	M	B		LA
Ellis, Mary	50	F	B		LA

Family continues on next page

Name	Age	Sex	Race	Occupation	Birthplace
Ellis, Antonetta	21	F	B		LA
Ellis, Wright	17	M	B		LA
Ellis, Louisiana	16	F	B		LA
Ellis, Abby	2/12	F	B		LA
Jones, George	60	M	B	Farm laborer	LA
Jones, Rachel	43	F	B		LA
Carr, James	20	M	B		LA
Jones, Arina	16	F	B	Farm laborer	LA
Jones, Catherine	14	F	B	Farm laborer	LA
Jones, Phillisity	8	F	B		LA
Jackson, Betsey	60	F	B		LA
Jones, Judith	19	F	B	Farm laborer	LA
Jones, Jesse	14	M	B	Farm laborer	LA
Barclay, Robert	40	M	M	Farm laborer	LA
Barclay, Ailsey	30	F	B		LA
Johnson, Thomas	14	M	B	Farm laborer	LA
Johnson, Maria	10	F	B		LA
Baseley, Agnes	20	F	B	Farm laborer	LA
Baseley, James	5	M	B		LA
Baseley, Mahala	3	F	B		LA
Bascley, William	4/12	M	B		LA
Price, Moses	75	M	B	Farm laborer	VA
Price, Jane	60	F	B		VA
Hawkins, Melvin	27	M	B	Farm laborer	LA
Hawkins, Martha	40	F	B		LA
Middleton, Hyams	9	M	B		LA
Franklin, Rasor	50	M	B	Farm laborer	TX
Franklin, Charlotte	30	F	B		LA
Franklin, Louise	2	F	B		LA
Franklin, Melinda	1	F	B		LA

Middleton, Silas	50	M	B	Farm laborer	LA
Middleton, Melinda	30	F	B		LA
Johnson, Joseph	30	M	B	Farm laborer	LA
Johnson, Delia	25	F	B		MS
Johnson, Joseph	6	M	B		LA
Johnson, Selina	5	F	B		LA
Johnson, Sally	70	F	B		MD
(Parents were foreign born)					
Washington, Eliza	25	F	B	Farm laborer	LA
Washington, Lavina	7	F	B		LA
Washington, Etienill (?)	2	M	B		LA
Cox, Charity	50	F	B	Farm laborer	LA
Cox, Wina	7	F	B		LA
Calvit, Fanny	60	F	B		VA
Williams, Elsey	2	F	B		LA
Jones, Isabella	50	F	B	Farm laborer	LA
Jones, Isabella	15	F	B		LA
Letcher, Richard	70	M	B	Farm laborer	VA
Letcher, Mary	60	F	B		VA
Amos, Mary	17	F	B	Farm laborer	LA
Washington, John	25	M	B	Farm laborer	LA
Washington, Vina	20	F	B		LA
Washington, Mary	2	F	B		LA
Washington, Samuel	50	M	B	Farm laborer	LA
Washington, Henrietta	17	F	B		LA
Washington, Sarah	10/12	F	B		LA
Jones, Alexander	23	M	B	Farm laborer	LA
Johnson, Lucind	20	F	B		LA
Johnson, Lorina	5	F	B		LA
Johnson, Elisha	26	M	B	Farm laborer	LA

Family continues on next page

Johnson, Susan	25	F	B			LA
Johnson, Rachel	4	F	B			LA
Johnson, Eliza	7/12	F	B			LA
Pickens, Lila	50	F	B			LA
Johnson, Creesy	20	F	B	Farm laborer		LA
Johnson, Matilda	25	F	B			LA
Johnson, Alfred	27	M	B	Farm laborer		LA
Johnson, Martha	17	F	B			LA
Johnson, Thomas	27	M	B	Farm laborer		LA
Johnson, Mary	7	F	B			LA
Middleton, Philip	55	M	B	Farm laborer		LA
Middleton, Louisa	29	F	B			LA
Middleton, Paul	10	M	B			LA
Middleton, George	9	M	B			LA
Middleton, Bennett	3	M	B			LA
Washington, Savery	29	F	B			LA
Washington, Angeline	8	F	B			LA
Washington, John	3	M	B			LA
Washington, Samuel	1	M	B			LA
Monroe, James	51	M	B	Farm laborer		TN
Monroe, Gracie	40	F	B			LA
Tolliver, James	27	M	B	Farm laborer		LA
Tolliver, Frances	23	F	B			LA
Tolliver, Ellen	6	F	B			LA
Tolliver, Seymour	2	M	B			LA
Tolliver, Willis	1/12	M	B			LA
Bradford, Benjamin	30	M	B	Farm laborer		LA
Bradford, Ceeley	30	F	B			LA
Washington, Charles	40	M	B	Farm laborer		LA
Washington, Violet	43	F	B			LA
Washington, Milly	15	F	B			LA

Family continues on next page

Washington, Jackson	4	M	B		LA
Washington, Dicey	3	F	B		LA
Washington, Jane	1	F	B		LA
Tolliver, Daniel	27	M	B	Farm laborer	LA
Tolliver, Rebecca	27	F	B		LA
Tolliver, Edmund	4	M	B		LA
Tolliver, August	3	M	B		LA
Tolliver, Henry	2	M	B		LA
Tolliver, William	1	M	B		LA
Kerr, Clorinda	20	F	B	Farm laborer	LA
Hargrive, Louis	55	M	B	Farm laborer	LA
Hargrive, Rose	54	F	B		LA
Hargrive, Abram	24	M	B	Farm laborer	LA
Hargrive, Romeo	20	M	B	Farm laborer	LA
Hargrive, Philan	16	M	B	Farm laborer	LA
Hargrive, Matthew	12	M	B	Farm laborer	LA
Wells, Kenny	60	F	B	Domestic servant	LA
Wells, Mary Ann	45	F	B	Domestic servant	LA
Wells, Celeste	25	F	B	Domestic servant	LA
Wells, Kenny	20	F	B		LA
Wells, Harriett	17	F	B		LA
Wells, Mary Ann	9	F	B		LA
Harris, John	27	M	B	Farm laborer	LA
Harris, Maria	25	F	B		LA
Harris, John	7	M	B		LA
Harris, Sophia	4	F	B		LA
Boulden, Silas	19	M	B	Farm laborer	VA
Allen, Mary	35	F	B	Farm laborer	NC
Frazer, Louisa	25	F	B	Farm laborer	NC
Frazer, Sidney	3	M	B		LA
Cooper, Watt	48	M	B	Farm laborer	NC
Cooper, Rebecca	47	F	B	Farm laborer	LA

Family continues on next page

Name	Age	Sex	Race	Occupation	Birthplace
Cooper, Aristide	19	M	B		NC
Cooper, Frances	13	F	B		NC
Cooper, Rose	5	F	B		LA
Cooper, James	4	M	B		LA
Cooper, Robert	2	M	B		LA
Cooper, Webb	18	M	B	Farm laborer	NC
Thorp, John	54	M	B	Farm laborer	
Thorp, Sarah	55	F	B		LA
Thorp, Nancy	18	F	B		LA
Thorp, Jordan	13	M	B		LA
Thorp, Della	5	F	B		LA
Sumner, Ransom	50	M	B	Farm laborer	LA
Sumner, Martha	35	F	B		LA
Armstead, Charles	25	M	B	Farm laborer	LA
Armstead, Jane	27	F	B		LA
Hyams, Ruth	14	F	B		LA
Hyams, Richard	12	M	B		LA
Armstead, Hardy	5	M	B		LA
Armstead, Ananias	1	M	B		LA
Armstead, Shadrick	23	M	B	Farm laborer	LA
Armstead, Mary	17	F	B		LA
Armstead, Henry	6/12	M	B		LA
Armstead, Sabria	50	F	B	Farm laborer	LA
Armstead, Damon	20	M	B	Farm laborer	LA
Armstead, Rebecca	19	F	B		LA
Armstead, Lucretia	8	F	B		LA
Blackman, Thomas	50	M	B	Plantation blacksmith	VA
Blackman, Nancy	48	F	B		LA
Blackman, Emmeline	17	F	B		MS
Blackman, Mary	5	F	B		LA
Blackman, Matthew	4	M	B		LA
Blackman, Henry	7/12	M	B		LA

Blackman, George	21	M	B	Farm laborer	LA
Blackman, Candos	20	F	B		LA
Blackman, Thomas	3/12	M	B		LA
Brown, Austin	60	M	B	Farm laborer	NC
Brown, Hagget	51	F	B		NC
Brown, Austin	25	M	B	Farm laborer	LA
Brown, Emeline	24	F	B		LA
Brown, Stephen	5	M	B		LA
Brown, Patience	5	F	B		LA
Brown, Austin	6/12	M	B		LA
Cole, Joseph	32	M	B	Farm laborer	LA
Cole, Ephraim	19	M	B	Farm laborer	LA
Cole, Louis	30	M	B	Farm laborer	NC
Cole, Sarah Ann	27	F	B		NC
Cole, Maria	6	F	B		LA
Cole, Jane	3	F	B		LA
Cole, Louis	7/12	M	B		LA
Blue, Brister	60	M	B	Farm laborer	VA
Blue, Ellen	30	F	B		LA
Blue, Madison	14	M	B	Farm laborer	LA
Blue, Airey	13	F	B		LA
Blue, Madeline	7	F	B		LA
Blue, Abagail	5	F	B		LA
Rector, Charlotte	19	F	B		LA
Rector, Dora	7/12	F	B		LA
Brown, Abagail	70	F	B		VA
Isaac, Britton	50	M	B	Farm laborer	NC
Isaac, Matilda	49	F	B		LA
Reynolds, Mack	17	M	B	Farm laborer	LA
Cook, Harrison	70	M	B	Farm laborer	NC
Cook, Annie	60	F	B		NC
Ferguson, Mary Ann	30	F	B	Farm laborer	VA

Cole, Charles	30	M	B	Farm laborer	LA
Cole, Violet	20	F	B		LA
Cole, Ceeley	4	F	B		LA
Cole, Charles	2	M	B		LA
Cook, Emily	32	F	B	Farm laborer	LA
Cook, Joseph	17	M	B	Farm laborer	LA
Cook, James	6/12	M	B		LA
Casswell, Virgil	35	M	B	Farm laborer	NC
Casswell, Jane	39	F	B		LA
Keyes, Cornelius	19	M	B	Farm laborer	LA
White, Lemuel	16	M	B	Farm laborer	LA
White, Charles	12	M	B		LA
Casswell, Minerva	7	F	B		LA
Casswell, Rose	5	F	B		LA
Casswell, William	4	M	B		LA
Casswell, Susan	2	F	B		LA
Casswell, John	8/12	M	B		LA
Carpenter, Vincent	40	M	B	Farm laborer	MS
Carpenter, Hannah	50	F	B		LA
Clark, Richard	35	M	B	Farm laborer	NC
Clark, Louisa	38	F	B		LA
Clark, Randall	19	M	B	Farm laborer	LA
Carter, Edward	60	M	B	Farm laborer	GA
Carter, Johanna	25	F	B		LA
Evans, Thomas	42	M	B	Farm laborer	NC
Evans, Maria	40	F	B		LA
Evans, Thomas Jr	18	M	B	Farm laborer	LA
Dennis, Ferguson	30	M	B	Farm laborer	LA
Dennis, Priscilla	29	F	B		LA
Lock, Cora	14	F	B	Farm laborer	LA
Dennis, Adam	12	M	B		LA

Family continues on next page

Dennis, Henderson	9	M	B		LA
Dennis, Elenora	10/12	F	B		LA
Fisher, Sandy	70	M	B	Farm laborer	NC
Fisher, Mary	35	F	B		LA
Fisher, David	18	M	B		LA
Fisher, Ellen	1	F	B		LA
Gordon, Jacob	43	M	B	Farm laborer	LA
Gordon, Louisa	27	F	B		LA
Gordon, Esther	12	F	B		LA
Gordon, Jacob	7	M	B		LA
Gordon, Nellie	5	F	B		LA
Gordon, Maria	1	F	B		LA
Gill, Joseph	30	M	B	Farm laborer	LA
Armstead, Louisa	27	F	B		LA
Armstead, Betsey	10	F	B		LA
Hyams, Perry	45	M	B	Farm laborer	LA
Hyams, Ritter	30	F	B		LA
Hyams, Emeline	10	F	B		LA
Stephen, Sharper	6	M	B		LA
Hyams, Perry	1	M	B		LA
Hoyle, Jordan	45	M	B	Farm laborer	LA
Hoyle, Mary	35	F	B		LA
Howard, Loyd	19	M	B	Farm laborer	LA
Williams, Anthony	25	M	B	Farm laborer	LA
Howard, Howard	13	M	B	Farm laborer	LA
Howard, Milly	45	F	B	Farm laborer	LA
Giles, Isam	47	M	B	Farm laborer	NC
Giles, Amey	50	F	B		LA
Johnson, Aaron	60	M	B	Farm laborer	VA
Johnson, Rosetta	60	F	B		LA
Johnson, Jordan	23	M	B	Farm laborer	LA

Family continues on next page

Johnson, Julia	25	F	B	Farm laborer	LA
Johnson, Lucy	3	F	B		LA
Keyes, David	45	M	B	Farm laborer	LA
Keyes, Rhoda	40	F	B		VA
Keyes, Washington	19	M	B	Farm lakorer	LA
Keyes, Georgianna	18	F	B	Farm laborer	LA
Keyes, Joseph	14	M	B	Farm laborer	LA
Keyes, Abram	14	M	B	Farm laborer	LA
Luck, David	50	M	B	Farm laborer	NC
Luck, Sarah	45	F	B		NC
Luck, Alice	12	F	B		NC
Luck, Mumfort	8	M	B		NC
Lee, David	45	M	B	Farm laborer	NC
McDewill, Sampson	25	M	B	Farm laborer	LA
McDewill, Doney	24	F	B		LA
McDewill, Sally	4	F	B		LA
McDewill, James	19	M	B	Farm laborer	LA
McDewill, Warren	14	M	B	Farm laborer	LA
Oliver, Scott	30	M	B	Farm laborer	LA
Oliver, Minerva	37	F	B		LA
Oliver, Charity	12	F	B		LA
Oliver, Vesta	8	M	B		LA
Oliver, Dicey	5	F	B		LA
Oliver, Sam	10/12	M	B		LA
Phillips, Carroll	45	M	B	Farm laborer	VA
Phillips, Rose	50	F	B		VA
Phillips, Phineas	14	M	B	Farm laborer	LA
Phillips, Mack	10	M	B		LA
Phillips, Milton	9	M	B		LA
Page, David	40	M	B	Farm laborer	LA
Riley, Arthur	30	M	B	Farm laborer	LA

Family continues on next page

Riley, Isabella	20	F	B		LA
Riley, Annie	10	F	B		LA
Riley, Sandy	6	F	B		LA
Riley, Wright	1	M	B		LA
Rector, Alexander	30	M	B	Farm laborer	LA
Rector, Parmelia	25	F	B		LA
Riley, Harriett.	30	F	B	Farm laborer	LA
Riley, Edward	8	M	B		LA
Riley, Mary	5	F	B		LA
Riley, Eliza	7/12	F	B		LA
Sumner, George	30	M	B	Farm laborer	LA
Sumner, Amanda	45	F	B		LA
Johnson, Lavina	16	F	B		LA
Johnson, Catherine	10	F	B		LA
Johnson, William	4	M	B		LA
Johnson, Susan	1	F	B		LA
McDewill, Hannah	30	F	B	Farm laborer	LA
Stafford, Josephine	16	F	B	Farm laborer	LA
Stafford, Maria	10	F	B		LA
Brantley, Catherine	20	F	B	Farm laborer	LA
Brantley, Lorenzo	7/12	M	B		LA
Tanner, Frederick	35	M	B	Farm laborer	VA
Tanner, Nancy	40	F	B		LA
Tanner, Archibald	14	M	B	Farm laborer	LA
Tanner, Moses	9	M	B		LA
Tanner, Thomas	3	M	B		LA
Tanner, Felicia	7/12	F	B		LA
White, Matthew	24	M	B	Farm laborer	LA
White, Edith	19	F	B		LA
White, Margaret	3	F	B		LA
White, Matt	2/12	M	B		LA
White, Allen	25	M	B	Farm laborer	LA
White, Mary	26	F	B		LA

Williams, Thomas	35	M	B	Farm laborer	LA
Williams, Lavina	18	F	B		LA
Williams, Edith	3	F	B		LA
Williams, Manuel	7/12	M	B		LA
Vailey, Martha	4	F	B		LA
Williams, Miles	24	M	B	Farm laborer	MS
Williams, Elsey	22	F	B		LA
Williams, Lizzie	4	F	B		LA
Cammell, Nancy	50	F	B	Farm laborer	NC
Kenzie, Caroline	45	F	B	Farm laborer	NC
Jiggets, Allen	70	M	B	Farm laborer	LA
Jiggets, Annie	60	F	B		LA
Phillips, Sara	70	F	B		LA
King, John	75	M	B		LA
Stafford, Maria	70	F	B		LA
Keyes, Dashig	50	M	B	Farm laborer	LA
Williams, Frank	50	M	B	Farm laborer	LA
Williams, Mary	41	F	B		LA
Williams, James	7	M	B		LA
Williams, Ida	3	F	B		LA
St Clair, Harriett	32	F	M	Domestic servant	LA
St Clair, Fanny	15	F	M	Domestic servant	LA
St Clair, Edward	5	M	M		LA
St Clair, Henry A	2	M	M		LA
Butler, Elsie	10	F	M		LA
Dickson, John	12	M	B		LA
Mack, Alfred	70	M	B	Farm laborer	NC
Young, David	30	M	B	Cooper	NC
Cammell, Theodore	34	M	B	Cooper	NC
Cammell, Litty	16	F	B		LA
Brown, Henry J	22	M	W	Planter	LA
Dennis, Nancy	30	F	B	Domestic servant	LA

Family continues on next page

Alexander, Carry	40	F	B	Domestic servant	LA
Walker, Nalsey	15	F	B	Domestic servant	LA
Alexander, Isaac	35	M	B	Farm laborer	LA
Alexander, Caroline	40	F	B		LA
Alexander, Parrylee	10	F	B		LA
Alexander, Dina	8	F	B		LA
Alexander, Stella	7	F	B		LA
Alexander, Jane	4	F	B		LA
Alexander, Daniel	8/12	M	B		LA
Williams, Noah	30	M	B	Farm laborer	LA
Brown, Alfred	40	M	B	Farm laborer	LA
Brown, Mary Jane	35	F	B		LA
Brown, Branch	15	M	B		LA
Brown, Margaret	13	F	B		LA
Brown, Laura	9	F	B		LA
Brown, Bernard	6	M	B		LA
Brown, Edward	4	M	B		LA
Brown, Thomas	1	M	B		LA
Raney, Moses	30	M	B	Farm laborer	LA
Raney, Ann	26	F	B		LA
Raney, Richard	9	M	B		LA
Raney, Minerva	7	F	B		LA
Raney, Eliza	1	F	B		LA
Smoot, William	30	M	B	Farm laborer	LA
Smoot, Viney	25	F	B		LA
Smoot, Margaret	13	F	B		LA
Smoot, Lee	9	M	B		LA
Smoot, Horace	3	M	B		LA
Smoot, William	8/12	M	B		LA
Johnson, Susannah	60	F	B	Farm laborer	VA
Keller, Bell	20	F	B	Farm laborer	LA
Keller, James	2	M	B		LA
Keller, Thomas	1/12	M	B		LA

Brown, John	50	M	B	Farm laborer	VA
Brown, Rachel	55	F	B		VA
Sikes, Andrew	16	M	B	Farm laborer	LA
Bee, John	40	M	B	Farm laborer	VA
Bee, Phoebe	30	F	B		LA
Bee, Frank	12	M	B		LA
Bee, May	11	F	B		LA
Bee, Adeline	19	F	B		LA
Bee, Phoebe	15	F	B		LA
Hilt, Moses	45	M	B	Farm laborer	LA
Hilt, Eliza Jane	25	F	B		LA
Robinson, Jane	50	F	B		LA
Robinson, Tison	18	M	B	Farm laborer	LA
Ryans, Terence	80	M	B		VA
Ryans, Judith	18	F	B		LA
Dublin, William	18	M	B	Farm laborer	LA
McKay, Solomon	35	M	B	Farm laborer	NC
McKay, Margaret	38	F	B		LA
McKay, Susan	5	F	B		LA
Jones, Burrel	45	M	B	Farm laborer	VA
Jones, Charlotte	40	F	B		LA
Jones, Henry	20	M	B	Farm laborer	LA
Armstrong, Richard	50	M	B	Farm laborer	VA
Armstrong, Auly	40	F	B		VA
Armstrong, Abraham	18	M	B	Farm laborer	LA
Armstrong, Westley	26	M	B	Farm laborer	LA
Armstrong, Mary	16	F	B		LA
Robinson, Robert	50	M	B	Farm laborer	LA
Robinson, Amy	44	F	B		TX

Stewart, William	25	M	B	Farm laborer	LA
Stewart, Nancy	25	F	B		LA
Stewart, Catherine	7	F	B		LA
Stewart, Ellen	6	F	B		LA
Stewart, Mary	2	F	B		LA
White, Cornelius	50	M	B	Farm laborer	VA
White, Maria	30	F	B		LA
White, Cornelius	5	M	B		LA
White, Ella	1	F	B		LA
Brumfield, Hugh	24	M	B	Farm laborer	MS
Brumfield, Mahala	25	F	B		MS
Frazer, Banks	17	M	B	Farm laborer	NC
Frazer, Townsend	8	M	B		LA
Ford, James	30	M	B	Farm laborer	LA
Ford, Jane	35	F	B		LA
Ford, Leroy	5	M	B		LA
Ford, Malvina	3	F	B		LA
Ford, Jerry	7/12	M	B		LA
Parsons, George	40	M	B	Farm laborer	LA
Jones, Mary	35	F	B		LA
Jones, Louisa	16	F	B	Domestic servant	LA
Jones, Daigre	16	M	B	Farm laborer	LA
Jones, David	10	M	B		LA
Jones, Thomas	8	M	B		LA
Jones, George	5	M	B		LA
Jones, Sarah	4	F	B		LA
Jones, Oscar	3	M	B		LA
Jones, Lina	1	F	B		LA
Williams, Emmeline	45	F	B	Farm laborer	LA
Williams, Harriett	10	F	B		LA
Williams, Andrew	6	M	B		LA
Williams, James	4	M	B		LA
Williams, George	6/12	M	B		LA

Ray, Hannah	41	F	B	Farm laborer	LA
Ray, Edward	13	M	B	Farm laborer	LA
Ray, John	14	M	B	Farm laborer	LA
Ray, Lamson	11	M	B		LA
Ray, Kent	6	M	B		LA
Ray, Alfred	4	M	B		LA
Ray, Nancy	3	F	B		LA
Neal, John	35	M	B	Farmer	MD
Neal, Esther	40	F	B		LA
Neal, Roxanna	20	F	B		LA
Neal, John	17	M	B		LA
Neal, Josephine	17	F	B		LA
Neal, Henry	12	M	B		LA
Neal, Catherine	10	F	B		LA
Neal, Lucy	8	F	B		LA
Neal, Elizabeth	6	F	B		LA
Neal, Sarah	5	F	B		LA
Neal, Frances	3	F	B		LA
Neal, James	1	M	B		LA
Neal, Oliver W	1	M	B		LA
Mailes, Elizabeth	45	F	B	Domestic servant	KY
Leonard, Margaret	40	F	B		MS
Leonard, Jane	14	F	B	Farm laborer	LA
Leonard, Cub	12	M	B		LA
Leonard, Judith	11	F	B		LA
Leonard, Mary	1	F	B		LA
Winegart, Joseph	25	M	W	Farmer	LA
Perkins, Edward	15	M	B	Farm laborer	LA

Inhabitants of Cheneyville Ward, Rapides Parish, Louisiana
10 Jun 1870 - 24 Jun 1870

Name	Age	Sex	Race	Occupation	Place of Birth
Green, Richard	64	M	B	Farm laborer	LA
Green, Hannah	50	F	B		LA
Green, Eliza	20	F	B	Farm laborer	LA
Green, George	1	M	B		LA
Johnson, Joseph	24	M	B	Farm laborer	LA
Johnson, Martha	24	F	B		LA
Johnson, Creecey	5	F	B		LA
Johnson, Nathan	3	M	B		LA
Flint, Michael	60	M	B	Farm laborer	NC
Young, Lucy	35	F	B	Farm laborer	NC
Young, Lanry	10	M	B		LA
Young, Annie	5	F	B		LA
Young, Patsey	2	F	B		LA
Stephens, Michael	25	M	B	Farm laborer	GA
Stephens, Ardell	25	F	B		TX
Stephens, Frank	5	M	B		LA
Graham, William	54	M	B	Farm laborer	KY
Graham, Betsey	26	F	B		LA
Graham, Jane	1/12	F	B		LA
Reid, Horace	24	M	B	Farm laborer	LA
Reid, Frances	23	F	B		LA
Reid, Daniel	2	M	B		LA
Reid, Laura	5/12	F	B		LA
Reid, Israel	60	M	B	Farm laborer	MD
Reid, Cassy	55	F	B		MD
Reid, Monroe	17	M	B	Farm laloorer	LA

Reid, Priscilla	27	F	B	Farm laborer	LA
Reid, Isaac	12	F	B		LA
Reid, Sukey	9	F	B		LA
Henry, Andrew	35	M	B	Farm laborer	LA
Henry, Patience	28	F	B		LA
Henry, Della	15	F	B		LA
Henry, Enny	9	M	B		LA
Henry, Joel	4	M	B		LA
Henry, William	1	M	B		LA
Tighlman, Michael	40	M	B	Farm laborer	LA
Tighlman, Elvira	30	F	B		LA
Tighlman, Baziel	19	M	B	Farm laborer	LA
Tighlman, Prince	8	M	B		LA
Tighlman, Jeff	5	M	B		LA
Tighlman, Nancy	2	F	B		LA
McKenzie, Dublin	45	M	B	Farm laborer	LA
McKenzie, Hagar	30	F	B		LA
McKenzie, Maty	75	F	B		VA
Jackson, William	45	M	B	Farm laborer	LA
Jackson, Mary Ann	25	F	B		LA
Jackson, Mary Ann	1	F	B		LA
Scruggins, Robert	30	M	B	Farm laborer	LA
Johnson, Thomas	30	M	B	Farm laborer	LA
Smith, Edmund	25	M	B	Farm laborer	LA
Smith, Nelly	19	F	B		LA
Smith, Jane	5/12	F	B		LA
Claiborn, Charles	40	M	B	Farm laborer	VA
Claiborn, Margaret	32	F	B		LA
Claiborn, Sophie	12	F	B		LA
Claiborn, Catherine	10	F	B		LA
Claiborn, James	5	M	B		LA
Claiborn, Lavina	1	F	B		LA

Name	Age	Sex	Race	Occupation	Birthplace
Fisher, George	40	M	B	Farmlaborer	KY
Fisher, Mary	35	F	B		VA
Fisher, Mahalie	16	F	B		LA
Fisher, Madison	9	M	B		LA
Fisher, Lilly	10/12	F	B		LA
Scott, George	50	M	B	Farm laborer	LA
Scott, Clarissa	45	F	B		LA
Wisham, Thomas	50	M	B	Farm laborer	LA
Wisham, Sally	40	F	B		LA
Wisham, Phoebe	18	F	B	Farm laborer	LA
Wisham, Lucinda	16	F	B	Farm laborer	LA
Wisham, Lucy Ann	12	F	B		LA
Wisham, James	6	M	B		LA
Wisham, Isaac	5	M	B		LA
Jones, Savannah	25	F	B	Farm laborer	LA
Smith, Lawson	55	M	B	Farm laborer	VA
Smith, Alley	27	F	B		VA
Smith, Anthony	17	M	B	Farm laborer	LA
Smith, Lawson	17	M	B	Farm laborer	LA
Smith, Milton	14	M	B	Farm laborer	LA
Smith, Robert	13	M	B	Farm laborer	LA
Smith, Daniel	2	M	B		LA
Mons, Etienne	45	M	B	Farm laborer	LA
Mons, Louisa	30	F	B		LA
Mons, Taylor	5	M	B		LA
Mons, John	1	M	B		LA
White, Peter	50	M	B	Farm laborer	SC
White, Rachel	50	F	B		LA
White, Clara	25	F	B	Farm laborer	LA
White, Matthew	8/12	M	B		LA
White, Bella	20	F	B	Farm laborer	LA
White, Rebecca	4/12	F	B		LA
White, Benjamin	17	M	B	Farm laborer	LA

Family continues on next page

White, Leah	4	F	B		LA
White, Joseph	10	M	B		LA
Reid, Andrew	21	M	B	Farm laborer	LA
Reid, Josephine	8	F	B		LA
Jones, Solomon	22	M	B	Farm laborer	LA
Williams, Louis	55	M	B	Farm laborer	LA
Williams, Ann	40	F	B		LA
Pierce, Missouri	20	F	B	Farm laborer	LA
Williams, Clinton	7	M	B		LA
Williams, Delia	7/12	F	B		LA
Jones, David	33	M	B	Farm laborer	LA
Jones, Sukey	24	F	B		LA
Jones, Emma	2	F	B		LA
Reid, George	50	M	B	Farm laborer	LA
Reid, Lutherine	50	F	B		LA
Reid, Washington	28	M	B	Farm laborer	LA
Reid, Mace	26	M	B	Farm laborer	LA
Reid, Rose	21	F	B	Farm laborer	LA
Reid, Cheney	12	F	B		LA
Reid, Rachel	2	F	B		LA
Scott, General	40	M	B	Farm laborer	LA
Scott, Saphronica	30	F	B		LA
Scott, Milly	55	F	B		LA
Scott, Christopher	10	M	B		LA
Scott, Alexander	6	M	B		LA
Scott, Stephen	4	M	B		LA
Scott, Isabella	2	F	B		LA
Jones, Marsh	50	M	B	Farm laborer	LA
Jones, Hester	40	F	B		LA
Jones, Matilda	20	F	B		LA
Jones, Andrew	17	M	B		LA
Jones, Celeste	15	F	B		LA

Family continues on next page

Jones, Thomas	10	M	B			LA
Jones, Clarissa	65	F	B			LA
Scott, Charles	45	M	B	Farm laborer		LA
Scott, Caroline	30	F	B			LA
Scott, Jones	10	M	B			LA
Scott, Dilsey	7	F	B			LA
Mosely, Watson	45	M	B	Farm laborer		VA
Mosely, Silla	50	F	B			LA
Van Horn, James	45	M	B	Farm laborer		LA
Van Horn, Mary	42	F	B			LA
Collins, Susan	37	F	B	Domestic servant		VA
Collins, Charles	4	M	B			LA
McCoy, Deal	58	M	B	Farm laborer		LA
McCoy, Jeanette	45	F	B			LA
McCoy, Andrew	35	M	B	Farm laborer		LA
McCoy, Catherine	30	F	B	Farm laborer		LA
McCoy, Vincent	9	M	B			LA
McCoy, Paralee	7	F	B			LA
McCoy, Isaac	5	M	B			LA
McCoy, Butler	3	M	B			LA
McCoy, Nancy	2/12	F	B			LA
Williams, Charles	27	M	B	Farm laborer		VA
Terry, Silvia	25	F	B	Farm laborer		LA
Terry, Jane	3	F	B			LA
McCoy, Aggie	27	F	B	Farm laborer		LA
McCoy, Peter	19	M	B	Farm laborer		LA
McCoy, Sarah	11	F	B			LA
McCoy, William	4	M	B			LA
Newton, Joseph	27	M	B	Farm laborer		LA
Newton, Silvia	25	F	B			LA
Newton, Rose	4	F	B			LA

Family continues on next page

Name	Age	Sex	Race	Occupation	Birthplace
Washington, Henry	50	M	B	Farm laborer	LA
Washington, Elizabeth	45	F	B		LA
Robertson, Samuel	25	M	B	Farm laborer	LA
Robertson, Janet	25	F	B		LA
Robertson, Sarah Jane	8	F	B		LA
Meeker, Joseph H	31	M	W	Plantation manager	LA
Van Horn, Julia Ann	40	F	B	Domestic servant	LA
Van Horn, Sophia	17	F	B	Domestic servant	LA
Van Horn, Lee	6	M	B		LA
Van Horn, Nancy	3	F	B		LA
Slaughter, Tete	13	F	B	Domestic servant	LA
Lewis, Albert	40	M	B	Farm laborer	LA
Lewis, Cardish	30	F	B		LA
Lewis, Dora	7	F	B		LA
Lewis, Susan	4	F	B		LA
Lewis, Philip	1	M	B		LA
Chambers, Martha	30	F	B	Domestic servant	LA
Chambers, Elizabeth	13	F	B		LA
Chambers, Obi	12	F	B		LA
Chambers, Kate	2	F	B		LA
Chambers, John	2	M	B		LA
Evans, Horace	56	M	B	Farm laborer	VA
Evans, Betsey	58	F	B		LA
Evans, Joseph	12	M	B		LA
Williams, Jane	31	F	B	Farm laborer	LA
Lewis, William	40	M	M	Farm laborer	NY
Lewis, Dink	37	F	B		LA
Hays, Sanders	16	M	B	Farm laborer	LA
Hays, Sylvester	14	M	B	Farm laborer	LA
Brilter, Jesse	59	M	B	Farm laborer	VA

Family continues on next page

Name	Age	Sex	Race	Occupation	Birthplace
Brilter, Louise	37	F	B		LA
Brilter, George	12	M	B		LA
Brilter, Lawson	10	M	B		LA
Brilter, Mary	6	F	B		LA
Brilter, Alice	6/12	F	B		LA
Graves, Peter	56	M	B	Farm laborer	MD
Graves, Rachel	57	F	B		LA
Graves, Louis	25	M	B	Farm laborer	LA
Graves, Nanny	20	F	B	Farm laborer	LA
Graves, Hyams	14	M	B	Farm laborer	LA
Graves, Abe	2	M	B		LA
Roberts, Samuel	25	M	W	Planter	LA
Roberts, Jane	20	F	M		LA
Malone, James	40	M	B	Farm laborer	LA
Malone, Ruth	35	F	B		LA
Pearce, Ephraim	18	M	B	Farm laborer	LA
Malone, Hannah	8	F	B		LA
Malone, Agnes	6	F	B		LA
Malone, Mary	3	F	B		LA
Malone, George	1	M	B		LA
Jackson, Thomas	38	M	B	Farm laborer	LA
Jackson, Dorcas	38	F	B		LA
Truds, Baptiste	17	M	B	Farm laborer	LA
Truds, Miles	15	M	B	Farm laborer	LA
Truds, Lawrence	13	M	B	Farm laborer	LA
Truds, Frozine	11	F	B		LA
Truds, Aurolia	4	F	B		LA
Jackson, Thomas	2	M	B		LA
Harrison, Green	27	M	B	Farm laborer	LA
Harrison, Ann	26	F	B		LA
Harrison, Noley	10	F	B		LA
Harrison, Robert	4	M	B		LA
Harrison, Granville	2	M	B		LA

Name	Age	Sex	Race	Occupation	Birthplace
Perkins, George	27	M	B	Farm laborer	LA
Perkins, Grace	24	F	B		LA
Perkins, Albert	5	M	B		LA
Melcher, Edward	20	M	B	Farm laborer	LA
Davis, Sarah	28	F	B	Farm laborer	LA
Davis, Cato	13	M	B		LA
Davis, Albert	8/12	M	B		LA
Dial, Jefferson	60	M	B	Farm laborer	LA
Dial, Dennis	51	M	B	Farm laborer	LA
Dial, Annie	40	F	B	Farm laborer	LA
Lee, John	60	M	B	Farm laborer	LA
Lee, Grace	58	F	B		LA
Halloway, Carrie	21	F	W		AL
Words, Nancy	55	F	B	Domestic servant	AL
Words, Sandy	60	M	B	Gardener	AL
Callahan, David M	81	M	W	Retired planter	SC
Williams, Silvia	19	F	B	Domestic servant	LA
Kennedy, Taylor	22	M	B	Domestic servant	LA
Kennedy, Dennis	62	M	B	Domestic servant	LA
Snelling, John	35	M	W	Planter	GA
Green, Meletta	50	F	B	Domestic servant	LA
Green, Elsey	22	F	B	Domestic servant	LA
Green, Benjamin	1	M	B		LA
Bright, Edward	23	M	B	Farm laborer	LA
Bright, Mary	50	F	B		LA
Bright, Kate	8	F	B		LA
Richardson, Emmeretta	32	F	B	Farm laborer	VA
Price, Collevick	45	M	B	Farm laborer	VA
Washington, Turner	35	M	B	Farm laborer	VA
Washington, Rosetta	80	F	B		LA
Washington, Ballard	20	M	B	Farm laborer	LA

Name	Age	Sex	Race	Occupation	Birthplace
Clark, Nelson	23	M	B	Farm laborer	LA
Clark, Susan	45	F	B		VA
Grimball, Philip	50	M	B	Farm laborer	VA
Grimball, Susannah	35	F	B		LA
Grimball, Nelson	13	M	B		LA
Grimball, Bella	10	F	B		LA
Carvey, Ann	30	F	B	Farm laborer	LA
Chambers, Benjamin	40	M	B	Farm laborer	LA
Chambers, Ellen	30	F	B		LA
Chambers, Moawa	17	M	B	Farm laborer	LA
Chambers, Catherine	5	F	B		LA
Chambers, Ellen	2	F	B		LA
Chambers, Benjamin	6/12	M	B		LA
Smith, Alfred	50	M	B	Farm laborer	VA
Smith, Martha	40	F	B		VA
Aitken, Frank	35	M	B	Farm laborer	TN
Aitken, Betsey	30	F	B		TN
Lee, Sandy	35	M	B	Farm laborer	LA
Lee, Martha	30	F	B		VA
Lee, Richard	8	M	B		LA
Monroe, James	50	M	B	Farm laborer	VA
Monroe, Susanna	40	F	B		LA
Monroe, Alfred	20	M	B	Farm laborer	LA
Monroe, Clinton	15	M	B	Farm laborer	LA
Monroe, Joseph	2	M	B		LA
Monroe, Edmond	18	M	B	Farm laborer	LA
Ireons, Peter	46	M	B	Farm laborer	LA
Ireons, Eliza	43	F	B		LA
Ireons, Ellet	13	M	B		LA
Chambers, Manuel	45	M	B	Farm laborer	LA

Family continues on next page

Name	Age	Sex	Race	Occupation	Birthplace
Chambers, Louisa	51	F	B		VA
Chambers, Evelina	18	F	B	Farm laborer	LA
Chambers, Stephen	8	M	B		LA
Courtney, Ann	4	F	B		LA
Gibson, Charles	40	M	B	Farm laborer	LA
Gibson, Lucinda	23	F	B		LA
Gibson, Simon	3	M	B		LA
Gibson, John	6/12	M	B		LA
Robinson, Cleburn	35	M	B	Farm laborer	VA
Robinson, Margaret	31	F	B		VA
Robinson, Edward	14	M	B		VA
Robinson, Francis	10	M	B		VA
Robinson, Georgianna	7	F	B		VA
Robinson, Henrietta	1	F	B		VA
Meed, John	55	M	B	Farm laborer	VA
Meed, Emma	61	F	B		LA
Harrison, Calvin	40	M	B	Farm laborer	LA
Chambers, Luke	49	M	B	Farm laborer	LA
Chambers, Frances	43	F	B		LA
Chambers, Susan	20	F	B	Farm laborer	LA
Chambers, Amos	16	M	B	Farm laborer	LA
Conway, Jeremiah	39	M	B	Farm laborer	VA
Conway, Jane	33	F	B		LA
Conway, Reuben	10	M	B		LA
Conway, Horace	8	M	B		LA
Conway, Isabella	4	F	B		LA
Conway, Grant	4	M	B		LA
Jones, Andrew	35	M	B	Farm laborer	VA
Jones, Mary	36	F	B		LA
Jones, George	14	M	B		LA
McGee, John	50	M	B	Farm laborer	LA
McGee, Eliza	27	F	B		LA

Johnson, George	45	M	B	Farm laborer	LA
Johnson, Sarah	30	F	B		LA
Davis, Jemima	60	F	B		LA
Tighlman, Delia	50	F	B	Farm laborer	VA
Chambers, Cato	23	F	B	Farm laborer	LA
Shaw, Benjamin	50	M	B	Farm laborer	VA
Shaw, Henrietta	40	F	B		LA
Carr, Kate	60	F	B	Farm laborer	LA
Williams, Elijah	30	M	B	Farm laborer	VA
Stafford, Robert	41	M	B	Farm laborer	LA
Reid, Caroline	32	F	B		LA
Reid, Claiborne	18	M	B	Farm laborer	LA
Reid, Harriett	10	F	B		LA
Reid, Dinah	7	F	B		LA
Reid, Jesse	5	M	B		LA
Reid, Amy	6/12	F	B		LA
Lawson, Peter	50	M	B	Farm laborer	TX
Lawson, Harriett	30	F	B		LA
Lawson, William	16	M	B	Farm laborer	LA
Lawson, Alice	5	F	B		LA
Lawson, John	3	M	B		LA
Brantley, James	48	M	B	Farm laborer	LA
Brantley, Eliza	30	F	B		LA
Brantley, Charity	2	F	B		LA
Brantley, Isaac	1	M	B		LA
Brantley, Henry	2/12	M	B		LA
Freeman, Jeremiah	40	M	B	Farm laborer	LA
Freeman, Milly	26	F	B		LA
Freeman, Minerva	8	F	B		LA
Freeman, William	6	M	B		LA
Freeman, Rebecca	3	F	B		LA

Perry, Jacob	48	M	B	Farm laborer	LA
Perry, Vina	61	F	B		LA
Perry, George	17	M	B		LA
Perry, Lucy	13	F	B		LA
Perry, Brooks	10	M	B		LA
Perry, Mathew	8	M	B		LA
Eades, John	52	M	B	Farm laborer	MS
Eades, Ceeley	40	F	B		GA
Eades, Welley	16	F	B		LA
Eades, Dink	10	M	B		LA
Eades, Tuisey	8	F	B		LA
Thompson, Josiah	44	M	B	Farm laborer	VA
Thompson, Lizzie	30	F	B		VA
Charlton, Mathew	52	M	M	Farm laborer	VA
Charlton, Julia	23	F	B		LA
Young, Josiah	51	M	B	Farm laborer	LA
Young, Henrietta	33	F	B		LA
Young, Lucy	9	F	B		LA
Young, June	7	F	B		LA
Young, Emeline	6	F	B		LA
Young, Susan	3	F	B		LA
Young, Jefferson	10/12	M	B		LA
Allen, Henry	60	M	B	Farm laborer	LA
Allen, Dinah	40	F	B		LA
Allen, Patty	5	F	B		LA
Allen, Anna	1	F	B		LA
Irvin, Frank	50	M	B	Farm laborer	LA
Irvin, Isabella	30	F	B		LA
Irvin, David	17	M	B	Farm laborer	LA
McCoy, Catherine	25	F	B	Farm laborer	LA
Criddleton, Moses	22	M	B		LA
Criddleton, Rachal	17	F	B		LA
Criddleton, Madison	2	M	B		LA

Brown, Abraham	30	M	B	Farm laborer	VA
Brown, Betsey	25	F	B		LA
Brown, Joseph	8	M	B		LA
Brown, Carrol	5	M	B		LA
Johnson, Walker	50	M	B	Farm laborer	VA
Johnson, Adeline	40	F	B		VA
Johnson, Emily	10	F	B		LA
Gibbs, Mason	40	M	B	Farm laborer	LA
Gibbs, Missouri	30	F	B		LA
Gibbs, Louise	8	F	B		LA
Gibbs, Nancy	4	F	B		LA
Gibbs, Milley	2	F	B		LA
Gibbs, Ben	6/12	M	B		LA
Coleman, Towey	50	M	B	Farm laborer	LA
Coleman, Sarah	40	F	B		LA
Coleman, Lizzie	4	F	B		LA
Coleman, Mary	1	F	B		LA
Coleman, Joseph	14	M	B	Farm laborer	LA
Baldwin, George	30	M	B	Farm laborer	LA
Baldwin, Barbara	32	F	B		LA
Baldwin, Virginia	17	F	B		LA
Baldwin, Mary	15	F	B		LA
Baldwin, Elvira	14	F	B		LA
Baldwin, John	13	M	B		LA
Baldwin, Josiah	12	M	B		LA
Baldwin, Mandy	8	F	B		LA
Baldwin, Betsey	6	F	B		LA
Baldwin, Charles	6	M	B		LA
Baldwin, Ellen	2	F	B		LA
Kennedy, Abram	50	M	B		VA
Kennedy, Milly	40	F	B	Farm laborer	LA
Milton, Josephine	17	F	B	Farm laborer	LA

Nelson, Robert	60	M	B	Farm laborer	NC
Nelson, Mary	40	F	B		LA
Wiley, James	51	M	B	Farm laborer	LA
Wiley, Rose	40	F	B		TX
Wiley, John	1/12	M	B		LA
Hall, Albert	48	M	B	Farm laborer	LA
Hall, Chanty	30	F	B		LA
Hall, Jacob	12	M	B		LA
Hall, Amos	9	M	B		LA
Hall, Henry	5	M	B		LA
Harris, William	30	M	B	Farm laborer	LA
Harris, Martha	21	F	B		LA
Stephens, Hannah	60	F	B		GA
Hampton, Noah	26	M	B	Farm laborer	LA
Hampton, Susannah	45	F	B	Domestic servant	KY
Hatcher, Herry	15	M	B	Farm laborer	LA
Hatcher, Milo	9	M	B		LA
Randall, Everett	27	M	B	Farm laborer	LA
Randall, Fanny	20	F	B	Domestic servant	LA
Randall, James	14	M	B		LA
Miller, Hampton	36	M	B	Farm laborer	LA
Miller, Phoebe	45	F	B		LA
Miller, Milly	11	F	B		LA
Thompson, John	27	M	B	Farm laborer	LA
Thompson, Isabell	25	F	B		LA
Thompson, Mary	10	F	B		LA
Thompson, Jane	7	F	B		LA
Thompson, Thomas	6	M	B		LA
Thompson, Kate	3	F	B		LA
Thompson, Scott	22	M	B	Farm laborer	LA
Thompson, Minerva	20	F	B		LA

Name	Age	Sex	Race	Occupation	State
Howard, Josiah	30	M	B	Farm laborer	LA
Howard, Louise	22	F	B		LA
Woods, Walton	48	M	B	Farm laborer	LA
Woods, Ceeley	50	F	B		LA
Woods, Jilsen	27	M	B	Farm laborer	LA
Harved, Nace	35	M	B	Farm laborer	LA
Harved, Clarissa	30	F	B		LA
Harved, Levill	14	M	B		LA
Harved, Augustus	13	M	B		LA
Harved, Eliza	10	F	B		LA
Robinson, Judith	20	F	B	Farm laborer	LA
Jackson, William	25	M	B	Farm laborer	LA
Delson, Benjamin	24	M	B	Farm laborer	LA
Holt, James	30	M	B	Farm laborer	LA
Holt, Rachel	25	F	B		LA
Holt, Jeffery	5	M	B		LA
Holt, Joseph	3	M	B		LA
Holt, Rachel	1	F	B		LA
Callwell, James	45	M	B	Farm laborer	TN
Callwell, Kate	35	F	B		TN
Callwell, Andrew	36	M	B	Farm laborer	TN
Callwell, Maria	31	F	B		TN
Harris, Henry	35	M	B	Farm laborer	VA
Cheeney, Oscar	41	M	W	Planter	LA
Thomas, Silley	38	F	B	Domestic servant	LA
Thomas, Henry	7	M	B		LA
Thomas, Scott	3	M	B		LA
Clark, Annie P	48	F	W	School teacher	GA
Gustin, George	50	M	B	Domestic servant	LA
Gustin, Charlotte	44	F	B	Domestic servant	LA

Name	Age	Sex	Race	Occupation	Birthplace
O'Neal, William	49	M	B	Farm laborer	LA
O'Neal, Ellen	54	F	B		LA
O'Neal, Judith	4	F	B		LA
Dickson, Catherine	20	F	B	Domestic servant	LA
Muse, Edward	9	M	B		LA
Muse, Charles	4	M	B		LA
Muse, Robert	4	M	B		LA
Winchester, Warner	30	M	B	Farm laborer	LA
Winchester, Jane	29	F	B		LA
Alexander, Louise	22	F	B	Farm laborer	LA
Marshall, Francis W	49	M	W	Physician	LA
Calender, Winney	30	F	B	Domestic servant	LA
Calender, Sam	5	M	B		LA
Calender, Jane	4	F	B		LA
Calender, Thomas	2	M	B		LA
Brantley, Henry	50	M	B	Farm laborer	LA
Brantley, Mary	60	F	B		LA
Dorsey, Joseph	24	M	B	Farm laborer	LA
Dorsey, Betsey	21	F	B	Farm laborer	LA
Dorsey, Matthew	5	M	B		LA
Haughter, Samuel	72	M	W	Physician	KY
Iroin, Alice	50	F	B	Domestic servant	LA
Iroin, Benjamin	30	M	B	Domestic servant	LA
Roberts, Roger	65	M	W	Planter	SC
Johnson, Amelia	55	F	B	Domestic servant	VA
Virgil, Martha	34	F	B	Domestic servant	LA
Virgil, Emily	9	F	B		LA
Virgil, Margaret	6	F	B		LA
Virgil, Jane	3	F	B		LA
Virgil, Kento	2/12	M	B		LA
White, Eliza	21	F	B		LA
White, Ellen	2	F	B		LA
White, David	1	M	B		LA

Huffman, Herman	36	M	W	Cooper	Poland
Randall, Josephine	25	F	B	Domestic servant	LA
Randall, Adeline	4	F	B		LA
Randall, Willet	1	M	B		LA
Philip, Eddy	6	M	B		LA
Ruffian, Prince	50	M	B	Domestic servant	LA
Ruffian, Martha	15	F	B	Domestic servant	LA
Ruffian, Louis	14	M	B		LA
Ruffian, John	13	M	B		LA
Ruffian, Silas	9	M	B		LA
Ewell, Betsey	46	F	B	Domestic servant	VA
Ewell, Washington	15	M	B	Farm laborer	LA
Ewell, Sarah	14	F	B		LA
Ewell, Sandy	12	M	B		LA
Ewell, Virginia	4	F	B		LA
Ewell, William	2	M	B		LA
Ewell, Thomas	1	M	B		LA
Bibbs, Rash	80	M	B	Farm laborer	VA
Bibbs, Ester	22	F	B	Farm laborer	LA
Bibbs, Jane	2	F	B		LA
Paine, Miranda	19	F	B	Farm laborer	LA
Cameron, James	23	M	B	Farm laborer	LA
Cameron, Eliza	19	F	B		LA
Cameron, Willis	10/12	M	B		LA
Patterson, George	30	M	B	Farm laborer	LA
Patterson, Sarah	29	F	B		LA
Patterson, George	7	M	B		LA
Patterson, Delia	7	F	B		LA
Patterson, Henry	5/12	M	B		LA
Jackson, Alexander	59	M	B	Farm laborer	LA
Jackson, Olley	40	F	B		LA
Jackson, Charles	18	M	B	Farm laborer	LA

Miller, William	30	M	B	Farm laborer	LA
Miller, Liddy	17	F	B		LA
Miller, Jane	4/12	F	B		LA
Robinson, Frank	80	M	B	Farm laborer	GA
Robinson, Rachel	60	F	B		LA
Robinson, Jenson	9	M	B		LA
County, Frederick	45	M	B	Farm laborer	LA
County, Maria	21	F	B		LA
Hicks, Samuel	80	M	B	Farm laborer	SC
Hicks, Lucy	55	F	B		LA
Hicks, Sally	11	F	B		LA
Hicks, Hannah	8	F	B		LA
Brown, Thomas	22	M	B	Farm laborer	LA
Brown, May	21	F	B		LA
Harris, Noel	23	M	B	Farm laborer	LA
Harris, Quinnet	18	F	B		LA
Griffen, Jerry	12	M	B		LA
Westbrook, Henderson	23	M	B	Farm laborer	LA
Westbrook, Caroline	22	F	B		LA
Kaid, Alexander	25	M	B	Farm laborer	LA
Stewart, Henry	45	M	B	Farm laborer	LA
Stewart, Mary	28	F	B		LA
Stewart, Henderson	8	M	B		LA
Stewart, Kate	7	F	B		LA
Stewart, Mary	6	F	B		LA
Stewart, Burdet	3	M	B		LA
Stewart, Nancy	2	F	B		LA
Stewart, Delia	1	F	B		LA
Vashiel, Hannibal	50	M	B	Farm laborer	SC
Vashiel, Milly	40	F	B		MS
Vashiel, Goens	23	M	B	Farm laborer	LA

Family continues on next page

Vashiel, Henry	20	M	B	Farm laborer	LA
Vashiel, William	4/12	M	B		LA
Wade, John	30	M	B	Farm laborer	LA
Wade, Sicily	18	F	B		LA
Stiles, Henry	20	M	B	Farm laborer	LA
Bashiel, Richard	17	M	B	Farm laborer	LA
Green, Matthew	25	M	B	Farm laborer	LA
Green, Elvira	26	F	B	Farm laborer	LA
Green, Harriett	4	F	B		LA
McDaniel, Levi	28	M	B	Farm laborer	LA
McDaniel, Amanda	24	F	B		LA
Taylor, Iverson	15	M	B	Farm laborer	LA
Crouch, Kate	9	F	B		LA
Ewell, Alonzo	28	M	B	House carpenter	KY
Ewell, Celia	19	F	B		KY
Audibert, John M	48	M	W	Planter	LA
Wilson, Kate	48	F	B	Domestic servant.	KY
Connelly, Thomas	45	M	B	Farm laborer	KY
Connelly, Harriett	50	F	B		LA
Knight, Daniel	24	M	B	Farm laborer	KY
Knight, Jane	20	F	B		LA
Seylie, William	30	M	B	Farm laborer	LA
Seylie, Fanny	29	F	B		LA
Clark, Thomas	25	M	B	Farm laborer	LA
Ewing, Alonzo	30	M	B	Farm laborer	KY
Ewing, Elvira	23	F	B		LA
Ewing, Jane	1	F	B		LA
Paine, Russel	45	M	B	Farm laborer	LA
Paine, Annie	33	F	B		LA

Family continues on next page

Paine, Sukey	17	F	B	Farm laborer	LA
Paine, Albert	8	M	B		LA
Roe, Taylor	26	M	B	Farm laborer	LA
Roe, Martha	35	F	B		LA
Reid, Hamilton	18	M	B	Farm laborer	LA
Reid, William	12	M	B	Farm laborer	LA
Reid, Edmund	10	M	B		LA
Reid, Esther	9	F	B		LA
Reid, Hannah	3	F	B		LA
Washington, Trotter	70	M	B	Farm laborer	NC
Washington, Sukey	55	F	B		LA
Washington, Manda	38	F	B	Farm laborer	VA
Washington, Malvina	22	F	B	Farm laborer	VA
Washington, Jane	11	F	B		LA
Washington, James	9	M	B		LA
Washington, Albert	3/12	M	B		LA
Washington, Monroe	33	M	B	Farm laborer	LA
Washington, Sarah	28	F	B		LA
Washington, Sarah	5	F	B		LA
Washington, Isaac	35	M	B	Farm laborer	LA
Washington, Sylvia	30	F	B		LA
Washington, Alfred	11	M	B		LA
Washington, Sukey	6	F	B		LA
Washington, Stephen	5	M	B		LA
Bainberry, John	55	M	B	Farm laborer	GA
Bainberry, Esther	38	F	B		LA
Elgie, Thomas	40	M	B	Farm laborer	LA
Bee, David	11	M	B		LA
Elgie, Cecelia	35	F	B	Farm laborer	LA
Elgie, Araminta	10	F	B		LA
Elgie, Emily	1	F	B		LA
Hopper, Dempsey	27	M	B	Farm laborer	LA

Family continues on next page

Hopper, Abram	12	M	B			LA
Hopper, David	11	M	B			LA
Hopper, John	4	M	B			LA
Carlin, James	35	M	B	Farm laborer		LA
Carlin, Georgianna	18	F	B			LA
Carlin, Pendrick	8	M	B			LA
Carlin, Jane	5/12	F	B			LA
Hall, Matilda	45	F	B	Farm laborer		MS
Hall, Nettie	15	F	B	Farm laborer		LA
Hall, Charles	9	M	B			LA
Jackson, Celeste	39	F	B	Farm laborer		LA
Jackson, Corinne	23	F	B	Farm laborer		LA
Jackson, Ceasar	6	M	B			LA
Jackson, Mary	5	F	B			LA
Jackson, Ella	1/12	F	B			LA
Allen, David	14	M	B	Domestic servant		LA
Watson, Prince	45	M	B	Farm laborer		NC
Watson, Adeline	54	F	B			LA
Watson, Mitchell	60	M	B			LA
Woodford, Isaac	45	M	B	Farm laborer		LA
Robinson, Samuel	22	M	B	Farm laborer		LA
Helm, Thomas B	40	M	W	Planter		MS
Fish, Mary	50	F	B	Domestic servant		MS
Love, Oscar	25	M	B	Domestic servant		LA
Reid, Sukey	30	F	B	Domestic servant		LA
Reid, Jane	3/12	F	B			LA
Raymond, Isabella	13	F	B	Domestic servant		LA
Raymond, Andrew	8	M	B			LA
Harris, Allison	55	M	B	Farm laborer		VA
Harris, Sarah	42	F	B			LA
Harris, Delia	15	F	B			LA

Name	Age	Sex	Race	Occupation	Birthplace
Harris, Limas	60	M	B	Farm laborer	VA
Harris, Kate	41	F	B		LA
Harris, Vincent	26	M	B	Farm laborer	LA
Harris, Bella	18	F	B	Farm laborer	LA
Harris, Cardia	6	M	B		LA
Harris, Jane	4	F	B		LA
Harrison, Juba	3/12	M	B		LA
Jackson, George	50	M	B	Farm laborer	VA
Lee, Daniel	50	M	B	Farm laborer	VA
Reid, George	70	M	B	Farm laborer	LA
Reid, Charlotte	18	F	B		LA
Reid, Rubin	8/12	M	B		LA
Mack, George (Father was foreign born)	70	M	B	Farm laborer	VA
Mack, Sylvia	80	F	B		LA
Watson, Jeremiah	26	M	B	Farm laborer	LA
Watson, Elizabeth	28	F	B		LA
Watson, Cecelia	6	F	B		LA
Watson, Mary	3	F	B		LA
Watson, Delilah	60	F	B		GA
Watson, Philip	30	M	B	Farm laborer	LA
Cassen, Agnes	9	F	B		LA
Cassen, Emmeline	5	F	B		LA
Watson, Henry	34	M	B	Farm laborer	LA
Watson, Margaret	30	F	B		LA
Watson, Daniel	9	M	B		LA
Watson, Mark	7	M	B		LA
Smith, William	35	M	B	Farm laborer	MO
Smith, Ellen	30	F	B		LA
Smith, Alverda	9	F	B		LA
Smith, Ida	7	F	B		LA
Smith, Emma	5	F	B		LA

Family continues on next page

Smith, William	1	M	B		LA
Clinton, Harriett	60	F	B	Domestic servant	VA
Carter, Richard	35	M	B	Farm laborer	LA
Carter, Caroline	25	F	B		LA
Lee, Thomas	4	M	B		LA
Lee, Luck	1	M	B		LA
James, Louisa	50	F	B	Farm laborer	LA
James, Lee	16	M	B	Farm laborer	LA
James, John	12	M	B		LA
Loury, Isaac	26	M	B	Farm laborer	VA
Loury, Alice	25	F	B		LA
McCall, Edward	8	M	B		LA
Loury, Jeremiah	65	M	B	Farm laborer	VA
Loury, Rachel	40	F	B		LA
Loury, Moses	30	M	B		LA
Lynch, David	35	M	B	Farm laborer	MO
Van Horn, Maria	12	F	B	Domestic servant	LA
Heffs, Hercules	65	M	B	Farm laborer	VA
Heffs, Jane	40	F	B		LA
Robinson, Thomas	40	M	B	Farm laborer	LA
Robinson, Jane	40	F	B		LA
Fisher, Osborn	75	M	B	Farm laborer	LA
Fisher, Henry	64	M	B	Farm laborer	LA
Harrison, Harriett	16	F	B	Farm laborer	LA
Harrison, Charles	14	M	B	Farm laborer	LA
Camp, Henry	45	M	B	Farm laborer	VA
Farmer, King	25	M	B	Farm laborer	LA
Farmer, Virginia	28	F	B		LA
Farmer, Mary Ann	5/12	F	B		LA
Bridget, Matilda	21	F	B	Farm laborer	LA

Lee, John	32	M	B	Farm laborer	LA
Lee, Harriett	24	F	B		LA
Hill, Floyd	22	M	B	Farm laborer	LA
Cheney, Henry	35	M	B	Farm laborer	LA
Cheney, Agnes	30	F	B		LA
Cheney, Tina	8	F	B		LA
Cheney, Alfred	3/12	M	B		LA
Dorsey, Joseph	45	M	B	Farm laborer	LA
Dorsey, Minty	35	F	B		LA
Dorsey, Eliza	9	F	B		LA
Dorsey, Julia	5	F	B		LA
Dorsey, Reuben	3	M	B		LA
Dorsey, Joseph	3/12	M	B		LA
Carter, Archibald	33	M	B	Farm laborer	LA
Carter, Joisey	27	F	B		LA
Carter, Jenkins	14	M	B	Farm laborer	LA
Carter, Lelia	12	F	B		LA
Carter, Sarah	8	F	B		LA
Carter, Lavina	5	F	B		LA
Carter, Maria	7/12	F	B		LA
Carter, Thomas	45	M	B	Farm laborer	MS
Carter, Betty	50	F	B		KY
Carter, John	18	M	B	Farm laborer	LA
Gambell, John	56	M	B	Farm laborer	LA
Gambell, Louisa	55	F	B		VA
Gambell, John H	15	M	B	Farm laborer	LA
Gambell, Ellen	13	F	B		LA
Carr, Willis	23	M	B	Farm laborer	LA
Carr, Sidney	24	F	B		LA
Carr, Washington	8	M	B		LA
Jackson, John	65	M	B	Farm laborer	VA
Jackson, Louisa	35	F	B		VA

Family continues on next page

Name	Age	Sex	Race	Occupation	Birthplace
Jackson, Susan	16	F	B	Farm laborer	LA
Shackleford, Toney	8	M	B		LA
Shackleford, Algerie	6	F	B		LA
Shackleford, Andrew	4	M	B		LA
Gill, George	40	M	B	Farm laborer	LA
Gill, Susan	33	F	B		LA
Gill, Sarah	16	F	B	Farm laborer	LA
Gill, Lucy	14	F	B	Farm laborer	LA
Gill, Laura	10	F	B		LA
Gill, Emily	9	F	B		LA
Gill, Robert	5	M	B		LA
Gill, Elsie	3	F	B		LA
Gill, Alfred	1	M	B		LA
Bland, Nelson	49	M	B	Farm laborer	LA
Bland, Mary	42	F	B		LA
Bland, Martha	8	F	B		LA
Bland, Banks	6	M	B		LA
Thompson, Sandy	11	M	B		LA
Rathall, Charles	23	M	B	Farm laborer	LA
Sharp, Chatman	60	M	B	Farm laborer	VA
Burgess, Austin W	41	M	W	Planter	LA
Franklin, Sarah	30	F	B	Domestic servant	AL
White, Stephen	10	M	B		LA
Washington, Abram	30	M	B	Farm laborer	MO
Washington, Pelisha	29	F	B		LA
Watson, Alexander	15	M	B		LA
Williams, Susan	9	F	B		LA
Williams, Cherry	60	F	B	Domestic servant	LA
Henry, George	70	M	B	Farm laborer	VA
Henry, Jane	25	F	B		LA
White, Andrew	70	M	B	Farm laborer	SC

Family continues on next page

White, Silvia	72	F	B		SC
White, Adeline	20	F	B		LA
White, Abbey	19	F	B		LA
White, William	4	M	B		LA
Watkins, William	39	M	B	Farm laborer	VA
Johnson, Nancy	28	F	B	Farm laborer	LA
Ferris, Louis	31	M	B	Farm laborer	AL
Ferris, Vina	25	F	B		LA
Ferris, Louis	1	M	B		LA
Worthy, Henry	24	M	B	Farm laborer	LA
Ferris, Winney	60	F	B	Farm laborer	LA
White, Nancy	4	F	B		LA
Griffith, Warren	25	M	B	Farm laborer	LA
Griffith, Laura	24	F	B		LA
Griffith, Celeste	4	F	B		LA
Griffith, John	2	M	B		LA
White, Clarissa	9	F	B		LA
White, George	35	M	B	Farm laborer	LA
Thomas, Eliza	40	F	B	Farm laborer	LA
Thomas, Amelia	23	F	B	Farm laborer	LA
Thomas, Margaret	7	F	B		LA
Thomas, Martha	10/12	F	B		LA
Felbet, Henry	37	M	B	Farm laborer	LA
Felbet, Lucy	23	F	B		LA
Felbet, Agnes	4	F	B		LA
Felbet, Lucy	1	F	B		LA
Bush, Moses	47	M	B	Farm laborer	LA
Bush, Caroline	45	F	B		LA
Bush, Camila	14	F	B		LA
Bush, Caroline	10	F	B		LA
Bush, Douglas	7	M	B		LA
Bush, Nancy	1	F	B		LA
Gustus, Mary	27	F	B	Farm laborer	LA

Family continues on next page

Gustus, Kate	13	F	B		LA
Gustus, Frank	2	M	B		LA
Weils, John	20	M	B	Farm laborer	LA
Johnson, Nancy	30	F	B	Farm laborer	LA
Johnson, Silva	35	F	B	Farm laborer	LA
Montgomery, Montgomery	25	F	B	Farm laborer	LA
Montgomery, Frederick	8	M	B		LA
Montgomery, Ellis	2	M	B		LA
Montgomery, Elizabeth	2	F	B		LA
Robinson, John	50	M	B	Farm laborer	MS
Bridge, Charles	33	M	B	Farm laborer	VA
Bridge, Lizzie	30	F	B		VA
Williams, Daniel	23	M	B	Farm laborer	LA
Williams, Jane	19	F	B	Farm laborer	LA
Reid, Ellen	22	F	B		LA
Reid, William	2	M	B		LA
Ward, Wiley	40	M	B	Farm laborer	LA
Bowie, Adolphus	21	M	B	Farm laborer	AL
Bowie, Annie	21	F	B		Africa
(Parents were foreign born)					
Mitchell, Anthony	50	M	B	Farm laborer	MO
Mitchell, Agnes	50	F	B		VA
Smith, Rafe	35	M	B	Farm laborer	LA
Williams, Henry	32	M	B	Farm laborer	LA
Conis, Caesar	35	M	B	Farm laborer	VA
Conis, Mary	30	F	B		LA
Conis, John	15	M	B	Farm laborer	LA
Stevens, John	26	M	B	Farm laborer	LA
Stevens, Annie	30	F	B		LA
Davis, Emma	6	F	B		LA
Taylor, Henry	22	M	B	Farm laborer	TX

Family continues on next page

Name	Age	Sex	Race	Occupation	Birthplace
Morris, William	50	M	B	Farm laborer	LA
Hagans, Alexander	45	M	B	Farm laborer	KY
Hagans, Louisa	25	F	B		KY
Hagans, Lorinda	7	F	B		LA
Hagans, Robert	4	M	B		LA
Hagans, Thomas	5/12	F	B		LA
Gray, William	30	M	B	Farm laborer	LA
Williams, John	30	M	B	Farm laborer	LA
Johns, David	24	M	B	Farm laborer	LA
Johnson, Allen	22	M	B	Farm laborer	LA
Gaines, Dock	30	M	B	Farm laborer	LA
Gaines, Ailsey	25	F	B		LA
Gaines, Latitia	7	F	B		LA
Gaines, Ellen	5	F	B		LA
Smith, Jordan	40	M	B	Farm laborer	LA
Mounts, James	60	M	B	Farm laborer	KY
Mounts, Louisa	34	F	B		KY
Mounts, Mahala	14	F	B		KY
Mounts, Ralph	8	M	B		KY
Mounts, Celeste	5	F	B		KY
Mounts, James E	2	M	B		KY
Collins, Prince	40	M	B	Farm laborer	LA
Collins, Annie	30	F	B		LA
Collins, Susan	9	F	B		LA
Collins, Braziel	7/12	M	B		LA
Williams, Fanny	22	F	B	Farm laborer	LA
Williams, Julia	4	F	B		LA
Williams, Horace	4/12	M	B		LA
Williams, Julia	50	F	B		LA
Williams, Luke	15	M	B	Farm laborer	LA
Robinson, Peter	28	M	B	Farm laborer	TX
Robinson, Ellen	25	F	B		GA
Robinson, Anthony	5	M	B		LA
Robinson, Isam	1	M	B		LA

Name	Age	Sex	Race	Occupation	Birthplace
Johnson, Wiley	45	M	B	Farm laborer	LA
Johnson, Ellen	32	F	B		LA
Johnson, Mary	11	F	B		LA
Gibbs, Frank	65	M	B	Plantation blacksmith	VA
Gibbs, Lizzie	45	F	B		District of Columbia
Williams, Charles	18	M	B	Farm laborer	LA
Rollins, Holstein	11	F	B		LA
Johnson, Spemcer	35	M	B	Farm laborer	LA
Barnes, Edward	36	M	B	Farm laborer	LA
Dorsey, John	12	M	B		LA
Barnes, Aurelia	4	F	B		LA
Olerian, Mary	1	F	B		LA
Thompson, Henrietta	22	F	B	Farm laborer	MD
Collins, Oscar	30	M	B	Farm laborer	VA
Collins, Martha	32	F	B		VA
Collins, Mary	7	F	B		VA
Collins, William	4	M	B		VA
Collins, Catherine	2	F	B		VA
Collins, Elizabeth	6/12	F	B		VA
Riley, Jefferson	28	M	B	Farm laborer	TX
Riley, Arina	25	F	B		KY
Riley, John	8	M	B		KY
Spradley, Robert	33	M	B	Farm laborer	VA
Burr, Thomas	50	M	B	Engineer	MO
Burr, Josephine	36	F	B		LA
Burr, Stirling	8	M	B		LA
Burr, William	5	M	B		LA
Bein, Adolph	30	M	B	Engineer	LA
Bein, Eda	23	F	B		LA
Robertson, Isaac	20	M	B	Farm laborer	VA

Snirell, Louis	40	M	B	Farm laborer	TN
Snirell, Maria	40	F	B		LA
Snirell, Maria	2	F	B		LA
Tyler, Moses	15	M	B	Farm laborer	LA
Jackson, Ezekial	12	M	B	Farm laborer	LA
Webster, Daniel	21	M	B	Farm laborer	LA
Sanders, Louis	20	M	B	Farm laborer	LA
Sanders, Ellen	49	F	B		LA
Rankins, Samuel	20	M	B	Farm laborer	LA
Winn, Robert	27	M	B	Farm laborer	LA
Love, Louis	43	M	B	Farm laborer	LA
Love, Ellen	33	F	B		LA
Love, Kate	5	F	B		LA
Love, Chaney	5	F	B		LA
Love, Thomas A	1	M	B		LA
Morris, William	26	M	B	Farm laborer	LA
Morris, Eliza	24	F	B		LA
Hamilton, Charles	27	M	B	Farm laborer	LA
Walton, Nathan	36	M	B	Farm labarer	LA
Underwood, Davis	22	M	B	Farm laborer	LA
Quarters, Charles	42	M	B	Farm laborer	LA
Williams, William	26	M	B	Farm laborer	MS
Brown, Frank	18	M	B	Farm laborer	LA
Mitchell, Victoria	11	F	B		LA
Thomas, Gadson	50	M	B	Farm laborer	LA
Thomas, Isaac	28	M	B	Farm laborer	LA
Thomas, Sarah	22	F	B	Farm laborer	LA
Thomas, Cornelia	2	F	B		LA
Thomas, George	7/12	M	B		LA

Monk, Riney	55	M	B	Farm laborer	LA
Monk, Wallace	57	M	B	Farm laborer	LA
Monk, Charles	18	M	B	Farm laborer	LA
Dodson, Louisiana	36	F	B	Farm laborer	LA
Compton, Samuel	38	M	B	Farm laborer	LA
Compton, Jane	25	F	B		LA
Compton, Alexander	10	M	B		LA
Compton, Samuel	4	M	B		LA
Compton, Catherine	2	F	B		LA
Jones, William	30	M	B	Farm laborer	LA
Jones, Amanda	27	F	B		LA
Jones, Dyer	11	M	B		LA
Johnson, Minty	3	F	B		LA
Taylor, Granville	20	M	B	Farm laborer	LA
Terrell, George	50	M	B	Farm laborer	VA
Terrell, Eliza	50	F	B	Farm laborer	VA
Dodson, Benjamin	29	M	B	Farm laborer	LA
Dodson, Sally	25	F	B		LA
Dodson, Walter	5	M	B		LA
Dodson, Oscar	3	M	B		LA
Dodson, Benjamin	10/12	M	B		LA
Burton, John	50	M	B	Farm laborer	VA
Burton, Judy	60	F	B	Farm laborer	VA
Burton, Susan	20	F	B	Farm laborer	VA
Burton, Jane	19	F	B	Farm laborer	LA
Burton, Jennie	10/12	F	B		LA
Gadson, Wallace	33	M	B	Farm laborer	LA
Gadson, Frances	21	F	B		LA
Gadson, Alfred	19	M	B	Farm laborer	LA
Dodson, Walter	60	M	B	Farm laborer	KY
Green, Louisiana	30	F	B		LA
Crockett, Alexander	40	M	B	Farm laborer	TX

Family continues on next page

Name	Age	Sex	Race	Occupation	State
Crockett, Mary	26	F	B		LA
Crockett, Pompey	19	M	B		LA
Crockett, Alexander	18	M	B		LA
Crockett, Mark	8/12	M	B		LA
Johnson, Lucy	16	F	B	Farm laborer	LA
Watkins, Mary	10	F	B		LA
Watkins, William	6	M	B		LA
Hicks, Henry	37	M	B	Farm laborer	LA
Hicks, Margaret	23	F	B		LA
Green, Augustus	22	M	B	Farm laborer	LA
Washington, Hiram	27	M	B	Farm laborer	LA
Washington, Nancy	25	F	B		LA
Washington, Chaney	50	F	B		LA
Franklin, William	40	M	B	Farm laborer	LA
Franklin, Sarah	33	F	B		TX
Franklin, Jefferson	16	M	B	Farm laborer	LA
Franklin, Elenora	14	F	B	Farm laborer	LA
Franklin, Stephen	9	M	B		LA
Franklin, Trad	7	M	B		LA
Franklin, Alice	3	F	B		LA
Walker, John	26	M	B	Farm laborer	MS
Walker, Priscilla	25	F	B		AL
Walker, Taylor	5	M	B		AL
Walker, John	3	M	B		AL
Brown, Robert	50	M	B	Farm laborer	VA
Brown, Margaret	55	F	B		LA
Dennis, Marshal	30	M	B	Farm laborer	MS
Reasen, Andrew	37	M	B	Farm laborer	LA
Reasen, Mary	37	F	B	Farm laborer	LA
Miller, Summer	40	M	B	Farm laborer	LA
Miller, Anne	40	F	B		LA

Family continues on next page

Miller, Charles	16	M	B		LA
Miller, Catherine	13	F	B		LA
Miller, Ellen	7	F	B		LA
Miller, Susette	5	F	B		LA
Miller, Summer	2	M	B		LA
Watson, Henry	40	M	B	Farm laborer	LA
Watson, Silva	33	F	B		LA
Watson, Hagar	60	F	B		LA
Watson, Frank	35	M	B	Farm laborer	LA
Watson, Adeline	30	F	B	Farm laborer	LA
Sanders, William	35	M	B	Farm laborer	LA
Sanders, Linda	30	F	B		LA
Sanders, Mary Ann	6	F	B		LA
Sanders, Louise	3	F	B		LA
Wright, Lambert	40	M	B	Farm laborer	SC
Wright, Harriett	34	F	B		SC
Wright, James	15	M	B		SC
Wright, Robert	13	M	B		SC
Wright, Maria	5	F	B		SC
Wright, Susan	1	F	B		SC
Watson, Cornelia	12	F	B		SC
Snowden, Samuel	62	M	B	Farm laborer	MD
Snowden, Jane	40	F	B		VA
Snowden, Israel	19	M	B	Farm laborer	LA
Snowden, Manuel	16	M	B	Farm laborer	LA
Snowden, Rachel	15	F	B		LA
Dodson, Maria	30	F	B	Domestic servant	VA
Gadson, Martha	12	F	B		LA
Gadson, Providence	10	F	B		LA
Gadson, Anderson	8	M	B		LA
Gadson, Rose	6	F	B		LA
Bounce, Stewart	38	M	B	Farm laborer	MS
Bounce, Charlotte	40	F	B		MS

Clark, William	23	M	B	Farm laborer	LA
Clark, Letitia	19	F	B		LA
Clark, Henry	3	M	B		LA
Bounce, Alfred	25	M	B	Farm laborer	MS
Bounce, Sarah	24	F	B		MS
Keary, Allen	70	M	B	Farm laborer	LA
Keary, Chapman	55	M	B	Farm laborer	LA
Keary, Mary Ann	35	F	B		LA
Keary, Israel	9	M	B		LA
Keary, Johnson	6	M	B		LA
Clark, George	24	M	B	Farm laborer	LA
Clark, Violet	23	F	B		LA
Dilson, Samuel	50	M	B	Farm laborer	MD
Dilson, Sophia	40	F	B		LA
Dilson, Stephen	11	M	B		LA
Dilson, Susan	2	F	B		LA
Sewell, Joseph	60	M	B	Farm laborer	MD
Jordan, George	40	M	B	Farm laborer	MS
Jordan, Gracie	30	F	B		LA
Gaines, Abraham	55	M	B	Farm laborer	LA
Gaines, Liddy	48	F	B		LA
Gaines, William	25	M	B		LA
Gaines, Benjamin	17	M	B		LA
Gaines, Lucinda	16	F	B		LA
Gaines, Liddy	10	F	B		LA
Gaines, Ike	6	M	B		LA
Gaines, Prince	70	M	B	Farm laborer	VA
Gaines, Vina	63	F	B		VA
Gaines, Samuel	10	M	B		LA
Gaines, Robert	58	M	B	Farm laborer	LA
Gaines, Sally	50	F	B		LA

Family continues on next page

Name	Age	Sex	Race	Occupation	Birthplace
Gaines, Ham	23	M	B	Farm laborer	LA
Gaines, Melissa	16	F	B		LA
Bell, Peter	30	M	B	Farm laborer	MS
Bell, Frances	25	F	B		LA
Bell, Samuel	2	M	B		LA
Jackson, James	27	M	B	Farm laborer	AR
Reid, Claiborne	36	M	B	Farm laborer	LA
Reid, Cecelia	30	F	B		LA
Reid, Nettie	11	F	B		LA
Reid, Hannah	5	F	B		LA
Reid, Andrew	9/12	M	B		LA
Wilkins, John	65	M	B	Farm laborer	LA
Wilkins, Phebe	35	F	B		LA
Wilkins, Betsey	4	F	B		LA
Wilkins, Providence	3/12	F	B		LA
Reid, Fannie	60	F	B		LA
Brooks, Frederick	60	M	B	Farm laborer	LA
Brooks, Maria	50	F	B		LA
Small, Thomas	58	M	W	Planter	LA
Jackson, Hannah	18	F	B	Domestic servant	LA
Forbish, Anderson	20	M	B	Farm laborer	LA
Forbish, America	19	F	B		LA
Forbish, Ellen	9/12	F	B		LA
Forbish, Thomas	16	M	B		LA
Forbish, Clark	30	M	B	Farm laborer	LA
Forbish, Mary	28	F	B		LA
Forbish, Ulah	9	M	B		LA
Clark, Ibbey	50	F	B	Farm laborer	VA
Clark, Jeremiah	16	M	B	Farm laborer	LA
Clark, James	10	M	B		LA

Gaines, Green	35	M	B	Farm laborer	LA
Gaines, Caroline	22	F	B		LA
Gaines, Lucinda	1	F	B		LA
Gaines, Sarah	13	F	B		LA
James, Washington	23	M	B	Farm laborer	LA
Marbin, William	25	M	B	Farm laborer	LA
West, Harrison	18	M	B	Farm laborer	LA
McCrea, John	50	M	B	Farm laborer	MS
McCrea, Rachel	50	F	B		NC
McCrea, Andrew	14	M	B	Farm laborer	LA
McCrea, Abraham	13	M	B	Farm laborer	LA
McCrea, Sarah	10	F	B		LA
McCrea, Louisa	10	F	B		LA
McCrea, Henry	3	M	B		LA
McCrea, Calvin	6/12	M	B		LA
McCrea, Carrol	6/12	M	B		LA
Robin, Amanda	47	F	B	Farm laborer	SC
Robin, William	20	M	B	Farm laborer	LA
Robin, Augustus	16	M	B	Farm laborer	LA
Robin, Betty	15	F	B	Farm laborer	LA
Robin, Lawyer	9	M	B		LA
Robin, Jane	7	F	B		LA
Perkins, George	16	M	B	Farm laborer	AL
Perkins, Richard	12	M	B	Farm laborer	AL
Jackson, Hannah	25	F	B	Farm laborer	KY
Jackson, Sidney	4	F	B		LA
Jackson, Elvira	8/12	F	B		LA
Bass, James W	52	M	W	Planter	IN
Benjamin, Georgianna	15	F	B	Domestic servant	LA
Washington, Miles	54	M	B	Domestic servant	GA
Wheater, Mary	60	F	B	Farm laborer	LA
Wheater, Henry	50	M	B	Farm laborer	LA
Wheater, Eliza	23	F	B		LA

Family continues on next page

Wheater, Tubal	4	M	B		LA
Wheater, Grant	1	M	B		LA
Brooks, John	70	M	B	Farm laborer	VA
Brooks, Sally	50	F	B		LA
Brooks, Scipio	18	M	B	Farm laborer	LA
Brooks, George	14	M	B		LA
Brooks, Sally	10	F	B		LA
Brooks, James	25	M	B	Farm laborer	VA
Brooks, Elsey	21	F	B	Farm laborer	LA
Grey, Cornelia	7	F	B		LA
Brooks, James	4	M	B		LA
Brooks, Eda	2	F	B		LA
Harris, Aaron	25	M	B	Farm laborer	VA
Harris, Reecy	18	F	B	Farm laborer	LA
Brooks, David	23	M	B	Farm laborer	LA
Brooks, Ann	24	F	B		VA
Brooks, Susan	4	F	B		VA
Brooks, Joshua	1	M	B		VA
Brooks, Henry	50	M	B	Farm laborer	VA
Brooks, Nancy	43	F	B		NC
Brooks, Nat	17	M	B	Farm laborer	LA
Brooks, Carter	15	M	B	Farm laborer	LA
Brooks, Harriett	14	F	B	Farm laborer	LA
Brooks, Edmund	10	M	B		LA
Brooks, Toney	4	M	B		LA
Sidley, George	40	M	B	Farm laborer	NC
Sidley, Dolly	50	F	B		VA
Sidley, Nelson	20	M	B	Farm laborer	VA
Sidley, Neal	14	M	B	Farm laborer	VA
Sidley, Donnison	13	M	B		VA
Sidley, Lucy	10	F	B		VA
Brown, Levi	27	M	B	Farm laborer	LA

Family continues on next page

Name	Age	Sex	Race	Occupation	Birthplace
Brown, Maria	24	F	B		LA
Brown, Mary	2	F	B		LA
Seilley, William	25	M	B	Farm laborer	LA
Seilley, Minerva	21	F	B		LA
Brooks, Plaisance	25	M	B	Farm laborer	LA
Harrison, Annie	25	F	B	Farm laborer	LA
Ellet, Eliza	6	F	B		LA
McDowell, Dorcas	4	F	B		LA
Johnson, Samuel	18	M	B	Farm laborer	LA
John, Elijah	44	M	B	Farm laborer	LA
John, Lucinda	41	F	B		LA
John, Redick	17	M	B	Farm laborer	LA
John, Nancy	13	F	B		LA
John, Winney	10	F	B		LA
John, Robert	5	M	B		LA
John, Samuel	4	M	B		LA
Epps, John	23	M	B	Farm laborer	LA
Epps, Silva	20	F	B		LA
Epps, Silas	11/12	M	B		LA
Alexander, Joseph	30	M	B	Farm laborer	KY
Alexander, Flora	22	F	B		LA
Alexander, Julia	1	F	B		LA
Wilson, Samuel	23	M	B	Farm laborer	SC
Wilson, Laura	20	F	B		LA
Montgomery, Edward	25	M	B		LA
Montgomery, Nan	20	F	B		LA
Montgomery, Jackson	2	M	B		LA
Saunders, Mahala	16	F	B	Farm laborer	LA
Woods, William	60	M	B	Farm laborer	VA
Woods, Jane	40	F	B		LA

Family continues on next page

Woods, Nelson	22	M	B	Farm laborer	LA
Woods, Josette	11	F	B		LA
Woods, Martha	4	F	B		LA
Woods, Elizabeth	1	F	B		LA
Glenn, John	50	M	B	House carpenter	VA
Glenn, Carissa	27	F	B		VA
Glenn, Rhoda	13	F	B		VA
Glenn, Riney	4	F	B		VA
Glenn, John	3	M	B		VA
Glenn, Samuel	6/12	M	B		VA
Griffin, William	35	M	B	Farm laborer	TX
Griffin, Missouri	32	F	B		LA
Griffin, Prince	9	M	B		LA
Griffin, Benjamin	8	M	B		LA
Griffin, Sarah Ann	4	F	B		LA
Harper, Louis	50	M	B	Farm laborer	LA
Harper, Liddy	50	F	B		LA
Harper, Lemuel	23	M	B	Farm laborer	LA
Harper, Richard	15	M	B		LA
Harper, Dyer	14	M	B		LA
Anderson, Sandy	30	M	B	Farm laborer	KY
Anderson, Susan	25	F	B		KY
Anderson, Courtney	9	F	B		KY
Anderson, Elias	3	M	B		KY
Anderson, Grant	1	M	B		KY
Edwards, Scott	31	M	B	Farm laborer	VA
Edwards, Annie	16	F	B		KY
James, Martha	25	F	B		LA
Moore, Samuel	30	M	B	Farm laborer	LA
Moore, Mary Ann	18	F	B		LA
Stewart, Charles	35	M	B	Farm laborer	LA
Stewart, Phillis	45	F	B		LA

Name	Age	Sex	Race	Occupation	Birthplace
Butler, John	30	M	B	Farm laborer	LA
Mitchell, John	27	M	B	Farm laborer	LA
Mitchell, Rachel	22	F	B		LA
Mitchell, Fanny	5	F	B		LA
Mitchell, Creecy	2	F	B		LA
Mitchell, Jane	6/12	F	B		LA
Green, Cain	70	M	B	Farm laborer	GA
Green, Fanny	69	F	B		NC
Williams, Nelson	30	M	B		LA
Tanner, Esther P	54	F	W		MS
Huff, Dinah	55	F	M	Domestic servant	VA
Marshall, George B	50	M	W	Planter	LA
Kinna, Harriett	40	F	B	Domestic servant	LA
Kinna, Richard	50	M	B	Farm laborer	LA
Kinna, Spencer	15	M	B	Farm laborer	LA
Brown, Louis	48	M	B	Farm laborer	LA
Brown, Patience	53	F	B		LA
Brown, Florida	16	F	B		LA
Brown, Madison	2	M	B		LA
Brown, William	28	M	B	Farm laborer	LA
Brown, Sidney	20	F	B		LA
Brown, Horace	3	M	B		LA
Brown, Pinkney	7/12	M	M		LA
Lee, Henry	28	M	B	Farm laborer	MS
Lee, Reberto	25	F	B		VA
Lee, John	3	M	B		LA
Lee, Annie	2	F	B		LA
Lee, May	7/12	F	B		LA
Webster, Ellwood	8	M	B		LA
Plummer, Westley	30	M	B	Farm laborer	LA

Family continues on next page

Plummer, Margaret	24	F	B		LA
Plummer, Charles	6	M	B		LA
Plummer, Rebecca	5	F	B		LA
Plummer, Mary Ann	3	F	B		LA
Plummer, Isabella	4/12	F	B		LA
Nichols, Mary Ann	40	F	B	Farm laborer	MD
Plummer, Charles	30	M	B	Farm laborer	MD
Plummer, Sarah	40	F	B		MD
Plummer, Amanda	14	F	B		MD
Plummer, Maria	10	F	B		MD
Plummer, Kate	70	F	B	Farm laborer	VA
Kenna, Stephen	20	M	B	Farm laborer	LA
Johnson, Moses	60	M	B	Farm laborer	LA
Johnson, Maria	35	F	B		LA
Johnson, Robert	22	M	B	Farm laborer	LA
Johnson, Rosetta	20	F	B		LA
Johnson, Ellen	8/12	F	B		LA
Johnson, Louis	6	M	B		LA
Johnson, Adam	5	M	B		LA
Johnson, Shepherd	2	M	B		LA
Winchester, Alfred	50	M	B	Farm laborer	VA
Winchester, Emily	45	F	B		LA
Winchester, Gunny	17	M	B		LA
Winchester, Nicholas	11	M	B		LA
Winchester, Rose	9	F	B		LA
Winchester, Mary	2	F	B		LA
Diggs, Hester	75	F	B		NC
Dennis, George	45	M	B	Farm laborer	VA
Dennis, Lucretia	41	F	B		LA
Crowley, George	22	M	B	Farm laborer	LA
Crowley, Durinda	18	F	B		LA

Family continues on next page

Name	Age	Sex	Race	Occupation	Birthplace
Crowley, Nancy	5/12	F	B		LA
Bates, Jefferson	70	M	B		GA
Watts, Ruffian	11	M	B		LA
Thornton, Stephen	58	M	B	Farm laborer	KY
Smith, William	70	M	B	Farm laborer	LA
Smith, Sarah	30	F	B		LA
Smith, Ellen	14	F	B		LA
Smith, Laura	9	F	B		LA
Smith, Manuel	8	M	B		LA
Johnson, Shepherd	50	M	B	Farm laborer	LA
Johnson, Virginia	31	F	B		LA
Johnson, Lavina	9	F	B		LA
Levi, Wilson	25	M	B	Farm laborer	LA
Levi, Susan	26	F	B		LA
Levi, Charles	5	F	B		LA
Levi, Jordan	3/12	M	B		LA
Knight, Turner	25	M	B	Farm laborer	VA
Knight, Hurley	26	F	B		VA
Knight, Louisa	9	F	B		LA
Knight, Margaret	5	F	B		LA
Knight, Hickman	4/12	M	B		LA
Johnson, James	35	M	B	Farm laborer	LA
Johnson, William	7	M	B		LA
Johnson, Austin	6	M	B		LA
Wallace, Prince	45	M	B	Farm laborer	LA
Wallace, Lucinda	30	F	B		LA
Wallace, Milton	14	M	B		LA
Hall, Anthony	40	M	B	Farm laborer	VA
Hall, Matilda	35	F	B		LA
Hall, Emma	14	F	B		LA
Hall, Ada	10	F	B		LA
Hall, Charles	9	M	B		LA

Family continues on next page

Hall, Anthony	4	M	B			LA
Hall, Sarah	2	F	B			LA
Hall, Martin	2/12	M	B			LA
Andrew, Harvey	30	M	B	Farm laborer		KY
Andrew, Tibby	29	F	B			LA
Andrew, Manuel	10	M	B			LA
Andrew, Lucinda	4	F	B			LA
Andrew, Delia	2/12	F	B			LA
Febbet, Washington	60	M	B	Farm laborer		LA
Febbet, Jane	40	F	B			LA
Febbet, Jacob	16	M	B	Farm laborer		LA
Brass, Isam	51	M	B	Farm laborer		KY
Brass, Julia	29	F	B			KY
Brass, Henry	16	M	B	Farm laborer		LA
Grimball, Thomas	18	M	B	Farm laborer		LA
Bras, Cornelia	10	F	B			LA
Bras, Anna	8	F	B			LA
Bras, Jesse	4	M	B			LA
Bras, Jane	2/12	F	B			LA
Anderson, Henry	50	M	B	Farm laborer		LA
Anderson, Lucinda	50	F	B			LA
Anderson, Loretta	17	F	B			LA
Anderson, Rebecca	8	F	B			LA
Anderson, Henry	6	M	B			LA
Anderson, James	1	M	B			LA
Allen, James	30	F	B	Farm laborer		LA
Allen, Sally	12	F	B			LA
Allen, Nancy	5	F	B			LA
Allen, Letty	2	F	B			LA
Allen, Daniel	70	M	B			VA
Allen, Ann	60	F	B			LA
Wallace, Samuel	70	M	B	Farm laborer		GA

Family continues on next page

Wallace, Samuel	30	M	B	Farm laborer	LA
Wallace, Sidney	22	F	B		LA
Wallace, Thomas	2/12	M	B		LA
Brooks, Louis	14	M	B	Farm laborer	LA
Brooks, Sarah	12	F	B		LA
Brooks, Cyrus	6	M	B		LA
Washington, Hannah	60	F	B		GA
Washington, Isaac	28	M	B	Farm laborer	LA
Washington, Nelson	25	M	B	Farm laborer	LA
Simmons, Columbus	45	M	B	Farm laborer	TX
Reid, William	50	M	B	Farm laborer	MD
Moore, William	30	M	B	Farm laborer	LA
Moore, Amanda	21	F	B		LA
Moore, William	3	M	B		LA
Wallace, Bevel	40	M	B	Farm laborer	LA
Wallace, Susan	28	F	B		LA
Williams, Hannah	35	F	B	Farm laborer	LA
Williams, Thomas	1	M	B		LA
Randall, Amy	49	F	B		LA
Randall, Mack	16	M	B	Farm laborer	LA
Randall, Ella	25	F	B	Farm laborer	LA
Randall, Rose	14	F	B		LA
Randall, Martha	12	F	B		LA
Randall, Jane	4/12	F	B		LA
Washington, Dial	30	M	B	Farm laborer	LA
Washington, Georgianna	24	F	B		LA
Washington, Alice	13	F	B		LA
Washington, Frank	16	M	B	Farm laborer	LA
Poole, James	40	M	B	Farm laborer	LA
Poole, Melinda	35	F	B		LA
Poole, Mary	8	F	B		LA
Poole, William	7	M	B		LA

Flint, Isaac	35	M	B	Farm laborer	KY
Flint, Amanda	31	F	B		TX
Smith, Charles	22	M	B		LA
Jones, Nelson	45	M	B	Farm laborer	VA
Jones, Maria	43	F	B		LA
Jones, Louisa	21	F	B	Farm laborer	LA
Jones, Sabby	18	F	B		LA
Jones, Malvina	17	F	B		LA
Jones, Isaac	30	M	B	Farm laborer	LA
Jones, Rachel	10	F	B		LA
Crockett, David	28	M	B	Farm laborer	TX
Veil, Charleston	38	M	B	Farm laborer	MS
Veil, Cherry	33	F	B		LA
Veil, Harriett	10	F	B		LA
Veil, William	7	M	B		LA
Harrison, Washington	45	M	B	Farm laborer	VA
Harrison, Fanny	51	F	B		VA
Harrison, Abram	17	M	B		LA
Harrison, Levi	10	M	B		LA
Carter, Thomas	27	M	B	Farm laborer	VA
Carter, Eda	24	F	B		LA
Carter, Lucian	7	M	B		LA
Carter, Francis	6/12	M	B		LA
Green, Richard	45	M	B	Farm laborer	VA
Green, Eliza	40	F	M		LA
Green, Sarah Ann	20	F	B	Farm laborer	LA
Green, Miranda	15	F	B	Farm laborer	LA
Green, Alice	14	F	B		LA
Beale, Willis	28	M	B	Farm laborer	MS
Beale, Caroline	24	F	B		LA
Beale, Dicey	6	F	B		LA
Beale, Wash	4	M	B		LA
McQuarters, Henry	35	M	B	Farm laborer	LA

Family continues on next page

McQuarters, Emily	28	F	B		LA
McQuarters, Ella	10	F	B		LA
Meeker, Josiah	43	M	B	Farm laborer	LA
Meeker, Agnes	41	F	B		LA
Meeker, Isaiah	6	M	B		LA
Gaines, Prince	23	M	B	Farm laborer	LA
Gaines, Winny	21	F	B		LA
Gaines, Prince	7	M	B		LA
Gaines, Shing	1	F	B		LA
James, Calvin	50	M	B	Farm laborer	LA
James, Mary	45	F	B		LA
James, Louis	20	M	B	Farm laborer	LA
James, Carrol	10	M	B		LA
James, Neal	10	M	B		LA
Gaines, Tobias	26	M	B	Farm laborer	LA
Gaines, Letty	25	F	B		LA
Gaines, Jane	10	F	B		LA
Tanner, Emma	25	F	B	Domestic servant	LA
Johnson, Philip	40	M	B	Farm laborer	LA
Johnson, Mary	27	F	B		VA
Johnson, Sarah	9	F	B		LA
Johnson, James	7	M	B		LA
Johnson, Charlotte	3	F	B		LA
Johnson, Philip	1	M	B		LA
Clark, Jeremiah	69	M	B	Farm laborer	LA
Clark, Mary	54	F	B		LA
Clark, Jeanette	16	F	B	Farm laborer	LA
Clark, Letitia	12	F	B		LA
Clark, Edmund	35	M	B	Farm laborer	LA
Clark, Judith	31	F	B		LA
Clark, Dudley	13	M	B		LA
Clark, Mary	10	F	B		LA
Clark, Albert	1	M	B		LA

Name	Age	Sex	Race	Occupation	Birthplace
Sanders, Isaac	34	M	B	Farm laborer	LA
Sanders, Louisa	33	F	B		VA
Sanders, Alexander	16	M	B		LA
Sanders, Hardy	7	M	B		LA
Sanders, Jeanette	3	F	B		LA
Sanders, Jane	2	F	B		LA
Sanders, Delia	1	F	B		LA
Green, Silla	12	F	B		LA
Green, Nanny	8	F	B		LA
Green, Isaac	5	M	B		LA
Jones, Isaac	42	M	B	Farm laborer	VA
Jones, Adaline	23	F	B		LA
Jones, Ella	13	F	B		LA
Jones, Jacob	12	M	B		LA
Jones, Julia	4	F	B		LA
Jones, Judy	2	F	B		LA
Branch, Thomas	60	M	B	Farm laborer	LA
Branch, Eda	54	F	B		LA
Branch, Westley	18	M	B	Farm laborer	LA
Williams, Lucy	70	F	B		VA
Duffel, Joseph	30	M	W	Overseer, plantation	LA
Wilson, Palace	36	F	B	Domestic servant	LA
Gale, Abraham	55	M	B	Farm laborer	LA
Gale, Mary Ann	35	F	B		LA
Harrison, Richard	39	M	B	Farm laborer	AL
Harrison, Mary	35	F	B		AL
Harrison, Loletta	10	F	B		LA
Jackson, Charles	23	M	B	Farm laborer	MS
Wiley, Handy	22	M	B	Farm laborer	MS
Burrell, Augustus	21	M	B	Farm laborer	LA

Family continues on next page

Gibson, Frank	24	M	B	Farm laborer	NY
Sledge, Daniel	21	M	B	Farm laborer	MO
Thomas, Harrison	18	M	B	Farm laborer	LA
Coleman, Richard	30	M	B	Farm laborer	VA
Coleman, Winny	28	F	B		VA
Tolliver, Arthur	34	M	B	Farm laborer	VA
Hart, Robert	22	M	B	Farm laborer	VA
Brown, James	24	M	B	Farm laborer	VA
Dickson, Severn	20	M	B	Farm laborer	VA
Suckers, Charles	14	M	B	Farm laborer	VA
Allen, Henry	24	M	B	Farm laborer	VA
Lewis, William	25	M	B	Farm laborer	VA
Tucker, Richard	35	M	B	Farm laborer	VA
Tucker, Hester	30	F	B		VA
Tucker, Marshal	10	M	B		VA
Tucker, Jane	9	F	B		VA
Randal, Henry	34	M	B	Farm laborer	VA
Randal, Julia	30	F	B		VA
Randal, Orrin	8	M	B		VA
Thompson, James	27	M	B	Farm laborer	VA
Brown, Henry	35	M	B	Farm laborer	VA
Jackson, Smith	23	M	B	Farm laborer	VA
Miner, John	22	M	B	Farm laborer	VA
Reid, Samuel	23	M	B	Farm laborer	VA
Hurt, Peter	20	M	B		VA
Dodson, Nathaniel	25	M	B	Farm laborer	LA
Dodson, Delphine	16	F	B		LA
Dodson, Louisa	20	F	B	Farm laborer	LA
James, Lemuel	50	M	B	Farm laborer	LA
James, Jane	22	F	B	Farm laborer	LA

Family continues on next page

James, Elsie	7/12	F	B		LA
Talbert, Isaac	50	M	B	Farm laborer	LA
Franklin, Washington	30	M	B	Farm laborer	LA
Franklin, Rose	25	F	B		LA
Franklin, William	6	M	B		LA
Franklin, Hiram	3	M	B		LA
Wall, Lavina	12	F	B		LA
Franklin, Jane	10/12	F	B		LA
Sosthene, Braziel	35	M	B	Farm laborer	LA
Sosthene, Isabel	28	F	B		LA
Taylor, Sharper	65	M	B	Farm laborer	LA
Taylor, Dicey	60	F	B		LA
Hickman, Reuben	50	M	B	Farm laborer	SC
Hickman, Silva	70	F	B		SC
Wyatt, Silas	49	M	B	Farm laborer	KY
Wyatt, Maria	45	F	B		LA
Wyatt, Solomon	17	M	B	Farm laborer	LA
Wyatt, Silas	7	M	B		LA
Odum, Henry	28	M	B	Farm laborer	LA
Odum, Melinda	35	F	B		LA
Odum, Charity	3	F	B		LA
Kinsie, Nelson	35	M	B	Farm laborer	LA
Kinsie, Ann	45	F	B		LA
Rhodes, Rebecca	30	F	B	Farm laborer	LA
Thomas, Louis	58	M	B	Farm laborer	KY
Thomas, Mary	39	F	B	Farm laborer	KY
Thomas, Washington	17	M	B	Farm laborer	LA
Thomas, Nicholas	15	M	B		LA
Thomas, Hamilton	9	M	B		LA
Marshall, Lucy	80	F	B		LA

Name	Age	Sex	Race	Occupation	Birthplace
Bush, Washington	70	M	B	Farm laborer	LA
Bush, Alzena	22	F	B		LA
Bush, Sophia	3	F	B		LA
Bush, Dinah	7/12	F	B		LA
Bush, Jerry	20	M	B	Farm laborer	LA
Bush, Ellen	22	F	B	Farm laborer	LA
Baker, Samuel	24	M	B	Farm laborer	SC
Baker, Ellen	26	F	B		LA
Baker, Julia Ann	8/12	F	B		LA
Bush, Samuel	24	M	B	Farm laborer	MS
Bush, Sandy	19	M	B	Farm laborer	LA
Bush, Samuel	1	M	B		LA
Miles, Miler	86	M	B		VA
Miles, Rhody	60	F	B		VA
Odum, George	50	M	B	Farm laborer	LA
Odum, Sarah	40	F	B		LA
Odum, Levi	15	M	B		LA
Odum, Washington	12	M	B		LA
Odum, Jefferson	8	M	B		LA
Odum, Nanny	4	F	B		LA
Odum, Talfair	1	F	B		LA
Melvin, Charles	25	M	B	Farm laborer	MS
Melvin, Nancy	23	F	B		MS
Melvin, Robert	8	M	B		LA
Melvin, Matthew	5	M	B		LA
Robinson, Augusta	33	F	B		MS
Robinson, Mary E	8	F	B		LA
Robinson, Elizabeth	7	F	B		LA
Robinson, Susannah	4	F	B		LA
Robinson, Matthew	3	M	B		LA
Caran, Isam	48	M	B	Farm laborer	VA
Caran, Elvira	43	F	B		LA
Caran, Mitty	18	F	B	Farm laborer	LA

Family continues on next page

Caran, Ephraim	22	M	B	Farm laborer	LA
Caran, Virginia	24	F	B		LA
Caran, Judy	9	F	B		LA
Caran, Smith	3	M	B		LA
Caran, Isaac	3	M	B		LA
Caran, Nancy	11/12	F	B		LA
White, Patrick	50	M	B	Farm laborer	AL
White, Cecelia	43	F	B	Farm laborer	LA
White, Emily	14	F	B		LA
White, Mitty	6	F	B		LA
White, Lavina	4	F	B		LA
White, Jane	2/12	F	B		LA
Thomas, Jefferson	23	M	B	Farm laborer	LA
Thomas, Jane	19	F	B		LA
Thomas, Westley	58	M	B	Farm laborer	MD
Thomas, Jane	40	F	B		VA
Thomas, Anna	19	F	B	Farm laborer	LA
Thomas, Abitha	15	F	B	Farm laborer	LA
Thomas, Westley	10	M	B		LA
Thomas, Laura	7	F	B		LA
Drew, Baptiste	22	M	B	Farm laborer	LA
Drew, Nancy	19	F	B	Farm laborer	LA
Crawford, Lucy	35	F	B	Farm laborer	VA
Haywood, Margaret	15	F	B	Farm laborer	LA
Haywood, Hannah	12	F	B	Farm laborer	LA
Drew, Milton	25	M	B	Farm laborer	LA
Drew, Alice	19	F	B		LA
Drew, Winny	7/12	F	B		LA
Jackson, Andrew	35	M	B	Farm laborer	LA
Jackson, Nanny	30	F	B	Farm laborer	LA
Washington, Louise	13	F	B	Farm laborer	LA
Washington, Lizzie	8	F	B		LA

Gaines, Tillman	40	M	B	Farm laborer	LA
Gaines, Betsey	30	F	B	Farm laborer	LA
Gaines, Jordan	14	M	B	Farm laborer	LA
Gaines, Prudence	13	F	B	Farm laborer	LA
Gaines, Ham	10	M	B		LA
Gaines, Austin	8	M	B		LA
Gaines, Susan	5	F	B		LA
Gaines, Jane	7	F	B		LA
Gaines, Sally	7	F	B		LA
Williams, George	30	M	B	Farm laborer	MS
Williams, Pauline	27	F	B	Farm laborer	LA
Williams, Sarah	9	F	B		LA
Scott, Catherine	20	F	B	Farm laborer	LA
Scott, Betsey	3/12	F	B		LA
Watson, Baziel	30	M	B	Farm laborer	LA
Watson, Lavina	20	F	B	Farm laborer	LA
Watson, Abraham	8	M	B		LA
Watson, Mattie	11/12	F	B		LA
Drew, Winny	50	F	B		LA
Butler, Charles	40	M	B	Farm laborer	LA
Butler, Harriett	35	F	B	Farm laborer	LA
Price, Dinah	18	F	B	Farm laborer	LA
Price, Serina	10	F	B		LA
Price, Adeline	9	F	B		LA
Price, William	11/12	M	B		LA
Williams, Daniel	23	M	B	Farm laborer	GA
Talbert, John	35	M	B	Farm laborer	KY
Talbert, Patsey	20	F	B		LA
Ross, Toney	13	M	B		LA
Ross, Walton	14	M	B		LA
Gratten, Louise	40	F	B	Farm laborer	LA
Williams, Patsey	40	F	B	Farm laborer	LA
Olaw, Stafford	6	M	B		LA

Jackson, John	30	M	B	Farm laborer	LA
Jackson, Annie	30	F	B	Farm laborer	LA
Jackson, Harriett	13	F	B		LA
Jackson, Henry	40	M	B	Farm laborer	LA
Jackson, Clara	30	F	B	Farm laborer	LA
Walker, Catherine	25	F	B	Farm laborer	LA
Walker, Milly	3	F	B		LA
Jackson, George	40	M	B	Farm laborer	LA
Jackson, Mary	50	F	B		LA
Scott, Douglas	45	M	B	Farm laborer	LA
Scott, Ellen	35	F	B	Farm laborer	LA
Scott, Solomon	15	M	B	Farm laborer	LA
Scott, Henry	14	M	B	Farm laborer	LA
Scott, Edward	10	M	B		LA
Scott, Abraham	5	M	B		LA
Scott, Joseph	2	M	B		LA
Scott, Mary Ellen	6/12	F	B		LA
Scott, Warner	18	M	B	Farm laborer	LA
Dod, George	23	M	B	Farm laborer	LA
Washington, Henry	38	M	B	Farm laborer	VA
Martin, Stamford	45	M	B	Farm laborer	LA
Martin, Betsey	50	F	B	Farm laborer	LA
Martin, Rufus	18	M	B	Farm laborer	LA
Hyams, William	50	M	B	Farm laborer	MS
Hyams, Harriett	45	F	B	Farm laborer	MS
Gibson, Jesse	50	M	B	Farm laborer	MS
Gibson, Mary	45	F	B	Farm laborer	MS
White, Mary	17	F	B	Farm laborer	LA
Coleman, Jane	40	F	B	Farm laborer	LA
Weston, John	37	M	B	Farm laborer	NC
Weston, Eveline	35	F	B	Farm laborer	LA
Winchester, Edward	14	M	B		LA
Winchester, Samuel	6	M	B		LA

Name	Age	Sex	Race	Occupation	Birthplace
Amos, Ralph	44	M	B	Farm laborer	MS
Amos, Rose	48	F	B	Farm laborer	MS
Amos, Amos	17	M	B	Farm laborer	LA
Amos, Rose	20	F	B	Farm laborer	LA
Amos, Anna	15	F	B	Farm laborer	LA
Amos, Sally	10	F	B		LA
Amos, Georgianna	4	F	B		LA
Amos, Ralph	3	M	B		LA
Hannah, Frances	1	F	B		LA
Hannah, Sarah	50	F	B	Farm laborer	MS
Peer, Zedah	48	F	B	Farm laborer	LA
Peer, Violet	35	F	B	Farm laborer	LA
Peer, Silas	13	M	B	Farm laborer	LA
Ellison, Money	48	M	B	Farm laborer	MS
Ellison, Mary	19	F	B	Farm laborer	MS
Ellison, Jacob	19	M	B	Farm laborer	MS
Ellison, Johanna	7	F	B		LA
Ellison, Margaret	8	F	B		LA
Ellison, William	10	M	B		LA
Ellison, Aaron	4	M	B		LA
Wickliffe, Frank	49	M	B	Farm laborer	KY
Wickliffe, Samuel	16	M	B	Farm laborer	KY
Williams, Casey	22	M	B	Farm laborer	KY
Stranghter, William	35	M	B	Farm laborer	LA
Stranghter, Mahala	23	F	B		LA
Stranghter, Mary	8	F	B		LA
Stranghter, Stamford	6	M	B		LA
Stranghter, William	4	M	B		LA
Stranghter, Fanny	10/12	F	B		LA
Farnes, Stephen	20	M	B	Farm laborer	LA
Young, Surry	30	M	B	Farm laborer	MS
Young, Peggy	30	F	B	Farm laborer	MS
Young, Henry	7	M	B		MS
Young, Reed	5	M	B		MS

Name	Age	Sex	Race	Occupation	Birthplace
Green, Stephen	23	M	B	Farm laborer	LA
Green, Minerva	30	F	B	Farm laborer	LA
Green, Jane	10	F	B		LA
Green, Clarissa	4	F	B		LA
Green, Caroline	11/12	F	B		LA
Morgan, Luke	50	M	B	Farm laborer	VA
Morgan, Mary	29	F	B	Farm laborer	VA
Morgan, Upton	20	M	B	Farm laborer	LA
Morgan, Etienne	16	M	B	Farm laborer	LA
Irvin, Alexander	50	M	B	Farm laborer	LA
Irvin, Celeste	46	F	B		LA
Irvin, Rachel	20	F	B	Farm laborer	LA
Irvin, Matthew	18	M	B	Farm laborer	LA
Irvin, Charles	16	M	B	Farm laborer	LA
Irvin, Sarah	13	F	B	Farm laborer	LA
Irvin, Jane	9	F	B		LA
Irvin, Felix	8	M	B		LA
Irvin, Margaret	4	F	B		LA
Irvin, Elizabeth	2	F	B		LA
North, Solomon	30	M	B	Farm laborer	LA
North, Hannah	25	F	B	Farm laborer	LA
North, Moses	6	M	B		LA
North, Martha	4	F	B		LA
North, John	1	M	B		LA
White, Moses	48	M	B	Farm laborer	LA
White, Mary	38	F	B	Farm laborer	LA
White, William	17	M	B	Farm laborer	LA
White, Agnes	13	F	B		LA
White, Moses	11	M	B		LA
White, Mary	5	F	B		LA
White, Saline	2	F	B		LA
Hayworth, Jonas	24	M	B	Farm laborer	LA
Hayworth, Malinda	26	F	B	Farm laborer	LA

Family continues on next page

Hayworth, Joseph	8	M	B		LA
Hayworth, Susette	6	F	B		LA
Hayworth, Jonas	2	M	B		LA
Hayworth, John	2/12	M	B		LA
Grimbell, William	30	M	B	Farm laborer	LA
Grimbell, Milly Ann	24	F	B	Farm laborer	LA
Grimbell, Louisa	4	F	B		LA
Holmes, Dorcas	70	F	B		SC
Sweetman, Robert	66	M	B	Gardener	LA
Plouche, Milton	35	M	M	Domestic servant	LA
Plouche, Florida	35	F	M	Farm laborer	LA
Plouche, Edwin	19	M	M	Farm laborer	LA
Plouche, Middleton	9	M	M		LA
Plouche, Oda	4	F	M		LA
Plouche, Ester	2	F	M		LA
Dickson, Barton	45	M	B	Farm laborer	LA
Dickson, Rose	36	F	B		LA
Dickson, Catherine	4	F	B		LA
Dickson, Ryan	2	M	B		LA
Dickson, Mary Ann	1	F	B		LA
Dennis, Little	25	M	B	Farm laborer	LA
Porter, Thomas	35	M	B	Farm laborer	LA
Porter, Flora	30	F	B		LA
White, Albert	40	M	B	Farm laborer	VA
White, Fanny	40	F	B	Farm laborer	VA
White, Thomas	28	M	B	Farm laborer	VA
White, William	8	M	B		VA
White, George	4	M	B		VA
Winfield, Eva	60	F	B		LA
Winfield, Louis	19	M	B	Farm laborer	LA
Winfield, Lexington	15	M	B	Farm laborer	LA
Winfield, Lydia	14	F	B		LA
Winfield, Coleman	21	M	B	Farm laborer	LA

Dickson, Jacob	50	M	B	Farm laborer	LA
Dickson, Ellen	58	F	B		LA
Dickson, Andrew	15	M	B		LA
Dickson, Sarah	5	F	B		LA
Dickson, Lucinda	3	F	B		LA
Foster, Fanaity	50	F	B		LA
Foster, Jesse	19	M	B	Farm laborer	LA
Foster, Judy	17	F	B	Farm laborer	LA
Perkins, Alexander	55	M	B	Farm laborer	LA
Perkins, Agnes	51	F	B		LA
Perkins, Delia	25	F	B	Farm laborer	LA
Sweetman, Doc	22	M	B	Farm laborer	LA
Sweetman, Robinson	25	M	B	Farm laborer	LA
Sweetman, Robert	60	M	B	Farm laborer	LA
Sweetman, Mary	66	F	B		LA
Sweetman, Kaye	14	F	B		LA
Lessard, Vincent	18	M	B	Farm laborer	LA
Lessard, Toby	50	M	B	Farm laborer	LA
Lessard, Phebe	48	F	B		LA
Lessard, Nicey	16	F	B		LA
Lessard, Lorenzo	11	M	B		LA
Cole, Dorer	28	M	B	Farm laborer	VA
Cole, Annie	40	F	B		LA
Quinton, Lucy	50	F	M	Farm laborer	LA
Quinton, Laura	10	F	B		LA
Quinton, Jackson	8	M	B		LA
Quinton, Georgianna	6	F	B		LA
Groce, Flora	27	F	B	Farm laborer	LA
Groce, Clarissa	50	F	B		LA
Groce, Sylvia	12	F	B		LA
Groce, Silas	11	M	B		LA
Groce, Spofford	9	M	B		LA
Lessard, Agnes	14	F	B	Farm laborer	LA

Clark, Nancy	57	F	B		LA
Clark, Mary	30	F	B		LA
Bennet, Margaret	11	F	B		LA
Bennet, Annie	10	F	B		LA
Bennet, Elizabeth	8	F	B		LA
Bennet, Isabella	6	F	B		LA
Bennet, Walker	3	M	B		LA
Stafford, William	50	M	B	Farm laborer	LA
Horsey, Annie	65	F	B	Domestic servant	LA
Johnson, Martha	30	F	B	Domestic servant	LA
Johnson, Robert	2	M	B		LA
Johnson, Lorenzo	3	M	B		LA
Wilson, Henry	58	M	B	Farm laborer	LA
Wilson, Viney	80	F	B		LA
Quinlan, Mike	35	M	B	Farm laborer	LA
Quinlan, Phoeme	28	F	B		LA
Ballard, Philip	27	M	B	Farm laborer	LA
Ballard, Betsey	28	F	B		LA
Ballard, Baziel	6	M	B		LA
Ballard, John	5	M	B		LA
Ballard, Samuel	4	M	B		LA
Ballard, Charles	3/12	M	B		LA
Commodore, Frank	23	M	B	Farm laborer	LA
Clark, Daniel	15	M	B	Farm laborer	LA
Howard, Joseph	35	M	B	Farm laborer	LA
Clark, Groce	45	M	B	Farm laborer	LA
Clark, Martha	38	F	B		LA
Clark, Spencer	20	M	B	Farm laborer	LA
Clark, Duncan	19	M	B	Farm laborer	LA
Clark, Douglas	12	M	B	Farm laborer	LA
Bailey, Henry	26	M	B	Farm laborer	LA
Bailey, Dorcas	20	F	B	Farm laborer	LA
Bailey, Minerva	1	F	B		LA
Johnson, Joseph	22	M	B	Farm laborer	LA

Lewis, Lizzie	50	F	B	Domestic servant	LA
Lewis, Robert	14	M	B	Domestic servant	LA
Lewis, Betsey	16	F	B	Domestic servant	LA
Lewis, Adam	7	M	B		LA
Williams, Moses	24	M	B	Farm laborer	LA
Lethey, Benjamin	9	M	B		LA
Lethey, Luke	4	M	B		LA
Jones, Walter	14	M	B	Farm laborer	LA
Headspar, Leath	11	F	B		LA
Lassard, Dora	12	F	B		LA
Ballard, Joseph	60	M	B	Farm laborer	LA
Ballard, Melina	65	F	B		LA
Compton, Samuel	39	M	W	Planter	LA
Porter, Flora	24	F	B	Domestic servant	LA
Bond, Valery	32	M	B	Farm laborer	LA
Bond, Margaret	35	F	B	Farm laborer	LA
Bond, Lees	17	F	B	Farm laborer	LA
Brown, Freeman	35	M	B	Farm laborer	LA
Brown, Susan	30	F	B	Farm laborer	VA
Williams, Peter	26	M	B	Farm laborer	LA
Lemothe, Daniel	24	M	B	Farm laborer	LA
Meyer, Frozine	35	F	B	Farm laborer	LA
Young, Charles	55	M	B	Farm laborer	LA
Young, Hannah	48	F	B	Farm laborer	LA
Groves, Matilda	22	F	B	Domestic servant	LA
Dodson, Rachel	39	F	B	Domestic servant	LA
Dodson, Jane	19	F	B	Domestic servant	LA
Dodson, Sarah	3	F	B		LA

Armstrong, Lanty	29	M	B	Farm laborer	LA
Armstrong, Henrietta	23	F	B	Farm laborer	LA
Briscoe, Etienne	42	M	B	Farm laborer	LA
Briscoe, Julian Ann	34	F	B	Farm laborer	LA
Ballard, Edward	23	M	B	Farm laborer	LA
Ballard, Mahala	24	F	B	Farm laborer	LA
Ballard, Esther	2	F	B		LA
Bennet, Michael	60	M	B	Farm laborer	LA
Bennet, Emmeline	45	F	B		LA
Battie, Charles	70	M	B	Farm laborer	VA
Battie, Elinor	50	F	B		VA
Cheatam, Plaisance	45	M	B	Farm laborer	VA
Cheatam, Lee	25	M	B	Farm laborer	VA
Cheatam, Turner	4	M	B		VA
Mayer, Lucy	70	F	B		LA
Cone, Richard	22	M	B	Farm laborer	LA
Crayton, John	48	M	B	Farm laborer	LA
Crayton, Milly	23	F	B		LA
Crayton, Charity	4	F	B		LA
Crayton, Mack	11/12	M	B		LA
Crayton, Moses	20	M	B	Farm laborer	LA
Crayton, Harriett	18	F	B		LA
Crayton, Ann	14	F	B	Farm laborer	LA
Cole, William	40	M	B	Farm laborer	LA
Ford, Matthew	30	M	B	Farm laborer	LA
Ford, Nancy	23	F	B		LA
Ford, Amy	4	F	B		LA
Hill, Peter	87	M	B		NC
Hill, Betsey	40	F	B		LA
Hill, Patience	13	F	B	Farm laborer	LA

Family continues on next page

Hill, Hannah	10	F	B		LA
Hill, Peter	9	M	B		LA
Hill, John	15	M	B		LA
Hill, Benjamin	30	M	B	Farm laborer	LA
Hill, Louisa	29	F	B		LA
Hill, Louisa	11	F	B		LA
Money, Sally	29	F	B	Farm laborer	LA
Money, Milly	6	F	B		LA
Money, Harriett	4	F	B		LA
Harris, Charles	70	M	B	Farm laborer	LA
Harris, Tempey	65	F	B		LA
Harris, Granville	30	M	B	Farm laborer	LA
Harris, Mahala	24	F	B		LA
Harris, Frank	11	M	B		LA
Harris, Henry	4	M	B		LA
Harris, Thomas	2	M	B		LA
Harris, Frank	40	M	B	Farm laborer	LA
Harris, Candy	49	F	B		LA
Harris, Amanda	4	M	B		LA
Jefferson, Randolph	40	M	B	Farm laborer	LA
Jenkins, Rachel	50	F	B	Farm laborer	LA
Jenkins, Rachel	8	F	B		LA
Jenkins, John	20	M	B	Farm laborer	LA
Jenkins, Toch	14	M	B	Farm laborer	LA
Ballet, Edward	49	M	B	Farm laborer	LA
Ballet, Mahala	30	F	B		LA
Ballet, Hester	11	F	B		LA
Ballet, Thomas	8	M	B		LA
Cammel, Westley	23	F	B	Farm laborer	VA
Smith, Thomas	20	M	B	Farm laborer	VA
Duncan, Samuel	28	M	B	Farm laborer	VA

Family continues on next page

Hill, Thomas	27	M	B	Farm laborer	VA
Taylor, Lizzie	28	F	B	Farm laborer	LA
Taylor, Thomas	6/12	M	B		LA
Lee, Jane	50	F	B	Farm laborer	LA
Quarrels, Sarah	16	F	B	Farm laborer	LA
Love, Annie	15	F	B	Farm laborer	LA
Donnelson, Sibley	14	M	B	Farm laborer	VA
Murrey, John	14	M	B	Plantation cooper	VA
Murrey, Polly	40	F	B		VA
Street, Patrick	35	M	B	Farm laborer	VA
Street, Eliza	33	F	B		VA
Street, Loletta	13	F	B		VA
Street, Letitia	11	F	B		VA
Street, Kate	5	F	B		VA
Moore, Mary	30	F	B	Domestic servant	VA
Moore, Cora	8	F	B		VA
Moore, Annie	5	F	B		VA
Tanner, Betsey	10	F	B		VA
Burke, Ampy	70	M	B	Farm laborer	VA
Burke, Simon	22	M	B	Farm laborer	VA
Burke, Michael	16	M	B	Farm laborer	VA
Burke, Polly	18	F	B	Farm laborer	VA
Burke, Robert	11/12	M	B		VA
Jones, Julius	40	M	B	Farm laborer	AL
Jones, Mary	35	F	B		MS
Jones, Robert	10	M	B		LA
Jones, Martha	3	F	B		LA
Jones, Margaret	6/12	F	B		LA
Whitlock, Sandy	30	M	B	Farm lahorer	VA
Carr, Frank	52	M	B	Farm laborer	MD

Family continues on next page

Carr, Margaret	41	F	B		LA
Jones, Felix	21	M	B	Farm laborer	LA
Sanders, Asa	15	M	B	Farm laborer	LA
Plummer, Nancy	60	F	B		VA
Jefferson, Eliza	35	F	B	Domestic servant	LA
Jefferson, Vina	15	F	B	Domestic servant	LA
Jefferson, Alice	5	F	B		LA
Jefferson, Wimpsey	3	F	B		LA
Foster, Holmes	26	M	B	Domestic servant	LA
Ford, Samuel	49	M	B	Farm laborer	LA
Ford, Hannah	45	F	B		LA
Ford, Mary	14	F	B		LA
Armstrong, Leonard	25	M	B	Farm laborer	LA
Armstrong, Lucy	23	F	B		LA
Armstrong, Sarah	3	F	B		LA
Armstrong, Lucy	1	F	B		LA
Anderson, Henry	21	M	B	Farm laborer	NC
Baillio, Gusten	24	M	B	Farm laborer	LA
Bronson, Peter	20	M	B	Farm laborer	NC
Bennet, Michael	27	M	B	Farm laborer	LA
Bennet, Nancy	24	F	B		LA
Bennet, Adeline	9	F	B		LA
Bennet, Jane	3	F	B		LA
Clark, Lawson	35	M	B	Farm laborer	NC
Clark, Margaret	30	F	B		LA
Clark, William	4	M	B		LA
Farr, Matthew	41	M	B	Farm laborer	LA
Farr, Clarissa	49	F	B		LA
Jackson, Alexander	16	M	B	Farm laborer	LA
Jackson, Juba	13	M	B	Farm laborer	LA

Goff, Thomas	28	M	B	Farm laborer	MD
Goff, Betsey	23	F	B		LA
Goff, Stephen	100	M	B		MD
Goff, Mary	80	F	B		MD
Bird, Lucinda	30	F	B	Farm laborer	LA
Bird, Rachel	4	F	B		LA
Davis, Mary	1	F	B		LA
Gay, John	20	M	B	Farm laborer	NC
Godley, Merrick	70	M	B	Farm laborer	LA
Godley, Eva	55	F	B		LA
Godley, Benjamin	16	M	B	Farm laborer	LA
Godley, David	10	M	B		LA
Johnson, Cassanero	25	F	B	Farm laborer	LA
James, Caesar	25	M	B	Farm laborer	LA
Jackson, Henry	22	M	B	Farm laborer	LA
Jackson, Patience	20	F	B		LA
Jackson, Upton	5	M	B		LA
Jackson, James	2	M	B		LA
Jackson, Lazine	55	F	B		LA
Jackson, Moses	21	M	B	Farm laborer	LA
Jackson, Malinda	21	F	B	Farm laborer	LA
Jackson, Harriett	4	F	B		LA
Jackson, Mima	2	F	B		LA
Lassee, Zero	30	M	B	Farm laborer	LA
Lassee, Lucretia	28	F	B		LA
Lassee, Charlotte	4	F	B		LA
Lassee, Thomas	1	M	B		LA
Little, Virgil	80	M	B		LA
Little, Rosine	60	F	B		LA

Lewis, Levi	30	M	M	Farm laborer	LA
Lewis, Margaret	30	F	B		LA
Lewis, Hester	20	F	B	Farm laborer	LA
Lewis, Sarah	7	F	B		LA
Lewis, John	3	M	B		LA
Matthew, Cornelius	65	M	B	Farm laborer	MD
Nash, William	25	M	B	Farm laborer	LA
Nash, Martha	25	F	B		LA
Nash, Maria	6	F	B		LA
Nash, Louise	3	F	B		LA
Nash, Emanuel	70	M	B	Farm laborer	NC
Nash, Mary	50	F	B		SC
Neal, Joseph	26	M	B	Farm laborer	NC
Pier, Sharper	26	M	B	Farm laborer	AL
Pier, Harriett	31	F	B		AL
Pier, Anna	4	F	B		LA
Pier, Emma	3	F	B		LA
Pier, Mary	6/12	F	B		LA
Rogers, Offie	75	M	B	Farm laborer	VA
Rogers, Rose	51	F	B		LA
Rogers, Elizabeth	10	F	B		LA
Stewart, Sarah	74	F	B		LA
Stewart, Cornelius	5	M	B		LA
Roberts, John	21	M	B	Farm laborer	NC
Richmond, George	20	M	B	Farm laborer	NC
Slaughter, Charles	25	M	B	Farm laborer	LA
Slaughter, Jane	34	F	B		VA
Slaughter, Adeline	10	F	B		LA
Slaughter, Emma	5	F	B		LA
Slaughter, Judith	10/12	F	B		LA
Stewart, Samuel	49	M	B	Farm laborer	MD
Brown, Susan	23	F	B	Farm laborer	LA
Ford, Samuel	5	M	B		LA

Sweetman, Frederick	40	M	B	Farm laborer	LA
Sweetman, Anna	30	F	B		LA
Sweetman, Juba	13	M	B	Farm laborer	LA
Sweetman, Charlotte	3	F	B		LA
Sweetman, James	2	M	B		LA
Turner, Austin	29	M	B	Farm laborer	LA
Turner, Melinda	27	F	B		LA
Lumfield, Martin	22	M	B	Farm laborer	LA
Lumfield, Fellonais	21	F	B		LA
Waddle, James	21	M	B	Farm laborer	NC
Young, Landy	20	M	B	Farm laborer	LA
Ballet, Robert	18	M	B	Farm laborer	LA
Simmons, Milton	30	M	B	Farm laborer	LA
Henry, John	14	M	B		NC
Bullard, Augustus	51	M	B	Farmlaborer	LA
Bullard, Hannah	40	F	B		LA
Bullard, James	6	M	B		LA
Butler, Louisa	35	F	B		GA
Butler, Harriett	18	F	B	Farm laborer	GA
Butler, George	5	M	B		GA
Turner, Lucy	28	F	B	Farm laborer	GA
Turner, Catherine	9	F	B		GA
Thornton, Thomas	5	M	B		GA
Thornton, William	5/12	M	B		GA
Loury, Wallace	53	M	B	Farm laborer	VA
Loury, Polly	51	F	B		VA
Loury, Jefferson	30	M	B	Farm laborer	LA
Loury, Lucy	30	F	B	Farm laborer	LA
Loury, Minnie	3	F	B		LA
Loury, William	1	M	B		LA
Loury, Thomas	4/12	M	B		LA
Butler, Cornelius	55	M	B	Farm laborer	LA
Butler, Harriett	40	F	B		LA

King, Henry	40	M	B	Farm laborer		LA
King, Rose	22	F	B			LA
Hargrove, Jefferson	40	M	B	Farm laborer		LA
Hargrove, Phebe	23	F	B			LA
Hargrove, Edmund	13	M	B			LA
Hargrove, Polly	2/12	F	B			LA
Nimmer, George	29	M	B	Farm laborer		LA
Nimmer, Caroline	25	F	B			LA
Nimmer, Allen	2	M	B			LA
Nimmer, Jane	3/12	F	B			LA
Johnson, Lemuel	50	M	B	Farm laborer		VA
Johnson, Patsey	45	F	B	Domestic servant		LA
Johnson, Comfort	16	F	B			LA
Johnson, Cornelius	10	M	B			LA
Johnson, Henry	5	M	B			LA
Nimmer, Albert	30	M	B	Farm laborer		LA
Nimmer, Mary	25	F	B			LA
Nimmer, Bella	4	F	B			LA
Nimmer, Albert	3/12	M	B			LA
Green, Matthew	25	M	B	Farm laborer		LA
Nimmer, Martin	20	M	B	Farm laborer		LA
Huisen, Daniel	61	M	B	Farm laborer		NC
Huisen, Mary	44	F	B			VA
Lee, Charles C	22	M	W	Farmer		LA
Hirtz, Bedford	13	M	B	Farm laborer		LA
Lee, Jesse T	70	M	B	Farmer		VA
Whittaker, Jeremiah	39	M	B	Farm laborer		LA
Whittaker, Louisiana	40	F	B			LA
Whittaker, Susannah	1	F	B			LA

Spain, Cannon	35	M	B	Farm laborer	LA
Spain, Harriett	40	F	B		LA
Ridley, Rose	38	F	B	Domestic servant	LA
Carter, Amelia	2	F	B		LA
Coleman, Riney	5	M	B		LA
Dickson, Milly	60	F	B	Farm laborer	LA
Dickson, Milly	6	F	B		LA
Dickson, Carey	70	F	B	Farm laborer	LA
Allen, Margaret	51	F	B	Farm laborer	LA
Allen, Augusta	40	F	B	Farm laborer	MO
Allen, Caroline	13	F	B		LA
Allen, Harriett	9	F	B		LA
Allen, Edmund	7	M	B		LA
Allen, Mary	5	F	B		LA
Allen, Amos	2	M	B		LA
Allen, Wimpy	2	F	B		LA
Allen, Thomas	1/12	M	B		LA
Allen, Celeste	35	F	B	Farm laborer	LA
Stafford, Charlotte	75	F	B		VA
Farrow, Robin	90	M	B		LA
Neal, Raleigh	81	M	B		LA
Neal, Phebe	69	F	B		LA
Neal, Catherine	25	F	B	Farm laborer	LA
Wade, Andrew	30	M	B	Farm laborer	LA
Wade, Dinah	26	F	B		LA
Wade, Oliver	5	M	B		LA
Webster, Toney	40	M	B	Farm laborer	LA
Webster, Sarah	51	F	B		LA
Webster, Lucy	12	F	B		LA
Webster, Betsey	10	F	B		LA
Monk, Mary	32	F	B	Farm laborer	LA
Monk, Jane	5	F	B		LA

Inhabitants of City of Pineville, Rapides Parish, Louisiana
15 Jun 1870 - 16 Jun 1870

Name	Age	Sex	Race	Occupation	Place of Birth
David, Andrew	27	M	W	Clerk in store	LA
Shields, Martha	17	F	B	Domestic servant	LA
Shields, Josiah	52	M	B	Laborer	LA
Shields, Mary	39	F	B		LA
Shields, Elleck	9	M	B		LA
Shields, Clara	11	F	B		LA
Sanders, Martin B	30	M	B	Laborer	LA
Sanders, Rose	28	F	B		LA
Sanders, Lina	12	F	B		LA
Lee, Hannibal	43	M	B	Laborer	MO
Lee, Mary C	23	F	B		MS
Lee, George L	2	M	B		LA
Johnson, Caroline	43	F	B		MD
Johnson, Josephine	11	F	B		TX
Johnson, Pauline	7	F	B		TX
Dickson, Daniel	47	M	B	Laborer	VA
Dickson, Peggy	40	F	B		VA
Dickson, Alford	16	M	B		VA
Dickson, William S	13	M	M		VA
Carter, Elizabeth	26	F	M		LA
Newton, Winifred	25	F	M		LA
Newton, Claiborne	8	M	M		LA
Jones, Marv	28	F	M		LA
Jones, Aleck	30	M	B	Butcher	KY
Jones, Sarah J	2	F	B		LA
Jones, Emelia	2	F	B		LA

Name	Age	Sex	Race	Occupation	Birthplace
Taylor, Tim	30	M	B		KY
Taylor, Dinah	24	F	B		KY
Taylor, James	4	M	B		LA
Bennett, Susan	20	F	B		LA
Thomasnow, James	40	M	M	Laborer	LA
Thomasnow, Teba	23	F	M		LA
Thomasnow, Anna	7	F	M		LA
Thomasnow, Alice	6	F	M		LA
Thomasnow, Nancy J	3	F	M		LA
Sprout, William	25	M	B		VA
Smiith, Ellen	20	F	B		TX
Smith, Henry	25	M	B		LA
Scuanterburg, John Jr	33	M	W	Butcher	LA
Jones, Lizzie	50	F	B	Domestic servant	VA
Johnson, Adeline	8	F	B	Domestic servant	LA
Abadie, Lewis	37	M	W	Butcher	France
Blackman, Abraham	30	M	B	Laborer	KY
Blackman, Lucinda	29	F	B	Domestic servant	KY
Cunny, Tibbs	87	F	B		LA
Cunny, Edward	10	M	M		LA
Philips, Kate	31	F	M	Laundress	LA
Philips, Adeline	16	F	M		LA
Philips, Leina	14	F	M		LA
Morgan, Martha	50	F	B		VA
Burley, Arthur	28	M	B	Brick moulder	KY
Burley, Johanna	28	F	B		MS
Burley, John	12	M	B		LA
Burley, Jesse	9	M	B		LA
Burley, Cora U	3	F	B		LA
Burley, Mary M	1	F	B		LA

Johnson, Matilda	45	F	B		MS
Johnson, Mary W	18	F	B		LA
Johnson, Milly H	17	F	B		LA
Johnson, Emma	16	F	B		LA
Johnson, Dora J	12	F	B		LA
Johnson, Adeline	6	F	B		LA
Johnson, Cullas	5	M	B		LA
Taylor, Joseph	40	M	B		MS
Taylor, William	2	M	B		LA
Graham, Dinah	30	F	B		LA
Graham, Martha	16	F	B		MS
Gaines, Joseph	22	M	B		LA
Waters, Shades	50	M	B		VA
Waters, Mollie	50	F	B		VA
Waters, Betsey	15	F	B		LA
Evins, Emma	55	F	B		LA
Evins, Ida	11	F	B		LA
Columbus, Christian	56	M	B	Laborer	NY
Columbus, Ann	26	F	B		MD
Columbus, William	6	M	B		LA
Barlow, William	60	M	B	Laborer	VA
Barlow, Susan	45	F	B		LA
Celest, Meme	75	F	B		LA
Hamilton, John W	50	M	W	Blacksmith	GA
Scott, Emma	18	F	B	Domestic servant	LA
Mitchell, Tennie	80	F	B		NC
Washington, Sinner	65	F	B		MD
Canada, Lucinda	80	F	B		NC
Canada, Johnson	20	M	B	Laborer	LA
Canada, Jacob	18	M	B	Carpenter	LA
Maten, Hyson	50	M	B	Laborer	MD
Maten, Eliza	35	F	B		NC

Family continues on next page

Name	Age	Sex	Race	Occupation	State
Maten, John	10	M	B		LA
Kane, Mary	18	F	M		TN
Young, Charles	25	M	B	Brickmason	KY
Blackman, Archer	29	M	B	Laborer	KY
Pemberton, Edward	21	M	M	Laborer	LA
Pemberton, Caroline	16	F	M		LA
Hall, Benjamin	50	M	M	Carpenter	LA
Hall, Jane	30	F	M		LA
Hall, Mary E	8	F	M		LA
Hall, John	5/12	M	M		LA
Swain, Andrew	30	M	B		KY
Gain, Dick	40	M	M	Laborer	KY
Gain, Clara	30	F	M		LA
Scott, Frances	25	F	M		MS
Minger, Johnson	24	M	B	Laborer	LA
Minger, Louisa	34	F	B		LA
Johnson, America	75	M	B	Laborer	VA
Johnson, Adeline	50	F	B		TN
Johnson, Sidney	30	F	B		KY
Hyson, Charles	75	M	B	Laborer	TN
Page, Mary	65	F	B		TN
Jackson, James	45	M	B	Laborer	VA
Jackson, Tinie	44	F	B		NC
Curry, Fanny	48	F	B		MD
Hudson, Charles	65	M	B	Laborer	VA
Hudson, Lucy	30	F	B	Farm laborer	NC
Parker, Stephen	40	M	B	Farm laborer	VA
Parker, Ann	35	F	B	Farm laborer	LA
Hudson, Pinkney	3	F	B		LA

Family continues on next page

Parker, Thomas	5	M	B			LA
Parker, Moses	11	M	B			LA
Canada, Juda	50	F	B			GA
Huckla, Milton	89	M	M	Laborer		MS
Hunter, Robert A	57	M	W	Lawyer		MS
Taylor, Eliza	40	F	B	Domestic servant		LA
Taylor, Thomas	17	M	B	Domestic servant		LA

Inhabitants of Alexandria Ward, Rapides Parish, Louisiana
29 Jun 1870 - 2 Jul 1870

Name	Age	Sex	Race	Occupation	Place of Birth
Talley, William	71	M	W	Farmer	GA
Talley, Virginia	12	F	B		LA
Talley, Henry	9	M	B		LA
Talley, Martha	7	F	B		LA
Talley, Everett	6	M	B		LA
Brown, Samuel	59	M	B	Farm laborer	KY
Lindsey, James	60	M	B	Gardener	LA
Lindsey, Mary Ann	56	F	B	Domestic servant	LA
Lindsey, Clarissa	18	F	B	Farm laborer	LA
Lindsey, Harriett	13	F	B	Domestic servant	LA
Morton, Lorenzo	20	M	B	Farm laborer	LA
Gordon, Elisha	25	M	B	Farm laborer	LA
Gordon, Lucy	24	F	B		LA
Gordon, Harrison	8	M	B		LA
Gordon, Charles	3	M	B		LA
Cork, James	55	M	B	Farm laborer	LA
Cork, Julia	45	F	B		LA
Cork, Stephen	11	M	B		LA
Cork, Courtney	10	F	B		LA
Hall, Ananias	23	M	B	Farm laborer	LA
Bazon, Jefferson	30	M	B	Farm laborer	LA
Bazon, Mary	28	F	B		NC
Hobbs, Edward	36	M	B	Farm laborer	LA
Hobbs, Emmeline	30	F	B		LA
Hobbs, Richard	14	M	B		LA
Hobbs, Edward	10		B		LA

Family continues on next page

Hobbs, Jane	4	F	B		LA
Hobbs, Emma	3	F	B		LA
Hobbs, Alice	6/12	F	B		LA
Bullen, Isabella	28	F	B	Farm laborer	LA
Bullen, Laura	8	F	B		LA
Bullen, Kate	2	F	B		LA
Morton, Jackson	24	M	B	Farm laborer	LA
Morton, Mahala	20	F	B		LA
Morton, Albert	1/12	M	B		LA
Ackley, Westley	52	M	M	Farm laborer	LA
Ackley, Henrietta	50	F	M		LA
Ackley, Reuben	21	M	B		LA
Ackley, Ellen	20	F	B		LA
Ackley, Charles	1/12	M	B		LA
Ackley, Eliza	18	F	B		LA
Ackley, Sarah	6/12	F	B		LA
Ackley, Lucy Ann	15	F	B		LA
Ackley, Westley	14	M	B		LA
Ackley, Henry	9	M	B		LA
Wood, Mathias	25	M	M	Farm laborer	LA
Wood, Diana	19	F	B		LA
Thomas, Robert	40	M	B	Farm laborer	LA
Thomas, Mahala	30	F	B		LA
Thomas, Frederick	9	M	B		LA
Thomas, Eliza	6/12	F	B		LA
Thomas, Warren	5	M	B		LA
Neely, Edward	30	M	M	Farm laborer	LA
Neely, Laura	22	F	M		LA
Jett, George	70	M	B	Farm laborer	LA
Jett, Isabella	56	F	B		LA
Jett, James	25	M	B	Farm laborer	LA
Parker, Delphi	18	F	B	Farm laborer	LA
Sanders, Eliza Jane	17	F	B	Farm laborer	LA

Name	Age	Sex	Race	Occupation	Birthplace
Runnels, John	21	M	B	Farm laborer	LA
Runnels, Elizabeth	18	F	B		LA
Jett, Hilliary	40	M	B	Farm laborer	LA
Jett, Clarinda	25	F	B		LA
Jett, Isabella	4	F	B		LA
Jett, Margaret	2	F	B		LA
Paine, Thomas	40	M	B	Farm laborer	GA
Vaughn, Easton	35	M	M	Farm laborer	LA
Vaughn, Malvina	31	F	M		LA
Vaughn, Hester	4	F	B		LA
Vaughn, Henry	2	M	B		LA
Bullen, William	38	M	B	Farm laborer	LA
Bullen, Silvia	27	F	B		LA
Bullen, Sidonia	10	F	B		LA
Bullen, Douty	4	M	B		LA
Bullen, Maria	1/12	F	B		LA
Davis, Judith	30	F	B	Farm laborer	LA
Cammel, Mary	20	F	B	Farm laborer	LA
Cammel, Julia	1	F	B		LA
Cammel, Charles	15	M	B		LA
Howard, Hays	51	M	B	Farm laborer	LA
Howard, Charlotte	31	F	B		LA
Howard, Louis	10	M	B		LA
Howard, Pinkney	5	M	B		LA
Howard, Henry	3	M	B		LA
Smith, George	41	M	B	Farm laborer	LA
Smith, Isabella	31	F	B		LA
Smith, James	4	M	B		LA
Smith, David	3/12	M	B		LA
General, Robert	65	M	B	Farm laborer	VA
General, Jane	44	F	B		LA

Family continues on next page

General, Susan	16	F	B		LA
General, Evelina	12	F	B		LA
General, Robert	4	M	B		LA
Randal, Sohius	64	M	B	Farm laborer	VA
Randal, Marie	38	F	B		VA
Randal, William	12	M	B		VA
Randal, Walker	11	M	B		VA
Randal, Gilbert	2	M	B		VA
Randal, Jane	1/12	F	B		VA
Imes, Richard	48	M	B	Farm laborer	LA
Imes, Nelly	45	F	B		LA
Imes, Hyacinth	18	F	B	Farm laborer	LA
Imes, Judith	13	F	B	Farm laborer	LA
Imes, Oliver	12	M	B	Farm laborer	LA
Imes, Henry	9	M	B		LA
Imes, Betsy	5	F	B		LA
Imes, Julia	2	F	B		LA
Russell, Jackson	40	M	B	Farm laborer	LA
Russell, Sina	22	M	B		LA
Russell, Mary	6	F	B		LA
Russell, Arina	4	F	B		LA
Russell, Celia	2	F	B		LA
Mospy, James	60	M	B	Farm laborer	LA
Mospy, Arina	49	F	B		LA
Davis, James	21	M	B	Farm laborer	LA
Mospy, Nancy	13	F	B	Farm laborer	LA
Mospy, Eda	9	F	B		LA
Mospy, John	8	M	B		LA
Mospy, Phoebe	4	F	B		LA
Mospy, Jane	1	F	B		LA
Bullen, Henry	65	M	B	Farm laborer	LA
Bullen, Susan	50	F	B		LA

Washington, Walter	38	M	B	Farm laborer	LA
Washington, Susan	25	F	B		LA
Washington, Frances	4	F	B		LA
Washington, Isabella	2	F	B		LA
Bullar, Reuben	45	M	B	Farm laborer	LA
Bullar, Eliza	28	F	B		LA
Bullar, John	3	M	B		LA
Bullar, Peter	1	M	B		LA
Grant, Mary	40	F	B	Farm laborer	LA
Murry, Stephen	60	M	B	Farm laborer	LA
Murry, Isabella	46	F	B		LA
Murry, Isabella	3	F	B		LA
Jordan, Joshua	20	M	B	Farm laborer	LA
Jordan, Virginia	18	F	B		LA
Stokes, Isaac	51	M	B	Farm laborer	LA
Stokes, Jane	40	F	B		LA
Stokes, Tillman	14	M	B		LA
Stokes, David	12	M	B		LA
Stokes, Solomon	10	M	B		LA
Stokes, Milly	8	F	B		LA
Sylvester, John	40	M	B	Farm laborer	LA
Sylvester, Nancy	35	F	B		LA
Sylvester, Phoebe	12	F	B		LA
Silla, Mary	28	F	B	Farm laborer	LA
Silla, General	2	M	B		LA
Silla, Jane	2/12	F	B		LA
Watson, Wright	49	M	B	Farm laborer	VA
Watson, Birdie	21	F	B		VA
Watson, Joseph	25	M	B	Farm laborer	VA
Watson, Ann	20	F	B	Farm laborer	VA
Watson, Daniel	2	M	B		VA
Watson, Henry	16	M	B	Farm laborer	VA
Watson, Ester	40	F	B	Farm laborer	VA

Family continues on next page

Watson, Celeste	33	F	B		VA
Watson, Emmeline	8	F	B		VA
Moore, Rhoden	55	M	B	Farm laborer	LA
Moore, Louisa	49	F	B		LA
Moore, Lethe	20	F	B	Farm laborer	LA
Moore, Rose	17	F	B	Farm laborer	LA
Moore, Phoebe	14	F	B		LA
Carter, Washington	33	F	B	Farm laborer	LA
Carter, Matilda	25	F	B		VA
Carter, Milly	8	F	B		VA
Carter, Liddy	2	F	B		VA
Carter, Wilson	30	M	B	Farm laborer	VA
Carter, Sarah	28	F	B		VA
Carter, Washington	3	M	B		VA
Carter, Thomas	5/12	M	B		VA
Gilbert, Frederick	36	M	B	Farm laborer	LA
Gilbert, Betsy	22	F	B		LA
Gilbert, Phoebe	5	F	B		LA
Gilbert, Susannah	2	F	B		LA
Gilbert, Rosalie	1	F	B		LA
Mills, Horace	75	M	B	Farm laborer	LA
Mills, Catherine	59	F	B		LA
Pierman, Nathan	60	M	B	Farm laborer	LA
Pierman, Marie	50	F	B		LA
Pierman, Frank	14	M	B		LA
Brooks, Dennis	45	M	B	Farm laborer	NC
Brooks, Nancy	40	F	B		LA
Brooks, David	21	M	B		LA
Brooks, Rose	16	F	B		LA
Anderson, John	27	M	B	Farm laborer	LA
Anderson, Rose	18	F	B		LA

Family continues on next page

Anderson, John	6/12	M	B			LA
Anderson, Richard	34	M	B	Farm laborer		LA
Anderson, Susan	28	F	B			LA
Jones, Isaac	50	M	B	Farm laborer		LA
Jones, Milly	49	F	B			LA
Jones, Ellen	6	F	B			LA
Malery, Henry	50	M	B			LA
Sanders, Henry	28	M	B	Farm laborer		LA
Sanders, Eliza	23	F	B			LA
Sanders, Robert	8	M	B			LA
Sanders, Ellen	5	F	B			LA
Sanders, Jane	2/12	F	B			LA
Peirro, Isaac	56	M	B	Farm laborer		LA
Peirro, Emmeline	48	F	B			LA
Peirro, Hetty	18	F	B	Farm laborer		LA
Johnson, Evelina	40	F	B	Domestic servant		LA
Johnson, Westley	24	M	B	Farm laborer		KY
Hall, Hanover	40	M	B	Farm laborer		LA
Hall, Azalie	36	F	B			LA
Hall, Josiah	15	M	B			LA
Hall, Sarah	10	F	B			LA
Hall, Josephine	8	F	B			LA
Hall, John	11	M	B			LA
Hall, Maria	6	F	B			LA
Hall, Jane	4	F	B			LA
Hall, Frozine	6/12	F	B			LA
Hall, Adam	60	M	B	Farm laborer		NC
Hall, Adam Jr	24	M	B	Farm laborer		LA
Hall, Emily	30	F	B			LA
Lee, Adam	50	M	B	Farm laborer		LA
Lee, Matilda	25	F	B	Farm laborer		LA
Lee, Adam	20	M	B	Farm laborer		LA

Family continues on next page

Name	Age	Sex	Race	Occupation	State
Lee, Matilda	5	F	B		LA
Lee, Kenny	3	M	B		LA
Lee, Thomas	1	M	B		LA
Pierson, William	30	M	B	Farm laborer	LA
Hill, William	26	M	B	Farm laborer	LA
Lewis, Joseph	27	M	B	Farm laborer	LA
Byas, Matthias	30	M	B	Farm laborer	LA
Byas, Caroline	20	F	B		LA
Byas, Eli	5	M	B		LA
Byas, Sophia	51	F	B	Farm laborer	LA
Williams, Isaac	25	M	B	Farm laborer	LA
Ellis, Abraham	40	M	B	Farm laborer	LA
Jackson, William	29	M	B	Farm laborer	LA
Allen, Elgee	51	M	B	Farm laborer	LA
Allen, Mary	52	F	B		LA
Byas, Elizabeth	13	F	B	Farm laborer	LA
Byas, Louis	20	M	B	Farm laborer	LA
Brown, Aaron	51	M	B	Farm laborer	LA
Brown, Louisiana	26	F	B		LA
Brown, Fanny	15	F	B		LA
Brown, Agnes	12	F	B		LA
Brown, Matilde	9	F	B		LA
Brown, George	6	M	B		LA
Brown, William	4	M	B		LA
Brown, Aaron	6/12	M	B		LA
Green, Amos	22	M	B	Farm laborer	GA
Green, Lilly	30	F	B		LA
Green, William	4	M	B		LA
Green, Ellen	1	F	B		LA
Alexander, Alfred	25	M	B	Farm laborer	LA

Family continues on next page

Alexander, Amelia	23	F	B		LA
Alexander, Mary	4	F	B		LA
Alexander, George	3/12	M	B		LA
Alexander, Samuel	26	M	B	Farm laborer	LA
Alexander, Celeste	23	F	B		LA
Watson, Collins	24	M	B	Farm laborer	LA
Watson, Mary	30	F	B		LA
Watson, Mariney	85	F	B		VA
Porter, Albert	21	M	B	Farm laborer	LA
Tape, John	22	M	B	Farm laborer	LA
John, William	25	M	M	Farm laborer	VA
Jones, Travis	61	M	M	Farm laborer	LA
Jones, Catherine	54	F	B		VA
Jones, Hercules	26	M	B	Farm laborer	VA
Jones, Lucinda	22	F	B		VA
Jones, Travis	16	F	B	Farm laborer	VA
Jones, Catherine	14	F	B	Farm laborer	VA
Jones, Prince	8	M	B		VA
Tabor, Richard	51	M	B	Farm laborer	NC
Tabor, America	40	F	B		LA
Tabor, Cilla	19	F	B	Farm laborer	LA
Thomas, William	25	M	B	Farm laborer	LA
Thomas, Richard	2/12	M	B		LA
Tabor, Ellen	16	F	B	Farm laborer	LA
Carter, Allen	50	M	B	Farm laborer	NC
Carter, Amy	50	F	B		NC
Jones, David	75	M	B	Farm laborer	NC
Jones, Margaret	41	F	B		LA
Jones, Josiah	19	M	B	Farm laborer	LA
Jones, Quintard	16	M	B	Farm laborer	LA
Jones, Elizabeth	8	F	B		LA
Jones, David	6	M	B		LA
Jones, Christina	4	F	B		LA

Martin, James W	50	M	W	Planter		GA
Atkins, Louisa	30	F	B	Domestic servant		LA
Atkins, James	10	M	B			LA
Atkins, Gallres (?)	9	M	B			LA
Atkins, John	7	M	B			LA
Atkins, Robert	2	M	B			LA
Johnson, Ephraim	24	M	B	Farm laborer		LA
Johnson, Julia	23	F	B			LA
Johnson, Nelly	3	F	B			LA
Johnson, Caroline	3	F	B			LA
Johnson, Eliza	2	F	B			LA
Johnson, Ephraim Jr	7/12	M	B			LA
Lee, Woodson	28	M	B	Farm laborer		LA
Lee, Matilda	80	F	B			LA
Lee, Mary	4	F	B			LA
Lee, Robert	4/12	M	B			LA
Newton, Henry	28	M	B	Farm laborer		LA
Newton, Rachel	26	F	B			LA
Newton, Henry	3	M	B			LA
Richardson, Elijah	30	M	B	Farm laborer		TN
Richardson, Lethe	26	F	B			LA
Richardson, Silvia	3	F	B			LA
Stevens, Shelby	50	M	B	Farm laborer		LA
Bailey, Jefferson	21	M	B	Farm laborer		LA
Bailey, Eva	22	F	B			LA
Woods, Jacko	27	M	B	Farm laborer		LA
Livingston, Frederick	28	M	B	Farm laborer		LA
Jones, Henry	21	M	B	Farm laborer		LA
Walker, John	55	M	B	Farm laborer		LA
Walker, Nancy	60	F	B			VA
Bailey, Tobias	19	M	B	Farm laborer		LA

Family continues on next page

Williams, Perry	28	M	B	Farm laborer	LA
Williams, Celeste	26	F	B		LA
Watson, William	30	M	B	Farm laborer	VA
Green, Joseph	35	M	B	Farm laborer	MD
Harvey, George	65	M	B	Farm laborer	VA
Harvey, Jones	19	M	B	Farm laborer	VA
Jackson, Isaac	22	M	B	Farm laborer	LA
Welch, Tucker	42	M	B	Farm laborer	KY
Welch, Harley	40	F	B		LA
Welch, Margaret	12	F	B		LA
Welch, Emma	4	F	B		LA
Welch, James	6/12	M	B		LA
Green, Tyler	75	M	B		LA
Picks, Louisa	31	F	B	Farm laborer	LA
Picks, George	6	M	B		LA
Picks, Eliza	6/12	F	B		LA
Lewis, David	8	M	B		LA
Lemar, Thomas	90	M	B		MD
Lemar, Frankie	104	F	B		MD
Wise, Rachel	51	F	B	Domestic Servant	LA
Wise, Harriett	25	F	B	Farm laborer	LA
Wise, Rachel	9	F	B		LA
Boye, James	65	M	B	Farm laborer	LA
Boye, Elsie	61	F	B		LA
Harrison, Andrew	41	M	B	Farm laborer	MS
Harrison, Sarah	35	F	B		LA
Harrison, Jane	11	F	B	Farm laborer	LA
Harrison, Thomas	7	M	B		LA
Harrison, James	36	M	B	Farm laborer	MS
Harrison, Rilla	33	F	B	Farm laborer	LA
Harrison, Johnson	9	M	B		LA
Harrison, Andrew	7	M	B		LA

Family continues on next page

Harrison, Stephen	6	M	B		LA
Harrison, George	4	M	B		LA
Harrison, William	30	M	B	Farm laborer	LA
Harrison, Matilda	22	F	B		LA
Harrison, Jane	1	F	B		LA
Smith, Samuel	21	M	B	Farm laborer	LA
Stewart, Caroline	18	F	B	Farm laborer	LA
Stewart, Kate	17	F	B	Farm laborer	LA
Hamilton, Charles	35	M	B	Farm laborer	LA

Inhabitants of Calcasieu Ward, Rapides Parish, Louisiana
7 Jul 1870 - 29 Jul 1870

Name	Age	Sex	Race	Occupation	Place of Birth
Clifton, Daniel	23	M	M	Planter	LA
Clifton, Rhoda	25	F	M		LA
Clifton, Violet	1	F	M		LA
Clifton, John	1/12	M	B		LA
Johnson, Rachal	48	F	B	Farm laborer	NC
Terrell, Violet	54	F	B		LA
Gorden, Anthony	54	M	B	Farm laborer	LA
Gorden, Julia	54	F	B	Farm laborer	GA
Stewart, Lafayette	25	M	B	Farm laborer	LA
Stewart, David	12	M	B	Farm laborer	LA
Stewart, Richard	10	M	B		LA
Langston, Isaac	38	M	B	Farm laborer	AL
Langston, Narcissa	31	F	B		LA
Langston, Mack	17	M	B	Farm laborer	LA
Langston, Esther	14	F	B		LA
Langston, Alexander	13	M	B		LA
Dorsett, Airey	45	M	B	Farm laborer	LA
Dorsett, Isaac	21	M	B	Farm laborer	LA
Baldwin, Richard	32	M	M	Farm laborer	AL
Baldwin, Tina	24	F	B		AL
Baldwin, Mary	4	F	B		LA
Kimball, Isabelle	27	F	B	Farm laborer	AL
Kimball, John	10	M	B		LA
Bath, Enoch	24	M	B	Farm laborer	GA
Bath, Mary	19	F	B		GA
Bath, Robert	5/12	M	B		LA

Name	Age	Sex	Race	Occupation	State
Jackson, Wilson	35	M	B	Farm laborer	LA
Young, Thomas	25	M	B	Farm laborer	LA
Anderson, Isaac	35	M	B	Farm laborer	LA
Dunham, Violet	48	F	B	Farm laborer	LA
Dunham, Martha	26	F	B	Farm laborer	LA
Dunham, Julia	20	F	B	Farm laborer	LA
Dunham, Mary	18	F	B	Farm laborer	LA
Dunham, Lafitte	16	M	B	Farm laborer	LA
Dunham, Ann	14	F	B	Farm laborer	LA
Dunham, David	11	M	B		LA
Dunham, James	9	M	B		LA
Dunham, Getta	8	F	B		LA
Dunham, Jefferson	6	M	B		LA
Dunham, Moses	4	M	B		LA
Dunham, Lizzie	3	F	B		LA
Dunham, Clem	2	M	B		LA
Dunham, Richard	8	M	B		LA
Dunham, Jerry	6	M	B		LA
Dunham, Rose	4	F	B		LA
Dunham, Mary	2	F	B		LA
Dunham, Peter	5/12	M	B		LA
Dunham, Magnolia	7/12	F	B		LA
Williams, George	21	M	B	Farm laborer	MS
Butler, William	36	M	B	Farm laborer	LA
Butler, Eliza	32	F	B	Farm laborer	LA
King, Jesse	30	M	W	Farmer	LA
Sheppard, Henry	15	M	B	Domestic servant	LA
Buckner, Alexander	28	M	B	Farm laborer	LA
Buckner, June	30	F	B	Farm laborer	LA
Buckner, Maria	16	F	B		LA
Buckner, Cora	13	F	B		LA
Buckner, Stephen	10	M	B		LA

Family continues on next page

Buckner, Grace A	4	F	B		LA
Buckner, Louise	3	F	B		LA
Hanworth, Jerry	45	M	B	Farm laborer	LA
Hanworth, Ellen	35	F	B	Farm laborer	LA
Williams, Lewis	65	M	M	Farmer	TN
Lewis, Sarah	42	F	M		NC
Lewis, Mary	5	F	M		LA
Lewis, Peter	2	M	M		LA
Phinx, George	64	M	B	Farm laborer	LA
William, Gilbert	39	M	M	Farm laborer	NC
William, Theressa	36	F	B	Farm laborer	LA
William, Fitzhue	15	M	B	Farm laborer	LA
William, Thomas	13	M	B	Farm laborer	LA
William, Freeman	11	M	B		LA
William, Temple	9	F	B		LA
William, Turner	6	M	B		LA
William, Sarah	2	F	B		LA
William, Wiley	19	M	B	Farm laborer	LA
William, Marzalia	14	F	B		LA
William, Hawkins	11	M	B		LA
Williams, Peter	47	M	B	Farm laborer	NC
William, Lucinda	50	F	B	Farm laborer	NC
Smith, Joseph	53	M	B	Farm laborer	LA
Smith, Hettie	50	F	M	Farm laborer	VA
Batus, Joseph	5	M	B		LA
Comdos, Aleck	14	M	B	Farm laborer	LA
Williams, Rachal	43	F	B	Farm laborer	LA

Inhabitants of Anacoco Ward, Rapides Parish, Louisiana
11 Jul 1870 - 28 Aug 1870

Name	Age	Sex	Race	Occupation	Place of Birth
Knights, Thomas	40	M	W	Farmer	GA
Knights, Adeline	20	F	B	Domestic servant	LA
Knights, Gernion	3	M	B		LA
Knights, John	1	M	B		LA
Knights, Matthew	70	M	B	Farm laborer	VA
Jones, Juney	22	M	B	Farm laborer	FL
Jones, Jane	26	F	B	Farm laborer	LA
Jones, Robert	1	M	B		LA
Miller, William	45	M	B	Farmer	LA
Miller, Hannah	35	F	B		LA
Miller, George	18	M	B	Farm laborer	LA
Miller, Leady	16	F	B		LA
Miller, Mary	14	F	B		LA
Miller, Cressy	10	F	B		LA
Miller, Baron	6	M	B		LA
Miller, Plesant	3	M	B		LA
Miller, Samuel	1	M	B		LA
Crawford, William	22	M	B	Farmer	GA
Crawford, Angeline	27	F	B		AL
Crawford, Albert	2	M	B		LA
Crawford, Caroline	1	F	B		LA
Bledsoe, Alce	50	M	B	Farmer	SC
Bledsoe, Mouncie	60	F	B		GA
Bledsoe, Sarah	20	F	B		AL
Bledsoe, Delila	17	F	B		AL
Bledsoe, Laura	15	F	B		TX
Bledsoe, Alec	13	M	B		TX
Bledsoe, Mahaley	10	F	B		TX

Family continues on next page

Bledsoe, Missouri	7	F	B		TX
Bledsoe, Ellen	8	F	B		TX
Brown, Amanda	27	F	B		AL
Brown, Georgeanna	3	F	B		TX
Ives, William	50	M	W	Farmer	KY
Ives, Rhoda	22	F	B	Domestic servant	MS
Ives, Hetter(?)	9	F	B		AR
Williams, Julias	24	M	B	Farm laborer	GA
Williams, Penney	24	F	B		LA
Williams, Molley	4	F	B		LA
Williams, Martha	2	F	B		LA
Williams, Elsey	16	F	B		LA
Crawford, James	50	M	B	Farmer	AL
Crawford, Martha	50	F	B		LA
Crawford, James	20	M	B		LA
Armstrong, Joseph	41	M	B	Farmer	LA
Armstrong, Harriett	35	F	B		LA
Armstrong, Eliza	19	F	B		TX
Armstrong, Ellen	8	F	B		TX
Armstrong, Louisiana	6	F	B		TX
Armstrong, Neal	2	M	B		TX
Armstrong, Oliver	1	M	B		TX
Armstrong, Mary	1/12	F	B		TX
Dickson, James	35	M	B	Farm laborer	AL
Dickson, Susanna	25	F	B		LA
Dickson, William	3	M	B		LA
Stephens, George	45	M	W	Farmer	AL
Stephens, Roseanna	15	F	B	Domestic servant	LA
Stephens, Jacob	12	M	R	Farm laborer	LA
Mouse, Henry	35	M	W	Farmer	LA
Mouse, Lewis	19	M	B	Farm laborer	LA

Obenion, William	50	M	W	Farmer	MS
Obenion, John	12	M	B	Farm laborer	LA
Daey, Sarah	31	F	W		LA
Daey, Nellie	30	F	B	Domestic servant	LA
Daey, Robert	9	M	B		LA
Daey, Judy	6	F	B		LA
Daey, Jerry	1	M	B		LA
Williams, Ement	60	M	B	Farm laborer	LA
Williams, Judy	55	M	B		LA
Williams, Ida	7	F	B		LA
Williams, Julia	19	F	B		LA
King, Cage	35	M	B	Farm laborer	GA
King, Priscilla	30	F	B		LA
King, Indiana	4	F	B		LA
King, Rachel	2	F	B		LA
King, Louisiana	1	F	B		LA
Scott, Lucinda	45	F	B		AL
Scott, George	10	M	B		LA
Floyd, Richard	35	M	B	Farm laborer	MS
Floyd, Sarah	30	F	B		LA
Floyd, Anna	8	F	B		LA
Floyd, Charles	6	M	B		LA
Floyd, Julia	1	F	B		LA
Turner, Joseph	17	M	M	Farm laborer	LA
Ford, Carolina	20	F	B	Domestic servant	LA
Brown, Armstead	65	M	B	Farm laborer	VA
Brown, Mary	60	F	B		AL
Brown, Henry	19	M	B	Farm laborer	LA
Brown, Emily	17	F	B	Farm laborer	LA
Brown, Robert	17	M	B	Farm laborer	LA
Brown, Nelson	11	M	B		LA
Brown, Ida	2	F	M		LA

Winfree, Eliza	35	F	B		LA
Winfree, Louis	6	M	B		LA
Winfree, Mary	2	F	B		LA
Smith, Isam	29	M	B	Farm laborer	FL
Washington, George	35	M	M	Farm laborer	TX
Washington, Hester	35	F	B		AL
Young, Robert	20	M	B	Farm laborer	FL
Smith, Jackson	16	M	B	Farm laborer	FL
Smith, Littleton	12	M	B		MS
Smith, Westley	12	M	B		MS
Washington, Doc	4	M	B		LA
Washington, Missouri	2	F	B		LA
Ford, Richard	40	M	B	Farm laborer	MS
Ford, Ellen	23	F	B		FL
Ford, Rant	8	M	B		LA
Ford, Sarah	4	F	B		LA
Ford, Bitt	2	F	B		LA
Harvey, Rose	25	F	B		TX
Harvey, Ellen	4	F	B		TX
Harvey, Emma	1	F	B		LA
Bryant, Elias	45	M	W		FL
Bryant, Samuel	13	M	B	Laborer	LA
Green, William	26	M	B	Farm laborer	TX
Green, Clara	18	F	B		LA
Tarlton, Hannah	20	F	B	Farm laborer	TX
Tarlton, Samuel	18	M	B	Teamster	TX
Gill, Hannah	45	F	B	Farm laborer	AL
Gill, Albert	14	M	B	Farm laborer	LA
Gill, Eliza	12	F	B		LA
Gill, Judy	10	F	B		LA
Gill, Matilda	9	F	B		LA

Kiper, Josiah	33	M	B	Farm laborer	LA
Kiper, Chloe	25	F	B		LA
Hatch, Sarah	110	F	B		Africa
(Parents were foreign born)					
Hatch, Ostian	18	F	B	Farm laborer	LA
Hatch, Henry	2	M	B		LA
Hatch, Thadius	30	M	B	Farm laborer	LA
Hatch, Frances	35	F	B		LA
Hatch, Lafayette	20	M	B	Farm laborer	LA
Hatch, Preston	12	M	B	Farm laborer	LA
Hatch, Louisa	9	F	B		LA
Hatch, Augustus	4	M	B		LA

Inhabitants of Pineville Ward, Rapides Parish, Louisiana
12 Jul 1870 - 23 Jul 1870

Name	Age	Sex	Race	Occupation	Place of Birth
Wallace, John	43	M	W	Laborer	LA
Smith, Flora	9	F	B	Domestic servant	LA
Lucas, James	60	M	B	Farmer	VA
Lucas, Marie	40	F	B		KY
Lucas, Peter	15	M	B		LA
Lucas, Eliza	3	F	B		LA
Franks, John	22	M	W	Farm laborer	LA
Lewis, Peter	22	M	B	Farm laborer	LA
Howard, Jack	15	M	B	Farm laborer	LA
Hickman, Mary L	34	F	W		LA
Anderson, Catherine	50	F	B	Domestic servant	LA
Brown, Robert	50	M	B	Farm laborer	LA
Brown, Martha	25	F	B		LA
Brown, Charles	7	M	B		LA
Brown, Charlotte	12	F	B		LA
Hyson, Thomas	40	M	B	Farm laborer	LA
Hyson, Elizabeth	30	F	B		LA
Dodson, Mack C	45	M	W	Farm laborer	GA
Scott, Frank	56	M	B	Farm laborer	TN
Scott, Lucinda	25	F	B		AR
Skinner, Hebert	53	M	B	Laborer	GA
Skinner, Ellen	30	F	B		LA
Skinner, Winnie	8	F	B		LA
Skinner, Martha A	4	F	B		LA
Skinner, Vansler	9/12	M	B		LA

Howard, Manuel	55	M	B	Farm laborer	VA
Howard, Winnie	30	F	B	Farm laborer	LA
Howard, Eliza	25	F	B	Farm laborer	LA
Howard, Jane	3	F	B		LA
Howard, Samuel	9/12	M	B		LA
Howard, Manuel Jr	21	M	B	Farm laborer	LA
Howard, Peter	20	M	B	Farm laborer	LA
Howard, Jack	18	M	B	Farm laborer	LA
Howard, Wash	14	M	B	Farm laborer	LA
Howard, Aleck	6	M	B		LA
Hockit, Andrew	45	M	B	Farm laborer	LA
Hockit, Eliza	33	F	B	Farm laborer	LA
Hockit, John	9	M	B		LA
Hockit, Andrew Jr	7	M	B		LA
Hockit, Dinah	4	F	B		LA
Hockit, Charles	1	M	B		LA
Clark, James	50	M	B	Farm laborer	LA
Clark, Isabella	28	F	B		LA
Clark, George	6	M	B		LA
Clark, Emma	3	F	B		LA
Clark, Mary	7/12	F	B		LA
Gregory, John T	45	M	W		TN
Watson, John H	16	M	B	Laborer	KY
Scott, Edwin	40	M	B	Farm laborer	LA
Scott, Julia	30	F	B	Farm laborer	NC
Scott, Rose	21	F	B		LA
Scott, Isaac	5	M	B		LA
Scott, Orlando	2	M	B		LA
Scott, John	6	M	B		LA
Cole, Hannah	35	F	B		VA
Cole, Lucinda	17	F	B		VA
Cole, Sarah	10	F	B		VA
Cole, Martin	8	M	B		VA

Family continues on next page

Cole, Bettie	6	F	B			VA
Cole, Ellen	4	F	B			VA
Cole, Chainey	45	F	B			NC
Edwards, Robert	26	M	B	Farm laborer		TN
Hollins, Hyman	26	M	B	Farm laborer		GA
Hollins, Jane	25	F	B	Farm laborer		LA
Hollins, Westley	6	M	B			LA
Hollins, Frances	2	F	B			LA
Hollins, William	5	M	B			LA
Albert, Henry	45	M	B	Farm laborer		MD
Albert, Nancy	30	F	B			LA
Albert, Perry	13	M	B			LA
Wilmont, Charles	28	M	B	Farm laborer		MD
Wilmont, Louisa	25	F	B			LA
Wilmont, Danra	4	M	B			LA
Wilmont, Jack	8	M	B			LA
Wilmont, Landre	7/12	M	B			LA
Tenix, David	50	M	B	Farm Laborer		MD
Allen, Joseph	59	M	W	Planter		SC
Hayden, Richard	63	M	B	Domestic servant		VA
Hayden, Rebecca	60	F	B	Domestic servant		KY
Hayden, Aracca	65	F	B	Domestic servant		VA
Smith, Abraham	70	M	B	Farm laborer		MD
Smith, Nancy	40	F	B			SC
Smith, Betsy	9	F	B			LA
Tilman, Isaac	26	M	B	Farm laborer		LA
Tilman, Amelia	24	F	B			LA
Tilman, Amanda	20	F	B			TX
Tilman, Stepney	1	M	B			LA
Tilman, Isaac	3/12	M	B			LA
Tilman, Martha	15	F	B			LA
Green, Winnie	14	F	B			LA

Wilson, Wash	23	M	B	Farm laborer	LA
Wilson, Elrey	15	F	B		LA
Lewis, Andrew	20	M	B	Farm laborer	KY
Lewis, Caroline	45	F	B		LA
Lewis, Louisa	12	F	B		LA
Lewis, Mary	9	F	B		LA
Lewis, Elizabeth	7	F	B		LA
Lewis, Isaac Louis	17	M	B	Farm laborer	LA
Lewis, Alsey	19	F	B	Farm laborer	LA
Green, Levi	21	M	B	Farm laborer	LA
Green, Winnie	16	F	B		LA
Anderson, George	30	M	B	Laborer	GA
Alston, Stephen	34	M	B	Farmer	LA
Alston, Rachal	30	F	B		NC
Alston, Ray	12	M	B		LA
Ryland, Jeptha	30	M	W	Farmer	GA
Pruitt, Stephen	22	M	B	Farm laborer	LA
Pruitt, Charlotte	18	F	B	Domestic servant	LA
Newell, John A	45	M	W	Farmer	MS
Hooper, Rebecca	5	F	M		LA
Hooper, Margaret	108	F	B		Africa
(Parents were foreign born)					
Harris, Sidney W	22	M	W	Farmer	KY
Harvis, Joseph	25	M	B	Farm laborer	KY
Price, Elnora	31	F	W		LA
Henderson, James	60	M	B	Farm laborer	MS
Carter, Henry	31	M	B	Farm laborer	LA
Carter, Charlotte	39	F	B		LA
Carter, Robert	8	M	B		LA
Brooks, Mathew	9	M	B		LA
Perry, Malinda	81	F	B		LA

Name	Age	Sex	Race	Occupation	Birthplace
Fields, Allen	65	M	B	Farm laborer	VA
Fields, Anna	60	F	B		MD
Fields, Tillman	18	M	B		LA
Fields, Julius	14	M	B		LA
Carter, Stewart	50	M	B	Farm laborer	FL
Carter, Deffin	26	F	B		LA
Carter, Daniel	4	M	B		LA
Carter, London	2	M	B		LA
Carter, Eliza A	1	F	B		LA
Young, Van	25	M	B	Farm laborer	LA
Young, Louisa	26	F	B		LA
Young, Emma	2	F	B		LA
Young, Sam	6/12	M	B		LA
Seals, Fernando	27	M	B	Farm laborer	LA
Seals, Delta	22	F	B		LA
Seals, Emma	2	F	B		LA
Seals, Austin	1	M	B		LA
Holmes, Peter	40	M	B	Farm laborer	FL
Holmes, Fanny	25	F	B		LA
Holmes, Bebley	10	M	B		LA
Holmes, Abraham	9	M	B		LA
Holmes, Richard	8	M	B		LA
Holmes, Eliza	4	F	B		LA
Holmes, Juda	1	F	B		LA
Davis, Robert	48	M	B	Farm laborer	TN
Davis, Clarissa	40	F	B	Farm laborer	VA
Davis, Abraham	20	M	B	Farm laborer	LA
Davis, Isaac	15	M	B	Farm laborer	LA
Davis, Dinah	13	F	B		LA
Davis, Robin	12	M	B		LA
Davis, William	10	M	B		LA
Davis, Polly	6	F	B		LA
Davis, Milley	5	F	B		LA

Davis, Antione	4	M	B		LA
Bevley, John	50	M	B	Farm laborer	VA
Bevley, Eliza	40	F	B		VA
Bevley, Dudley	18	M	B	Farm laborer	VA
Bevley, Theodore	22	M	B	Farm laborer	VA
Johnson, Rebecca	21	F	B		VA
Johnson, Alec	23	M	B		VA
Holmes, Abraham	8	M	B		VA
Welshe, Peter	40	M	B	Farm laborer	VA
Welshe, Susan	30	F	B		LA
Welshe, William	21	M	B	Farm laborer	LA
Welshe, Royal	18	M	B	Farm laborer	LA
Welshe, Royal	50	M	B	Farm laborer	VA
Welshe, Helen	30	F	B		VA
Welshe, John	20	M	B		LA
Parks, John	18	M	B	Farm laborer	LA
Parks, Sallie	11	F	B		LA
Parks, Flora	9	F	B		LA
Parks, Helsia	6	F	B		LA
Parks, Manuel	2	M	B		LA
Morgan, Frank	40	M	W		SC
Morgan, Nancy	40	F	B		VA
Morgan, David	18	M	M		LA
Morgan, Caroline	17	F	M		LA
Morgan, Susan	13	F	M		LA
Morgan, Joel	11	M	M		LA
Morgan, Sarah	9	F	M		LA
Irving, Emma	6	F	M		LA
Tolbert, Daniel	40	M	B	Farm laborer	MD
Tolbert, Ann	25	F	B		LA
Tolbert, Lydia Ann	1	F	B		LA
Westley, Nathan	35	M	B	Farm laborer	VA
Allen, Hannah	45	F	B		MD
Allen, Efrin	11	M	M		MS

Allen, Frank	7	M	M			MS
Robinson, Kitty	83	F	M			VA
Robinson, Washington	45	M	B	Farm laborer		LA
Robinson, Susanna	48	F	B			LA
Robinson, Charlotte	18	F	B			LA
Robinson, Washington	14	M	B			LA
Robinson, Jack	6	M	B			LA
Robinson, John	4	M	B			LA
Robinson, Susanna	1	F	B			LA
Maguire, Henry	30	M	B	Farm laborer		VA
Maguire, Dolly	30	F	B			LA
Maguire, Susan	4	F	B			LA
Washington, Lippo	45	M	B	Farm laborer		SC
Washington, Esther	35	F	B			VA
Washington, George	20	M	B			MS
Washington, Lewis	19	M	B			MS
Holt, Isaac	50	M	B	Carpenter		LA
Holt, Clara	52	F	B			LA
White, Thim	50	M	B	Farm laborer		VA
White, Eliza	54	F	B			VA
Banks, William	4	M	B			LA
Lewis, Curtis F	56	M	W	Retired merchant		ME
Banks, Julia	50	F	B	Domestic servant		LA
Banks, Hannah	12	F	B	Domestic servant		LA
Banks, Moses	10	M	M			LA
Banks, William	4	M	M			LA
Banks, Mary	1	F	M			LA
Mead, Harry	60	M	W			KY
Vailes, Robert	29	M	W			LA
Tau, Ellen	14	F	M	Domestic servant		LA
Baker, Eli	12	M	M	Domestic servant		LA
Coleman, Benjamin	60	M	B	Farm laborer		VA

Family continues on next page

Coleman, Agnes	58	F	B	Farm laborer	VA
Coleman, Hayes	2	M	B		LA
Coleman, Grandfield	10	M	B		LA
Cannon, William	40	M	B	Farm laborer	LA
Cannon, Sallie	60	F	B		LA
Smith, Lamas	73	M	B	Farm laborer	SC
Smith, Rachal	50	F	B		NC
Sley, Henry	30	M	B	Farm laborer	LA
Sley, Margaret	25	F	B	Cook	LA
Sley, Lizzie	5	F	B		LA
Sley, William	3	M	B		LA
Sley, Josephine	6/12	F	B		LA
Sanders, Clem	27	M	B	Farm laborer	LA
Sanders, Lucy	20	F	B		LA
Sanders, Sallie	7	F	B		LA
Sanders, Susan	5	F	B		LA
Sanders, Rease	2	M	B		LA
Slye, William	75	M	B	Farm laborer	VA
Slye, Utah	19	M	B	Farm laborer	LA
Washington, Martha	16	F	B		LA
Johnson, Samuel	65	M	B	Farm laborer	VA
Johnson, Amanda	60	F	B	Farm laborer	VA
Johnson, Walter	13	M	B	Farm laborer	LA
Johnson, Margaret	9	F	B		LA
Johnson, Fleming	4	M	B		LA
Johnson, Fenton	3	M	B		LA
Pink, Maria	70	F	B	Farm laborer	VA
Pink, Robert	26	M	B	Farm laborer	VA
Pink, Chaino (?)	24	F	B	Farm laborer	VA
Pink, Albert	3	M	B		LA

Name	Age	Sex	Race	Occupation	Birthplace
Allen, Julius	60	M	B	Farm laborer	VA
Allen, Betsy	50	F	B		VA
Noyes, Joshua	25	M	B	Farm laborer	LA
Noyes, Leone	27	F	B		LA
Noyes, Laura	5	F	B		LA
Noyes, Joseph	2	M	B		LA
Griffin, Dennis	60	M	B	Farm laborer	VA
Griffin, Milley	50	F	B	Farm laborer	VA
Griffin, Dennis	18	M	B	Farm laborer	LA
Griffin, Jeanette	12	F	B	Farm laborer	LA
Griffin, Stewart	10	M	B		LA
Griffin, Madison	8	M	B		LA
Griffin, Carrol	12	M	B		LA
Griffin, Milley	17	F	B		LA
Clark, Charles	70	M	B	Farm laborer	MD
Clark, Maud	50	F	B	Farm laborer	MD
Blue, Frank	17	M	B	Farm laborer	LA
Watson, Simon	65	M	B	Farm laborer	VA
Watson, Betsy	50	F	B	Farm laborer	VA
Watson, Mary	20	F	B	Farm laborer	LA
Watson, Louis	22	M	B	Farm laborer	LA
Watson, Charity	24	F	B		LA
Watson, Linda	9/12	F	B		LA
Watson, Cordelia	9/12	F	B		LA
Walker, George	35	M	B	Farm laborer	LA
Walker, Susan	35	F	B	Farm laborer	LA
Walker, Nancy	2/12	F	B		LA
Gregley, Sampson	70	M	B	Farm laborer	NC
Gregley, Charlotte	39	F	B	Farm laborer	VA
Gregley, Crissia	6	F	B		LA
Gregley, Spencer	30	M	B	Farm laborer	LA
Gregley, Matilda	23	F	B	Farm laborer	LA

Family continues on next page

Gregley, Linda	6/12	F	B		LA
Gregley, Ann	5	F	B		LA
Gregley, Aleck	13	M	B		LA
Mickes, Louis	35	M	B	Farm laborer	LA
Mickes, Harriett	40	F	B	Farm laborer	LA
Robertson, Eliza	40	F	B	Farm laborer	LA
Wilson, James	45	M	B	Farm laborer	LA
Wilson, Charity	12	F	B		LA
Wilson, Susan	10	F	B		LA
Wilson, Milley	5	F	B		LA
Wilson, Elsey	2	F	B		LA
Wilson, Tynia	11	F	B		LA
Wilson, Tennie	11	F	B		LA
Dobbin, Aam	65	M	B	Farm laborer	VA
Dobbin, Lucy	50	F	B	Farm laborer	VA
Jones, David	50	M	B	Farm laborer	VA
Jones, Susan	40	F	B		LA
Jones, Tilda	11	F	B		LA
Robertson, Aleck	30	M	B	Farm laborer	LA
Robertson, Mary	30	F	B	Farm laborer	LA
Robertson, Len	5	M	B		LA
Jenson, Moses	50	M	B	Farm laborer	NC
Jenson, Bilson	50	F	B	Farm laborer	TN
Allen, Julius	25	M	B	Farm laborer	LA
Allen, Mary	22	F	B		LA
Allen, Julius	2	M	B		LA
Allen, Frank	4	M	B		LA
Powal, Andy	40	M	B	Farm laborer	LA
Powal, Laura	35	F	B		LA
Powal, Henry	8	M	B		LA
Powal, Susan	9/12	F	B		LA

Name	Age	Sex	Race	Occupation	Birthplace
Johnson, Bowman	37	M	M	Farm laborer	LA
Johnson, Martha	31	F	M	Farm laborer	LA
Johnson, Emily	3	F	M		LA
Johnson, Horace	10/12	M	M		LA
Henderson, Martha	60	F	B	Farm laborer	VA
Blue, Nancy	57	F	B	Farm laborer	VA
Blue, Agnes	17	F	B	Farm laborer	LA
Blue, Lydia	16	F	B	Farm laborer	LA
Blue, Elisabeth	14	F	B	Farm laborer	LA
Watson, Arthur	25	M	B	Farm laborer	LA
Watson, Eda	35	F	B	Farm laborer	GA
Watson, Patrick	9	M	B		LA
Watson, Amelia	7	F	B		LA
Watson, Noble	4	M	B		LA
Watson, Squire	2	M	B		LA
Wallace, William	60	M	B	Farm laborer	VA
Wallace, Filisia	35	F	B	Farm laborer	MS
Scott, Harriett	12	F	B	Farm laborer	LA
Green, Betsy	5	F	B		LA
Wallace, Amanda	2	F	B		LA
Tea, John	40	M	B	Domestic servant	VA
Tea, Amy	22	F	B	Domestic servant	LA
Tea, William	4	M	B		LA
Tea, Albert	10/12	M	B		LA
Winn, William	74	M	M	Domestic servant	VA
Winn, Martha	62	F	M	Domestic servant	VA
Parker, Martha	2	F	M		LA
Blue, Sarah	65	F	M	Domestic servant	VA
Frisburg, William	52	M	B	Domestic servant	MD
Frisburg, Susan	46	F	B	Domestic servant	VA

Crockit, Annie	15	F	B	Domestic servant	LA
Jones, Frederick	46	M	B	Farm laborer	VA
Jones, Mary	40	F	B	Farm laborer	VA
Borax, Arthur	15	M	B	Farm laborer	LA
Borax, Batise	11	M	B	Farm laborer	LA
Jones, Eliza	20	F	B	Farm laborer	LA
Walker, Samuel	22	M	B	Farm laborer	VA
Walker, Rachal	17	F	B	Farm laborer	LA
Young, Sigh	18	M	B	Farm laborer	LA
Young, Harriett	45	F	B		LA
Thornton, Aaron	40	M	B	Farm laborer	VA
Thornton, Milly	35	F	B	Farm laborer	MS
Thornton, Ellen	21	F	B	Farm laborer	LA
Thornton, Sallie	21	F	B	Farm laborer	LA
Thornton, Patsy	15	F	B	Farm laborer	LA
Thornton, Elisabeth	13	F	B	Farm laborer	LA
Thornton, Mary	12	F	B	Farm laborer	LA
Sparks, Aleck	22	M	B	Farm laborer	LA
Griffin, Enis	35	M	B	Farm laborer	VA
Griffin, Margaret	21	F	B	Farm laborer	MS
Goun, Benjamin	55	M	B	Farm laborer	VA
Goun, Harriett	40	F	B	Farm laborer	LA
Manuel, John	40	M	B	Farm laborer	VA
Manuel, Susan	27	F	B	Farm laborer	LA
Manuel, Gasien	21	F	B	Farm laborer	LA
Manuel, Franklin P	17	M	B	Farm laborer	LA
Manuel, John	12	M	B	Farm laborer	LA
Manuel, Kitty	2	F	B		LA
Ennis, Willis	27	M	B	Farm laborer	LA
Ennis, Annaca	18	F	B	Farm laborer	LA
Ennis, Louisa	4	F	B		LA
Ennis, Willis	5/12	M	B		LA

Name	Age	Sex	Race	Occupation	Birthplace
Richardson, James	40	M	B	Farm laborer	MO
Richardson, Amelia	30	F	B		MO
Richardson, Lucy	10	F	B		LA
Richardson, Angeline	9	F	B		LA
Richardson, Dolly	4	F	B		LA
Richardson, Cloy	3/12	F	B		LA
Alexander, Willis	21	M	B	Farm laborer	MS
Alexander, Susan	23	F	B	Farm laborer	MS
Wisdom, Sampson	50	M	B	Farm laborer	VA
Wisdom, Emily J	36	F	B	Farm laborer	LA
Olivia, Isaac	24	M	B	Farm laborer	MS
Scott, Adam	43	M	B	Farm laborer	LA
Scott, Victoria	50	F	B	Farm laborer	LA
Scott, Amwrica	15	F	B	Farm laborer	LA
Scott, Sophia	9	F	B		LA
Gordon, Jordon	21	M	B	Farm laborer	LA
Simes, Roster	13	M	B	Farm laborer	LA
Wailes, Nelson	23	M	B	Farm laborer	LA
Williams, Manqua	70	M	B	Farm laborer	VA
Williams, Milly	70	F	B	Farm laborer	TN
Ray, Joseph	22	M	B	Farm laborer	LA
Ray, Susan	19	F	B		LA
Ray, Norman	1	M	B		LA
Ray, Samuel	80	M	B		VA
Fields, Thomas	35	M	B	Farm laborer	LA
Fields, Johanna	30	F	B	Farm laborer	LA
Fields, Mahala	13	F	B		LA
Fields, Tennessee	9	F	B		LA
Fields, Aleck	6	M	B		LA
Fields, Beckie	3	F	B		LA
Fields, Nancy	4	F	B		LA

Family continues on next page

Name	Age	Sex	Race	Occupation	State
Fields, Joseph	1	M	B		LA
Coleman, Philis	21	F	B	Farm laborer	LA
Welsh, Sampson	30	M	B	Farm laborer	LA
Welsh, Adway	25	F	B	Farm laborer	LA
Welsh, William	15	M	B	Farm laborer	LA
Welsh, Tilda	14	F	B	Farm laborer	LA
Welsh, Laura	8	F	B		LA
Welsh, Marcey	4	M	B		LA
Welsh, Letty	4	F	B		LA
Welsh, Welsh	1	M	B		LA
Williams, Sidney	26	M	B	Farm laborer	MS
Williams, Catherine	22	F	B	Farm laborer	LA
Williams, Chrino (?)	1	F	B		LA
Vincen, Richard	30	M	B	Farm laborer	LA
Vincen, Isabella	30	F	B	Farm laborer	LA
Vincen, Nathan	12	M	B	Farm laborer	LA
Vincen, Ransom	11	M	B		LA
Vincen, Alfred	5	M	B		LA
Vincen, Henry	3	M	B		LA
Vincen, Mary	1	F	b		LA
Ray, Ellen	20	F	B	Farm laborer	LA
Ray, Jane	14	F	B		LA
Ray, Mary	2	F	B		LA
Brown, James	34	M	B	Farm laborer	MS
Brown, Milley	25	F	B	Farm laborer	MS
Brown, Richard	12	M	B		MS
Brown, Nicholas	12	M	B		MS
Brown, James A	9	M	B		MS
Brown, Mary E	3	F	B		MS
Brown, Martha T	3	F	B		MS
Brown, John B	1	M	B		MS
Dent, James	56	M	B	Farm laborer	MD
Dent, Levina	30	M	B	Farm laborer	MD

Dent, Mary	60	F	B			NY
Williams, Benjamin	10	M	B			NY
Pearse, Joseph	3	M	M			NY
Woods, John	55	M	M	Farm laborer		MD
Woods, Cinthia	40	F	M	Farm laborer		MD
Duncan, Daniel	30	M	M	Farm Laborer		MD
Powall, Parker	38	M	B	Farm laborer		VA
Powall, Sarah	37	F	B	Farm laborer		MD
Jackson, Andrew	30	M	B	Domestic servant		MO
Jackson, Mary Ann	25	F	B	Domestic servant		LA
Jackson, Rand L	11	M	B			LA
Jackson, Adelia	8	F	B			LA
Jackson, Roda	10/12	F	B			LA
Holmes, George	25	M	B	Farm laborer		LA
Holmes, Tasko (?)	20	F	B			LA
Holmes, Fanny	12	F	B			LA
Holmes, Isaac	3	M	B			LA
Holmes, Mildred	1	F	B			LA
Williams, Anderson	45	M	B	Farm laborer		LA
Williams, Rachal	30	F	B	Farm laborer		LA
Williams, Richard	16	M	B			LA
Williams, Roland	12	M	B			LA
Williams, Harriett	15	F	B			LA
Williams, Cattie	9	F	B			LA
Williams, Jane	5	F	B			LA
Williams, Anderson Jr	4	M	B			LA
Williams, Napoleon	10/12	M	B			LA
Williams, Peter	60	M	B	Laborer		LA
Douglas, Stephen	20	M	M			LA
Davis, Alfred	25	M	B	Farm laborer		LA
Davis, Henrietta	21	F	B			LA

Martin, Silvia	60	F	B		VA
Holsteine, Selise	40	F	B	Farm laborer	LA
Hopkins, Mary	22	F	B		LA
Hopkins, Clementine	13	F	B		LA
Gillin, John	22	M	B	Farm laborer	LA
Grinstade, Elisha T	57	M	W	Farmer	GA
Grinstade, Lucy	30	F	B		MS
Grinstade, Mary	28	F	M		MS
Grinstade, Alexander	19	M	M		MS
Grinstade, Alice	14	F	M		LA
Grinstade, Pink	9	F	M		LA
Grinstade, Rosalie	7	F	M		LA
Joseph, George	31	M	B	Saw mill hand	AL
Joseph, Louisa	25	F	B		AL
Joseph, Thomas	3	M	B		LA
Green, Washington	33	M	M	Saw mill laborer	LA
Green, Julia	39	F	M		LA
Harrison, Alison	35	M	B	Saw mill laborer	VA
Harrison, Lilly	25	M	B		VA
Simes, Rural	40	M	B	Saw mill laborer	VA
Mason, Henry	25	M	M	Saw mill laborer	AL
Warrington, Nicholas	50	M	B	Farm laborer	MD
Warrington, Rachal P	45	F	B		NC
Warrington, William	13	M	B		LA
Warrington, John	8	M	B		LA
Warrington, Joseph	7	M	B		LA
Warrington, Felicia	30	F	B	Farm laborer	LA
Grey, William L	68	M	W	Farmer	VA
Grey, Rosalia	35	F	B		LA

Name	Age	Sex	Race	Occupation	Birthplace
Solibellas, Joseph M	84	M	W	Retired merchant	LA
Brown, Margaret	20	F	B	Domestic servant	MS
Brown, Sarah	3	F	B		MS
Brown, Benjamin	10/12	M	B		MS
Brown, Frances	3	F	Indian		MS
Taylor, Angeline	40	F	B		LA
Taylor, Eliza	20	F	B	Farm laborer	LA
Taylor, Francis	18	M	B	Farm laborer	LA
Taylor, Mary	14	F	B		LA
Adson, James	26	M	B	Farm laborer	LA
Adson, Caroline	24	F	B		LA
Adson, Ebenezar	2	M	M		LA
Adson, Addie A	4	F	B		LA
Washington, George	70	M	B	Farm laborer	VA
Moore, Rolly	70	M	B	Farm laborer	VA
Moore, Sarah	6	F	B		VA
Ray, Randal	60	M	B	Farm laborer	VA
Ray, Phoeba	40	F	B	Farm laborer	LA
Ray, Colla	14	F	B	Farm laborer	LA
Ray, Sarah	13	F	B		LA
Ray, Warren	9	M	B		LA
Ray, Lucy	4	F	B		LA
Ray, Nancy	2	F	B		LA
Ray, Harrison	15	M	B		LA
Baxter, Thomas K	60	M	B	Farm laborer	VA
Baxter, Mary	50	F	B	Farm laborer	VA
Baxter, Peter	22	M	B	Farm laborer	VA
Baxter, Susan	18	F	B	Farm laborer	LA
Baxter, Samuel	14	M	B	Farm laborer	LA
Baxter, Josephine	12	F	B		LA

Inhabitants of Cotile Ward, Rapides Parish, Louisiana
14 Jul 1870 - 18 Jul 1870

Name	Age	Sex	Race	Occupation	Place of Birth
Johnson, Ernest	23	M	B	Farm laborer	LA
Johnson, Mary	21	F	B		LA
Johnson, Mack	3	M	B		LA
Johnson, Charlotte	2	F	B		LA
Sheppard, Nelson	50	M	B	Farm laborer	VA
Sheppard, Lucy	35	F	B	Farm laborer	GA
Dorsett, Georgia	10	F	B		LA
Harlin, Mary	49	F	B	Domestic servant	GA
Harlin, Lydia A	18	F	B	Domestic servant	FL
Harlin, William	14	M	B	Domestic servant	TX
Harlin, James D	11	M	B		TX
Harlin, Joan A	9	M	B		TX
Woods, John	65	M	B	Farm laborer	LA
Woods, Jennie	50	F	B	Farm laborer	LA
Woods, Ann	27	F	B	Farm laborer	LA
Woods, Margaret	18	F	B		LA
Woods, Viney	16	F	B		LA
Woods, Charles	10	M	M		LA
Woods, Frank	9	M	M		LA
Woods, Dilsey	5	F	M		LA
Woods, Milly	3	F	M		LA
Thomas, Abraham	70	M	B	Farm laborer	VA
Jones, Austin	21	M	B	Farm laborer	LA
Jones, Emma	17	F	B		LA
Berry, Andrew	38	M	B	Farm laborer	SC
Berry, Andrew Jr	10	M	B	Farm laborer	LA
Berry, John	13	M	B	Farm laborer	AR

Johnson, Jack	25	M	B	Farm laborer	LA
Johnson, Nancy	26	F	B	Farm laborer	LA
Horace, Henry	60	M	B	Farm laborer	LA
Horace, Betsey	55	F	B	Farm laborer	NC
Bridefort, Sarah	60	F	B		MD
Bridefort, Antiom	40	M	B	Farm laborer	MD
Hollie, William	57	M	M	Farm laborer	VA
Hollie, Louisa J	40	M	M	Farm laborer	LA
Hollie, Sarah	25	F	M	Farm laborer	LA
Hollie, Cora	20	F	M	Farm laborer	LA
Hollie, Rosianna	16	F	M	Farm laborer	LA
Gasson, Charles	23	M	M	Farm laborer	VA
Smith, Martha	5	F	M		LA
Smith, Sarah	4	F	M		LA
Smith, Jefferson	13	M	B	Farm laborer	LA
Hall, Jackson	45	M	B	Farm laborer	LA
Hall, Lucy	45	F	B	Farm laborer	LA
Hall, Richard	20	M	B	Farm laborer	LA
Hall, Anna	12	F	B		LA
Genis, Briny	23	M	B	Farm laborer	LA
Genis, Cressley	22	F	B	Farm laborer	LA
Genis, Isaac	2	M	B		LA
Kimble, Samuel	45	M	B	Farm laborer	LA
Kimble, Matilda	35	F	B		LA
Green, Washington	9	M	B		LA
Hackins, Carolina	22	F	B	Domestic servant	LA
Hackins, Frank	4	M	B		LA
Thomas, Harriett	24	F	B	Domestic servant	LA
Thomas, Charity	6	F	B		LA
Thomas, Halley A	6/12	F	B		LA
Thomas, Henry	22	M	B	Farm laborer	LA

Family continues on next page

Thomas, Kitty C	23	F	B	Domestic servant	LA
Thomas, Nancy	6/12	F	B		LA
Jackson, Griffin	21	M	B	Farm laborer	LA
Jackson, Ann	18	F	B	Farm laborer	LA
Jackson, Henry	8/12	M	B		LA
Harvey, Osborn	24	M	B	Farm laborer	MO
Harvey, Eliza	21	F	B		AL
Harvey, William	3	M	B		LA
Harvey, Albert	5/12	M	B		LA
Walter, Frances	15	F	B		LA
Hamilton, Joseph	70	M	B		SC
Hamilton, Nancy	35	F	B		VA
Bentley, Granville	25	M	B	Farm laborer	VA
Bleney, Joseph	23	F	B	Farm laborer	VA
Bachelor, Charles	19	M	B	Farm laborer	TN
Green, Samuel	27	M	B	Farm laborer	VA
Bolton, Moses	30	M	B	Farm laborer	VA
Brown, Simon	65	M	B	Farm laborer	VA
Brown, Betsey	55	F	B	Farm laborer	VA
Brown, Sam	17	M	B	Farm laborer	LA
Brown, Nancy	11	F	B		LA
Brown, William	30	M	B	Farm laborer	LA
Brown, Charlottle	25	F	B	Farm laborer	LA
Brown, Ellen	7	F	B		LA
Brown, Eliza	4	F	B		LA
Brown, William	2	M	B		LA
Battle, Amolius	27	M	B	Farm laborer	TX
Lacy, Frank	23	M	B	Farm laborer	Mexico

(Parents were foreign born)

Colies, James W	23	M	B	Farm laborer	PA

Taylor, Lacheria	18	M	B	Farm laborer	LA
Frazer, Tennessee	25	M	B	Farm laborer	TX
Jones, Jefferson	24	M	B	Farm laborer	TX
Griffin, Jack	38	M	B	Farm laborer	LA
Griffin, Maria	44	F	B		LA
Griffin, Henry	10	M	B		LA
Lewis, Willie	18	M	B	Farm laborer	LA
Goesband, John	33	M	B	Farm laborer	PA
Goesband, Emma	26	F	B	Farm laborer	LA
Gouldman, Louis	30	M	B	Farm laborer	KY
Gouldman, Celia	30	F	B	Farm laborer	LA
Gouldman, Jenny	10	F	B		LA
Gouldman, Charles	6	M	B		LA
Haus, John	25	M	B	Farm laborer	KY
Parker, William	18	M	B	Farm laborer	LA
Harris, Thomas	30	M	B	Farm laborer	NC
Harris, Sarah	21	F	B		LA
Hackins, Fenney	65	M	B	Farm laborer	NC
Hackins, Nancy	50	F	B	Farm laborer	LA
Hackins, Samuel	12	M	B		LA
Hall, Richard	17	M	B	Farm laborer	LA
Logan, Lewis	18	M	B	Farm laborer	LA
Keese, Western	16	M	B	Farm laborer	LA
Keese, Sam	14	M	B	Farm laborer	LA
Jones, Monroe	40	M	B	Farm laborer	LA
Jones, Minnie	26	F	B		LA
Jones, Mahala	11	F	B		LA
Jones, Benjamin	4	M	B		LA
Jones, Charity	7	F	B		LA

Lewis, Allen	21	M	B	Farm laborer	LA
Lewis, Celia	19	F	B	Farm laborer	LA
Martin, Samuel	23	M	B	Farm laborer	LA
Martin, Elsie	21	F	B	Farm laborer	LA
Martin, William	3	M	B		LA
Martin, Sam	2	M	B		LA
Martin, Martha	6/12	F	B		LA
Martin, Phoebe	50	F	B	Farm laborer	TX
Martin, George	18	M	B	Farm laborer	LA
Martin, John	16	M	B	Farm laborer	LA
Martin, Emily	15	F	B		LA
Martin, Katie	13	F	B		LA
Martin, Jane	11	F	B		LA
Martin, Harrison	9	M	B		LA
McGee, Jarry	34	M	B	Farm laborer	LA
McGee, Caroline	13	F	B		LA
McGee, Louisa	2	F	B		LA
Rogers, Henry	22	M	B	Farm laborer	LA
Miller, Lemlin	52	M	B	Farm laborer	VA
Miller, Jane	30	F	B	Farm laborer	LA
Miller, Eliza	8	F	B		LA
Miller, Lydia	2	F	B		LA
Minor, Henry	55	M	B	Farm laborer	VA
Minor, Mary	56	F	B	Farm laborer	VA
Goodall, Katie A	25	F	B		LA
Goodall, Charles	7	M	B	.	LA
Goodall, Pink	5	M	B		LA
Goodall, George	6/12	M	B		LA
Goodall, Joseph	27	M	B	Farm laborer	LA
Nicholas, John	37	M	B	Farm laborer	VA
Nicholas, Jane	30	F	B	Farm laborer	VA
Nicholas, Allen	12	M	B		LA

Family continues on next page

Name	Age	Sex	Race	Occupation	Birthplace
Nicholas, Emily	8	F	B		LA
Nicholas, Henry	2	M	B		LA
Nicholas, Hillery	1	M	B		LA
Norfolk, Richard	52	M	B	Farm laborer	VA
Norfolk, Levina	52	F	B	Farm laborer	VA
Taylor, Pickens	24	M	B	Farm laborer	LA
Taylor, Ann	20	F	B	Farm laborer	LA
Taylor, William	3	M	B		LA
Taylor, Taylor	2	M	B		LA
Rice, John	30	M	B	Farm laborer	RI
Wilson, Charles	25	M	B	Farm laborer	Canada

Parents were foreign born)

Name	Age	Sex	Race	Occupation	Birthplace
Thompson, Charles	65	M	B	Farm laborer	VA
Thompson, Celia	55	F	B	Farm laborer	VA
Thompson, Thomas	13	M	B	Farm laborer	LA
Thompson, Reuben	18	M	B	Farm laborer	LA
Thompson, Louisa	13	F	B		LA
Thompson, Rosianna	7	F	B		LA
Nettles, Sylvia	8	F	B		LA
Williams, Joseph	24	M	B	Farm laborer	TX
Williams, Esther	28	F	B	Farm laborer	LA
Williams, Carissa	8	F	B		LA
Williams, William	3	M	B		LA
Bell, Marion	50	F	B	Farm laborer	VA
Thompson, Resina	25	F	B	Farm laborer	LA
Allsworth, James	58	M	B	Farm laborer	NC
Allsworth, Mary	55	F	B	Farm laborer	LA
Long, Charles	65	M	B	Farm laborer	LA
Long, William	18	M	B	Farm laborer	LA

Chareville, William A	41	M	W	Dry goods merchant	LA
Leplen, Leander	40	M	M	Domestic servant	VA
Leplen, Mary	38	F	M	Domestic servant	VA
Leplen, Nicholas	13	M	M	Domestic servant	LA
Bartley, Thomas P	15	M	B	Domestic servant	LA
Ford, Walter	35	M	B	Farm laborer	LA
Ford, Eliza	30	F	B	Farm laborer	LA
Tompkins, William	30	M	B	Farm laborer	LA
Tompkins, Mary	23	F	B	Farm laborer	LA
Tompkins, Martin	23	M	B	Farm laborer	LA
Tompkins, Amelia	30	F	B	Farm laborer	LA
Ford, Mary	4	F	B		LA
Ford, Adeline	2	F	B		LA
Ford, Ellen T	5/12	F	B		LA
Davidson, Plesent H	21	M	W	Planter	LA
Powers, Susan	17	F	B	Domestic servant	LA
Grant, Peter	85	M	B	Domestic servant	VA
Johnson, Warmer	30	M	B	Farm laborer	LA
Johnson, Ann	28	F	B	Farm laborer	LA
Johnson, Dilsey	10	F	B		LA
Johnson, Henrietta	8	F	B		LA
Johnson, Viney	6	F	B		LA
Johnson, Johnson	4	M	B		LA
Johnson, William	2	M	B		LA
Scott, Anthony	38	M	B	Farm laborer	LA
Scott, Harriett	30	F	B		LA
Scott, Stephen	8	M	B		LA
Scott, William	2	M	B		LA
Scott, Hannah	8/12	F	B		LA
Hines, Cooper	28	M	B	Farm laborer	LA
Hines, Eliza	42	F	B	Domestic servant	MS
Levi, Sallie	15	F	B	Domestic servant	LA

Family continues on next page

Turner, Cora	8	F	B		LA
Alexander, Ben	14	M	B	Domestic servant	LA
Richardson, Thomas	15	M	B	Domestic servant	LA
Robinson, Miles	50	M	B	Farm laborer	VA
Robinson, Anna	28	F	B	Farm laborer	LA
Robinson, Milly	4	F	B		LA
Robinson, Payson	2	M	B		LA
Robinson, Silas	2/12	M	B		LA
Walker, Moses	50	M	B	Farm laborer	VA
Walker, Catherine	50	F	B		VA
Walker, Lucinda	30	F	B		LA
Walker, Alice	12	F	B		LA
Walker, Gracie	7	F	B		LA
Walker, Juda	1	F	B		LA
Walker, Winnie	90	F	B		VA
Seymour, David	45	M	B	Farm laborer	VA
Seymour, Dolly	50	F	B	Farm laborer	VA
Seymour, Emily	10	F	B		LA
Seymour, Allen	8	M	B		LA
Seymour, Peter	6	M	B		LA
Seymour, John	4	M	B		LA
Neal, Noel G	35	M	W	Planter	LA
Brown, Lilly	19	F	B	Domestic servant	LA
Pennyway, John	30	M	B	Farm laborer	LA
Pennyway, Margaret	33	F	B	Farm laborer	LA
Pennyway, Jennie	3	F	B		LA
Hawkins, Mark	30	F	B	Farm laborer	LA
Hawkins, Margaret	30	F	B	Farm laborer	LA
Hawkins, George	10	M	B		LA
Hawkins, Ida	8	F	B		LA
Hawkins, Thornton	7	M	B		LA
Hawkins, Flora	6	F	B		LA
Hawkins, Rose	3	F	B		LA

Kennedy, John	45	M	B	Farm laborer	LA
Kennedy, Sarah	40	F	B	Farm laborer	LA
Kennedy, Lydia	21	F	B	Farm laborer	LA
Kennedy, Frank	17	M	B	Farm laborer	LA
Kennedy, Alec	8	M	B		LA
Neal, Louisa	50	F	B	Farm laborer	LA
Beauregard, Sandy	19	M	B	Farm laborer	LA
Beauregard, Silas	7	M	B		LA
Woodard, Thomas	63	M	W	Planter	NC
Lewis, Ellen	45	F	B	Servant cook	NC
Groves, Viney	55	F	B		VA
Mitchel, Benjamin	30	M	B	Farm laborer	VA
Mitchel, Rachal	35	F	B	Farm laborer	LA
Calvit, Courtney	24	M	B	Farm laborer	LA
Kartrix, Hager	55	M	B	Farm laborer	Africa
(Parents were foreign born)					
Carnell, Ezra	35	M	B	Farm laborer	LA
Carnell, Corina	6	F	B		LA
Summers, Dick	60	M	B	Farm laborer	MD
Summers, Lettie	50	F	B	Farm laborer	VA
Beard, William	30	M	B	Farm laborer	LA
Beard, Martha	28	F	B	Farm laborer	LA
Clabourne, Ben	60	M	B	Farm laborer	VA
Clabourne, Jane	50	F	B	Farm laborer	VA
McNabb, Edward	70	M	B	Farm laborer	VA
McNabb, Nellie	50	F	B	Farm laborer	MS
Boudgard, Newton	30	M	B	Farm laborer	LA
Boudgard, Lucinda	25	F	B	Farm laborer	MS

Family continues on next page

Boudgard, Elizabeth	15	F	B		LA
Boudgard, Richard	14	M	B		LA
Boudgard, Nellie	13	F	B		LA
Boudgard, Mary	6	F	B		LA
Boudgard, Horace	4	M	B		LA
Boudgard, Philip	1	M	B		LA
Hamilton, Frank	30	M	B	Farm laborer	LA
Hamilton, Charlotte	25	F	B	Farm laborer	FL
Hamilton, Green	8	M	B		LA
Hamilton, Catherine	5	F	B		LA
Davidson, Edmond	30	M	B	Farm laborer	LA
Davidson, Caroline	30	F	B	Farm laborer	LA
Davidson, Sam	15	M	B	Farm laborer	LA
Davidson, Francis	10	M	B		LA
Hudson, Jenkins	35	M	B	Farm laborer	LA
Hudson, Nancy	30	F	B	Farm laborer	LA
Hudson, Sarah	15	F	B	Farm laborer	LA
Hudson, Harriett	13	F	B		LA
Hudson, Ida	12	F	B		LA
Hudson, Louisa	8	F	B		LA
Hudson, Isaac	3	M	B		LA
Jones, Robert	24	M	B	Farm laborer	LA
Gordon, Allen	40	M	B	Farm laborer	VA
Gordon, Winnie	40	F	B	Farm laborer	VA
Brown, Sigh	25	M	B	Farm laborer	VA
Brown, Eliza	22	F	B	Farm laborer	VA
Brown, Nancy	6	F	B		LA
Brown, Hannah	4	F	B		LA
Brown, John	1	M	B		LA
Hophall, Allen	30	M	B	Farm laborer	LA
Hophall, Sarah	26	F	B	Farm laborer	LA

Family continues on next page

Name	Age	Sex	Race	Occupation	Birthplace
Hophall, Plesent	3	M	B		LA
Hophall, Louis	1	M	B		LA
Texall, Moses	25	M	B	Farm laborer	LA
Texall, Jennie	23	F	B	Farm laborer	LA
Texall, Dinah	4	F	B		LA
Texall, Jennie	3	F	B		LA
Headkins, William	30	M	B	Farm laborer	LA
Headkins, Caroline	4	F	B		LA
Lang, Randall	21	M	B	Farm laborer	LA
Lang, Mary	22	F	B	Farm laborer	LA
Lang, Louis	5	M	B		LA
Lang, Jennie	4	F	B		LA
Lang, Mary	3	F	B		LA
McNabe, Claborn	35	M	B	Farm laborer	LA
McNabe, Caroline	30	F	B	Farm laborer	LA
McNabe, Milton	16	M	B	Farm laborer	LA
McNabe, Lucy	12	F	B		LA
McNabe, Sam	10	M	B		LA
McNabe, Nelson	8	M	B		LA
McNabe, May	3	F	B		LA
Long, Lucy	16	F	B	Farm laborer	LA
Long, Lucy	63	F	B	Farm laborer	GA
Davis, Henry	30	M	B	Farm laborer	LA
Going, Peter	30	M	B	Farm laborer	LA
Going, Lucy	25	F	B	Farm laborer	LA
Going, Panela	17	F	B	Farm laborer	LA
Going, Henry	16	M	B	Farm laborer	LA
Going, Caroline	9	F	B		LA
Dolphus, William	23	M	B	Farm laborer	LA
Dolphus, Maria	32	F	B	Farm laborer	LA
Turner, Cora A	10	F	B		LA
Turner, Coata A	8	F	B		LA

Elbert, Stephen	25	M	B	Farm laborer	GA
Elbert, Charlotte	29	F	B		LA
Battes, Anderson	30	M	B	Farm laborer	TX
Battes, Minnie	25	F	B		TX
Battes, Harriett	14	F	B		TX
Battes, Willis	8	M	B		TX
Battes, Tonken	3	M	B		TX
Battes, Cole C	2/12	M	B		TX
Long, Randall	25	M	B	Farm laborer	LA
Long, Charlotte	35	F	B	Farm laborer	LA
Long, Lucy	19	F	B	Farm laborer	LA
Long, Sarah	17	F	B	Farm laborer	LA
Long, Emily	14	F	B	Farm laborer	LA
Davis, Mary	21	F	B	Farm laborer	LA
Davis, Jack	8	M	B		LA
Jones, Stewart	36	M	B	Farm laborer	LA
Jones, Nancy	35	F	B		LA
Jones, Joseph	19	M	B	Farm laborer	LA
Jones, Jack	17	M	B		LA
Jones, Green	15	M	B		LA
Jones, Brit	12	M	B		LA
Richardson, Thomas	8	M	B		LA
Richardson, Starling	11	M	B		LA
Jones, Louisiana	39	F	B		LA
Jones, Laura	3	F	B		LA
Jones, Stewart	3	M	B		LA
Clark, Hannah	45	F	B	Farm laborer	GA
Clark, Ann	10	F	B		TX
Sovelle, Thomas W	44	M	W	Farmer	AL
Sovelle, Julia	19	F	B	Domestic servant	GA
Johnson, Ransom	45	M	B	Farm laborer	LA

Family continues on next page

Johnson, Margaret	20	F	B			NC
Johnson, Ransom Jr	18	M	B			LA
Green, William	16	M	B			LA
Franklin, Thomas	21	M	M	Farm laborer		TN
Franklin, Hester	19	F	B			LA
Franklin, Anna	5/12	F	B			LA
Jones, Jackson	24	M	B	Farm laborer		LA
Jones, Elizabeth	20	F	B	Farm laborer		LA
Jones, Moses	2	M	B			LA
Mason, George	24	M	B	Farm laborer		VA
Mason, Hariet	30	F	B	Farm laborer		LA
Mason, Charlotte	2	F	B			LA
Mason, George Jr	6/12	M	B			LA
Johnson, Nelson	40	M	B	Farm laborer		LA
Johnson, Polly	30	F	B	Farm laborer		LA
Johnson, Thomas	10	M	B	Farm laborer		LA
Johnson, Nelson Jr	4	M	B			LA
Johnson, Caroline	2	F	B			LA
Jones, Joseph	25	M	B	Farm laborer		LA
Jones, Green	14	M	B	Farm laborer		LA
Jones, Brit	12	M	B	Farm laborer		LA
Jones, Stewart	3	M	B			LA
Jones, Leaconnon	40	F	B			LA
Small, Moses	45	M	B	Farm laborer		LA
Small, Clara	35	F	B	Farm laborer		LA
Small, Albert	8	M	B			LA
Small, Lear	3	M	B			LA
Small, Johanna	6/12	F	B			LA
Dowty, Samuel A	31	M	W	Planter		MO
Hall, Lolette	21	F	B	Domestic servant		LA

McKabe, Ada	18	F	B	Domestic servant	LA
McKabe, Horace	1	M	B		LA
Wilson, Joseph	21	M	B	Farm laborer	LA
Wilson, Myra	21	F	B		LA
Wilson, George	7/12	M	B		LA
Lewis, Abraham	50	M	B	Farm laborer	MO
Lewis, Lovicia	60	F	B		MO
Lewis, Abraham Jr	24	M	B		MO
Daniel, John	35	M	B		MO
Bowman, Henry	55	M	B	Farm laborer	NC
Bowman, Hannah	45	F	B	Farm laborer	LA
Gaines, Louis	8	M	B		LA
Gaines, Moses	2	M	B		LA
Ross, Johnson	35	M	B	Farm laborer	LA
Ross, Matilda	19	F	B		LA
Smith, Sallie M	38	F	B	Farm laborer	LA
Smith, Jordon	16	M	B	Farm laborer	LA
Smith, Aleck	15	M	B	Farm laborer	LA
Smith, Jenkins	9	M	B		LA
Smith, Nason	7	M	B		LA
Smith, Murry	5	M	B		LA
Smith, John	3	M	B		LA
Smith, Fanny	6/12	F	B		LA
Johnson, James	60	M	B	Farm laborer	VA
Johnson, Winnie	55	F	B		LA
Hall, Silvia	40	F	B	Farm laborer	LA
Hall, Jackson	20	M	B	Farm laborer	LA
Hall, Ned	19	M	B	Farm laborer	LA
Hall, Sarah	18	F	B	Farm laborer	LA
Hall, Richard	17	M	B	Farm laborer	LA
Hall, Silvia	16	F	B	Farm laborer	LA
Hall, Jennie	14	F	B		LA

Hackins, Isaac	33	M	B	Farm laborer	LA
Hackins, Cordelia	25	F	B		LA
Hackins, Angelette	9	F	B		LA
Hackins, Stewart	7	M	B		LA
Hackins, Hager	3	F	B		LA
Hackins, Spencer	3/12	M	B		LA
Murry, Jesse	35	M	B	Farm laborer	LA
Murry, Epsey	21	F	B	Farm laborer	LA
Murry, Celia	6	F	B		LA
Murry, Philda	74	F	B		NC
Wilton, Eliza	50	F	B	Farm laborer	LA
Wilton, Juda	18	F	B		LA
Wilton, Celia	10	F	B		LA
Hackins, Henry	50	M	B	Farm laborer	VA
Munda, Harrison	19	M	B	Farm laborer	LA
Smith, Jordon	35	M	B	Farm laborer	LA
Smith, Maria	30	F	B	Farm laborer	LA
Smith, Alfred	18	M	B	Farm laborer	LA
Smith, George	15	M	B	Farm laborer	LA
Smith, Sarah	12	F	B		LA
Smith, Abbe	5	F	B		LA
Brown, Robert	45	M	B	Farm laborer	AR
Brown, Louisa	30	F	B	Farm laborer	LA
Brown, Allen	14	M	B	Farm laborer	LA
Brown, Eliza	12	F	B		LA
Hudson, Miller	34	M	B	Farm laborer	LA
Hudson, Violet	25	F	B		LA
Hudson, Julia	2	F	B		LA
Nettles, Dernsey	40	M	B	Farm laborer	SC
Nettles, Caroline	50	F	B	Farm laborer	LA
Nettles, Betsey	22	F	B	Farm laborer	LA
Nettles, Charles	18	M	B	Farm laborer	LA

Name	Age	Sex	Race	Occupation	Birthplace
Johnson, Ellen	22	F	B	Farm laborer	LA
Johnson, Isabelle	4/12	F	B		LA
Enis, Daniel	40	M	B	Farm laborer	LA
Enis, Margarette	36	F	B		LA
Enis, Alexander	4	M	B		LA
Enis, Julia	2	F	B		LA
Branch, Tempy	55	F	B	Farm laborer	LA
Branch, Daniel	18	M	B	Farm laborer	LA
Long, Tilman	75	M	B	Farm laborer	LA
Long, Delphine	30	F	B	Farm laborer	LA
Long, Leander	4	M	B		LA
Long, Milly	4	F	B		LA
Long, Tilman Jr	3/12	M	B		LA
Johnson, Robert	20	M	B	Farm laborer	LA
Thomas, Richard	40	M	B	Farm laborer	LA
Thomas, Lana	30	F	B		VA
Thomas, Alfred	12	M	B		LA
Thomas, Mary	13	F	B		LA
Thomas, Georgeanna	4	F	B		LA
Johnson, John	17	M	B	Farm laborer	LA
Johnson, Delisey	70	F	B		NC
Enis, Patsey	50	F	B		NC
Graham, Tack	30	M	B	Farm laborer	LA
Graham, Melvina	26	F	B	Farm laborer	LA
Graham, William	6	M	B		LA
Starks, Batice	16	F	B		LA
Brown, Taylor	21	M	B		LA
Butler, Samuel	40	M	B	Farm laborer	VA
Butler, Lucy	35	F	B	Servant cook	LA
Butler, Silas	12	M	B	Domestic servant	LA

Family continues on next page

Name	Age	Sex	Race	Occupation	Birthplace
Butler, Hall	12	M	B	Domestic servant	LA
Butler, Valentine	8	M	B		LA
Hubbard, Peter	45	M	B	Farm laborer	LA
Hubbard, Hannah	50	F	B	Farm laborer	KY
Thompson, Henry	50	M	B	Farm laborer	LA
Thompson, Maria	45	F	B	Farm laborer	LA
Thompson, Peter	6	M	B		LA
Thompson, Moses	3	M	B		LA
Thompson, Daniel	3	M	B		LA
Chapman, Asa	80	M	B	Farm laborer	VA
Chapman, Sandy	40	M	B	Farm laborer	LA
Chapman, Susen	30	F	B		LA
Chapman, William	3	M	B		LA
Detsia, Robert	18	M	B	Farm laborer	LA
Detsia, Frances	22	F	B		LA
Detsia, Nathan	6/12	M	B		LA
Bogo, Samuel	50	M	B	Farm laborer	VA
Bogo, Rose	40	F	B		LA
Bogo, Lizzie	10	F	B		LA
Bogo, Jefferson	8	M	B		LA
Bogo, Delphine	6	F	B		LA
Bogo, Henry	5	M	B		LA
Bogo, Julia	4	F	B		LA
Bogo, Lucy	5/12	F	B		LA
Lewis, Isaac	25	M	B	Farm laborer	LA
Lewis, Charity	22	F	B	Farm laborer	LA
Lewis, Washington	1	M	B		LA
Lewis, Samuel	6/12	M	B		LA
Harrison, John	55	M	B	Farm laborer	VA
Harrison, Louisa	50	F	B	Farm laborer	VA
Harrison, Eliza	18	F	B		VA

Name	Age	Sex	Race	Occupation	Birthplace
Harrison, James	55	M	B	Farm laborer	VA
Harrison, Fanny	50	F	B	Farm laborer	VA
Harrison, Dinah	17	F	B		LA
Harrison, Anderson	12	M	B		LA
Harrison, Brittian	8	M	B		LA
Fineley, Peter	45	M	B	Farm laborer	SC
Fineley, Sarah	40	F	B		LA
Fineley, Milly	80	F	B		VA
Brown, Philda	70	F	B	Farm laborer	LA
Brown, Vinia	8	F	B		LA
Martin, Milly	45	F	B	Farm laborer	LA
Baker, Matilda	50	F	B		LA
Baker, Esther	30	F	B	Farm laborer	LA
Baker, John	26	M	B	Farm laborer	LA
Baker, Harry	20	M	B	Farm laborer	LA
Baker, Mary	16	F	B	Farm laborer	LA
Baker, Lilly	8	F	B		LA
Baker, William	6	M	B		LA
Baker, Anna	6/12	F	B		LA
White, Anderson	30	M	B	Farm laborer	LA
Pins, Nathan	30	M	B	Farm laborer	LA
Harrison, David	20	M	B	Farm laborer	LA
Armstead, Frank	45	M	B	Farm laborer	LA
Armstead, Emily	40	F	B	Farm laborer	LA
Armstead, Albert	20	M	B	Farm laborer	LA
Armstead, Allen	18	M	B	Farm laborer	LA
Armstead, Alice	16	F	B		LA
Armstead, Emily	14	F	B		LA
Whitesay, Julia	50	F	B	Farm laborer	VA
Whitesay, Kasy	5	F	B		LA
Coleman, Peter	25	M	B	Farm laborer	VA

Family continues on next page

Coleman, Nellie	24	F	B	Farm laborer	LA
Coleman, Alice	13	F	B		LA
Coleman, Clarissa	12	F	B		LA
Coleman, Peter Jr	8	M	B		LA
Coleman, Violet	6	F	B		LA
Coleman, Charlotte	4	F	B		LA
Coleman, Caroline	4/12	F	B		LA
Hogan, Turner	70	M	B	Farm laborer	NC
Hogan, Nancy	19	F	B	Farm laborer	LA
Hogan, Turner Jr	24	F	B	Farm laborer	LA
Hogan, Jennie	16	F	B		LA
Hogan, Peggy A	4	F	B		LA
Richardson, Jary	40	M	B	Farm laborer	VA
Richardson, Mary	50	F	B	Farm laborer	VA
Jones, Anna	30	F	B	Farm laborer	MD
Jones, Rouena	13	F	B		LA
Rose, Gustavus	39	M	M	Farm laborer	VA
Rose, Amelia	27	F	B	Farm laborer	LA
Rose, Arthur	9	M	B		LA
Rose, Oscar	7	M	B		LA
Rose, Mary V	4	F	B		LA
Rose, Spotswood A	3	M	B		LA
Rose, Gustavus Jr	9/12	M	B		LA
Frozell, Armstead	20	M	M	Farm laborer	LA
Frozell, Martha	23	F	B		LA
Fraser, Manuel	27	M	M	Farm laborer	AL
Fraser, Henrietta	30	F	B	Farm laborer	LA
Thompson, Henry A	31	M	W	Dry goods merchant	KY
Gibson, Ellen	37	F	M	Domestic servant	VA
Dines, Nancy	45	F	B	Domestic servant	LA
Rance, James	22	M	B	Domestic servant	LA

Family continues on next page

Name	Age	Sex	Race	Occupation	Birthplace
Byron, Gordon	16	M	B	Domestic servant	LA
Gibson, Frank	10	M	M		LA
Gibson, John	8	M	M		LA
Gibson, Mary	5	F	B		LA
Blan, Royal	31	M	B	Farm laborer	VA
Blan, Charlotte	26	F	B	Farm laborer	LA
Blan, Peter	3	M	B		LA
Butler, Henry	65	M	B	Farm laborer	MD
Butler, Eleline	70	F	B		MD
Butler, Mary A	8	F	B		LA
Butler, Henry	5	M	B		LA
Robinson, John	2	M	B		LA
Robinson, Clarissa	1	F	B		LA
Jones, Henry	30	M	B	Farm laborer	GA
Jones, Martha	23	F	B	Farm laborer	LA
Morris, Scott	21	M	B	Farm laborer	LA
Morris, Susan	24	F	B		LA
Morris, Julia A	2	F	B		LA
Coleman, Thomas	44	M	B	Farm laborer	LA
Coleman, Ellen	40	F	B	Farm laborer	LA
James, Sam	55	M	B	Farm laborer	VA
James, Martha	60	F	B		VA
Bucher, Whity	54	M	B	Farm laborer	MD
Bucher, Caroline	45	F	B	Farm laborer	VA
Branch, Daniel	61	M	B	Farm laborer	VA
Branch, Sarah	52	F	B		MD
Branch, Daniel Jr	16	M	B	Farm laborer	LA
Branch, George W	14	M	B	Farm laborer	LA
Morris, Robert	63	M	B	Farm laborer	MD
Morris, Eliza	34	F	B		MD

Alexander, James	72	M	B	Farm laborer		VA
Alexander, Lucy	75	F	B			MD
Perritt, James	85	M	B			VA
Perkins, Jacob	40	M	B	Farm laborer		LA
Perkins, Lucy	25	F	B			LA
Perkins, Washington	2/12	M	B			LA
Mitchel, Lena	5	F	B			LA
Banks, Wesley	29	M	B	Farm laborer		LA
Banks, Rachal	30	F	B	Farm laborer		LA
Trester, William	50	M	B	Farm laborer		MD
Trester, Ann	50	F	B	Farm laborer		MD
Trester, Peter	2	M	B			LA
Green, Louis	90	M	B	Farm laborer		TN
Green, Mary	60	F	B	Farm laborer		SC
Green, Luck	11	M	B			LA
Glover, Mitchel	29	M	B			NC
Glover, Maria	23	F	B			AL
Glover, William	6	M	B			LA
Glover, James	12	M	B			LA
Russell, Jenny	100	F	B			AL
Moore, Louisa	40	F	B			VA
Perkins, Robert	60	M	B	Farm laborer		VA
Carter, Daniel	58	M	B	Farm laborer		VA
Carter, Phillis	35	F	B			VA
Bucher, Thomas	18	M	B	Farm laborer		LA
Bucher, Preston	11	M	B			LA
Bennett, Joseph	50	M	B	Farm laborer		MD
Bennett, Catherine	34	F	B			LA
Bennett, David	18	M	B	Farm laborer		LA
Bennett, Henry	14	M	B	Farm laborer		LA

Family continues on next page

Bennett, Robert	11	M	B		LA
Bennett, Martha	9	F	B		LA
Bennett, Amy	7	F	B		LA
Bennett, Maria	5	F	B		LA
Bennett, Irene	3	F	B		LA
Coleman, Flem	53	M	B	Farm laborer	LA
Coleman, Susen	59	F	B		NC
Coleman, Benjamin	24	M	B	Farm laborer	LA
Coleman, Whity	19	M	B	Farm laborer	LA
Coleman, Elizabeth	13	F	B		LA
Hildon, Joseph	84	M	B		VA
Butler, Henry	34	M	B	Farm laborer	LA
Butler, Barbara	24	F	B	Farm laborer	LA
Butler, Major	8	M	B		LA
Butler, Abraham	5	M	B		LA
Butler, Madison	1	M	B		LA
Butler, Ace	12	F	B		LA
Williams, Melinda	85	F	B		MD
Scott, Sam	26	M	B	Farm laborer	VA
Scott, Delia	25	F	B	Farm laborer	LA
Scott, Emma	3	F	B		LA
Davis, John	40	M	B	Farm laborer	VA
Armstead, Frank	27	M	B	Farm laborer	LA
Armstead, Mahala	19	F	B		LA
Armstead, Westley	6	M	B		LA
Armstead, Isaac	2	M	B		LA
Latmo, John	28	M	B	Farm laborer	LA
Latmo, Felis	20	F	B	Farm laborer	LA
Latmo, Jacob	2	M	B		LA
Jones, Edward	22	M	B	Farm laborer	LA
Jones, Mary	30	F	B	Farm laborer	VA

Brown, Andrew	23	M	B	Farm laborer		LA
Brown, Puss	19	F	B			LA
Brown, Myra L	1	F	B			LA
Wilson, Thomas	40	M	W	Farmer		France
(Parents were foreign born)						
Wilson, Alsey	30	F	B			KY
Wilson, Lulu	15	F	W			LA
(Father was foreign born)						
Wilson, Prussia	12	M	M			LA
(Father was foreign born)						
Wilson, Charles	10	M	M			LA
(Father was foreign born)						
Wilson, Davis	11	M	M			LA
(Father was foreign born)						
Wilson, Lacy	7	M	M			LA
(Father was foreign born)						
Wilson, Melane	4	F	M			LA
(Father was foreign born)						
Wilson, Thomas	1	M	M			LA
(Father was foreign born)						
Russell, Louisa	100	F	B			VA
Coleman, Alice	14	F	B			LA
Coleman, William	50	M	B	Farm laborer		LA
Coleman, Ann	40	F	B	Farm laborer		KY
David, Tilman	40	M	B	Farm laborer		AR
David, Louisa	19	F	B			LA
Dennis, Peter	33	M	B	Farm laborer		LA
Dennis, Caroline	21	F	B	Farm laborer		LA
Dennis, Mary	3	F	B			LA
Dennis, Louis	1	M	B			LA
Smith, Archer	60	M	B	Farm laborer		VA
Smith, Unity	55	F	B	Farm laborer		VA
Colbert, Sarah	8	F	B			LA
Colbert, Edward	6	M	B			LA

Taylor, Richard	50	M	B	Farm laborer	VA
Taylor, Mary	40	F	B	Farm laborer	VA
Fenton, Archer	50	M	B	Farm laborer	VA
Fenton, Amy	40	F	B		VA
Johnson, Jacob	48	M	B	Farm laborer	MD
Johnson, Isabelle	24	F	B	Farm laborer	LA
Johnson, Lauritte	5	F	B		LA
Johnson, Pekanna	3	F	B		LA
Johnson, Mary J	2	F	B		LA
Robinson, Beverly	52	F	B	Farm laborer	VA
Robinson, Henrietta	50	F	B	Farm laborer	VA
Robinson, Nettie	24	F	B	Farm laborer	LA
Robinson, Cato	17	M	B	Farm laborer	LA
Robinson, Agnes	16	F	B	Farm laborer	LA
Lewis, Mary E	32	F	B	Farm laborer	LA
Lewis, Darkey	100	F	B		VA
Lewis, General	12	M	B		VA
Lewis, Polly	10	F	B		VA
Johnson, Celeste	60	F	B	Farm laborer	MD
Johnson, Catherine	22	F	B	Farm laborer	LA
Johnson, Jeannette	5	F	B		LA
Johnson, Virgil	3	M	B		LA
Johnson, Horace	2	M	B		LA
Johnson, Homer	12	M	B		LA
Johnson, Antione	28	M	B	Farm laborer	LA
Johnson, Hannah	20	F	B	Farm laborer	LA
Johnson, Clarissa	1	F	B		LA
Conilas, Barbre	55	F	B	Farm laborer	LA
Conilas, Flood	20	M	B	Farm laborer	LA
Conilas, Rosa	16	F	B	Farm laborer	LA
Conilas, Louis	15	M	B	Farm laborer	LA
Conilas, Henry	13	M	B	Farm laborer	LA
Conilas, Newton	11	M	B		LA

Family continues on next page

Name	Age	Sex	Race	Occupation	Birthplace
Conilas, Rebecca	5	F	B		LA
Conilas, Mary	3	F	B		LA
Conilas, Anna	5/12	F	B		LA
Jackson, Emily	40	F	B	Farm laborer	VA
Jackson, Belle	20	F	B	Farm laborer	LA
Jackson, Washington	11	M	B		LA
Jackson, Emily	11	F	B		LA
Jackson, Vinnie	8	F	B		LA
Smith, Frank	50	M	B	Farm laborer	MD
Smith, Martha	33	F	B	Farm laborer	LA
Smith, Albert	13	M	B		LA
Smith, John	11	M	B		LA
Smith, Amy	9	F	B		LA
Smith, Moses	7	M	B		LA
Smith, Rachal	2	F	B		LA
Smith, Sam	1	M	B		LA
Robinson, Westley	25	M	B	Farm laborer	LA
Robinson, Amanda	20	F	B	Farm laborer	LA
Robinson, Abraham	2	M	B		LA
Robinson, Beverly	1/12	M	B		LA
Coleman, Levi	52	M	B	Farm laborer	VA
Coleman, Lydia	60	F	B	Farm laborer	SC
Schafoot, John	12	M	B		LA
Deloch, Stuart	20	M	B	Farm laborer	LA
Deloch, Patsey	20	F	B	Farm laborer	LA
Robinson, Charles H	29	M	B	Farm laborer	LA
Robinson, Rosetta	24	F	B	Farm laborer	LA
Robinson, Henry	4	M	B		LA
Robinson, Delia	2	F	B		LA
Robinson, Nelson	1	M	B		LA
Hunter, George	39	M	B	Farm laborer	LA

Family continues on next page

Name	Age	Sex	Race	Occupation	Birthplace
Hunter, Susan	27	F	B	Farm laborer	LA
Hunter, Cornelia	9	F	B		LA
Hunter, Amelia	6	F	B		LA
Hunter, Armstead	4	M	B		LA
Hunter, Ellen	3	F	B		LA
Hunter, Stritam	8/12	M	B		LA
Moreley, Alfred	60	M	B	Farm laborer	NC
Moreley, Lucinda	55	F	B	Farm laborer	LA
White, Martha	34	F	B	Farm laborer	LA
White, Jesse	14	M	B	Farm laborer	LA
White, Adeline	10	F	B		LA
Ross, Jacob	50	M	B	Farm laborer	VA
Ross, Ann	30	F	B		LA
Ross, William	15	M	B	Farm laborer	LA
Ross, Seldona	8	F	B		LA
Ross, Caroline	5	F	B		LA
Ross, Jennie	2	F	B		LA
Ross, Jacob Jr	7/12	M	B		LA
Robinson, Harrison	29	M	B	Farm laborer	VA
Robinson, Matilda	26	F	B		LA
Robinson, Walter	10	M	B		LA
Robinson, Thompson	8	M	B		LA
Robinson, Calmus	6	M	B		LA
Robinson, Harriett	4	F	B		LA
Robinson, Fanny	1	F	B		LA
Morrison, George	55	M	B	Farm laborer	LA
Morrison, Rosetta	40	F	B	Farm laborer	LA
McGouder, Philip	10	M	B		LA
Manning, Joseph N	47	M	W	Physician	NC
Reynolds, Alice	17	F	M	Domestic servant	LA
Reynolds, James	15	M	M	Domestic servant	LA
Reynolds, Clarence	13	M	M	Domestic servant	LA

Family continues on next page

Reynolds, Clara	13	F	M	Domestic servant	LA
Reynolds, Louisa	11	F	M	Domestic servant	LA
Reynolds, Hannah	9	F	M		LA
Johnson, Lawrina	15	F	M	Domestic servant	LA
Grafton, Madison	52	M	M	Farm laborer	LA
Grafton, Aga	57	F	M		VA
Lewis, Paul	60	M	B	Farm laborer	VA
Lewis, Mary	52	F	B	Farm laborer	VA
Lewis, Nancy	55	F	B	Farm laborer	VA
Hawkins, Ida	9	F	B		LA
Johnson, Monroe	55	M	B	Farm laborer	VA
Johnson, Hester	38	F	B	Farm laborer	VA
Johnson, Thomas	15	M	B	Farm laborer	LA
Johnson, Elizabeth	11	F	B		LA
Johnson, Frances	9	F	B		LA
Johnson, Petience	5	F	B		LA
Johnson, Winnifred	4/12	F	B		LA
Scott, Elijah	25	M	B	Farm laborer	LA
Hawkins, Paddy	20	M	B	Farm laborer	LA
Freeman, Sam	50	M	B	Farm laborer	NC
Freeman, Mary	45	F	B	Farm laborer	LA
Goodell, George	65	M	B	Farm laborer	VA
Goodell, Emily	50	F	B	Farm laborer	VA
Lewis, Richard	60	M	B	Farm laborer	VA
Hawkins, Charles	34	M	B	Farm laborer	LA
Hawkins, Rowena	36	F	B	Farm laborer	LA
Hawkins, Ella Jane	13	F	B	Farm laborer	LA
Hawkins, Pierce	11	M	B		LA
Hawkins, Prince	9	M	B		LA
Hawkins, Fanny	2	F	B		LA

Hawkins, Gustaves	32	M	B	Farm laborer	LA
Hawkins, Mary	24	F	B	Farm laborer	LA
Sevall, Miles	37	M	M	Farm laborer	LA
Sevall, Sarah	30	F	M		LA
Sevall, Francis	11	M	M		LA
Sevall, Amos	9	M	M		LA
Sevall, Georgia	7	F	M		LA
Sevall, Jane	2	F	M		LA
Harrison, David	17	M	M	Farm laborer	LA
Clifton, Jesse	50	M	M	Farm laborer	LA
Clifton, June	48	F	M	Farm laborer	LA
Clifton, Elizabeth	18	F	M		LA
Clifton, Jackson	16	M	M		LA
Clifton, Mary	14	F	M		LA
Clifton, Maria	13	F	M		LA
Clifton, William	10	M	M		LA
Clifton, Jesse Jr	6	M	M		LA
Scott, William	20	M	M	Farm laborer	LA
Stewart, Mary	40	F	B	Domestic servant	MS
Stewart, Octavia	8	F	B		LA
Neal, Mick	60	M	B	Farm laborer	MS
Neal, Milly	50	F	B	Farm laborer	LA
Neal, Martha	23	F	B	Farm laborer	LA
Humphrys, Aleck	40	M	B	Farm laborer	LA
Humphrys, Dinah	30	F	B	Farm laborer	LA
Humphrys, Anna	22	F	B		LA
Humphrys, Minty	17	F	B		LA
Humphrys, Sophia	10	F	B		LA
Humphrys, Hester	8	F	B		LA
Humphrys, James	4	M	B		LA
Jones, Carroll	47	M	M	Farm laborer	LA
Jones, Catherine	40	F	M	Farm laborer	LA

Family continues on next page

Jones, Laura	25	F	M			LA
Jones, William	23	M	B			LA
Jones, Jerry	21	M	M			LA
Jones, Maria	17	F	M			LA
Jones, Nathan	11	M	M			LA
Jones, Martha	10	F	M			LA
Jones, Cora	6	F	M			LA
Jones, Carroll Jr	4	M	M			LA
Jones, Florentine	1	F	M			LA
Moreland, Frank	35	M	B	Domestic servant		LA
Buckner, Perry	30	M	B	Farm laborer		LA
Buckner, Sallie	50	F	B	Farm laborer		LA
Jackson, Washington	30	M	B	Farm laborer		LA
Jackson, Lucy	30	F	B			LA
Jackson, Nellie	40	F	B			LA
Jackson, Rosa	5	F	B			LA
Schackellord, Marion	39	M	W	Carpenter		GA
Buckner, Viney	40	F	B	Domestic servant		GA
Buckner, Johanna	39	F	B	Domestic servant		GA
Buckner, Perry	5	M	B			LA
Cordukes, John	29	M	W	Farmer		Ireland
Smith, Edmond	58	M	B	Domestic servant		KY
Hill, Sandy	58	M	B	Farm laborer		VA
Hill, Lucy	58	F	M	Farm laborer		VA
Rupell, Frank	25	M	B	Farm laborer		LA
Rupell, Amy	19	F	B			LA
Rupell, Isaac	5	M	B			LA
Rupell, Mary	2	F	B			LA
Legon, James	68	M	B	Farm laborer		VA
Legon, Hannah	58	F	B	Farm laborer		LA
Legon, Melinda	18	F	B			LA

Family continues on next page

Legon, James	14	M	B		LA
Legon, Nathan	6	M	B		LA
Legon, Sarah	5	F	B		LA
Green, Hester	55	F	B	Farm laborer	MD
Green, Rose L	75	F	B	Farm laborer	LA
Green, Oliver	35	M	B	Farm laborer	LA
Rosenthal, Adeline	23	F	B		LA
Ruthe, Richard	50	M	B	Farm laborer	LA
Ruthe, Matilda	35	F	B	Farm laborer	LA
Ruthe, Tony J	10	M	B		LA
Ruthe, Richard Jr	2	M	B		LA
Weeden, Mary	65	F	B	Farm laborer	VA
Weeden, Grandville	35	M	B	Farm laborer	LA
Weeden, Julia A	30	F	B	Farm laborer	LA
Weeden, Lucy	40	F	B	Farm laborer	LA
Weeden, Thomas	17	M	B	Farm laborer	LA
Weeden, Mary	18	F	B	Farm laborer	LA
Brown, Pinkney	25	M	B	Farm laborer	LA
Hand, Elisha J	24	M	B	Farm laborer	LA
Hand, Lucerne	21	F	B	Farm laborer	LA
Hand, Robert	2	M	B		LA
Hand, Emeline	2	F	B		LA
Hand, Fanny	1	F	B		LA
Hand, Levi	1/12	M	B		LA
Ives, William	55	M	B	Farm laborer	LA
Ives, Milly	34	F	B	Farm laborer	LA
Ives, Joseph	20	M	B	Farm laborer	LA
Ives, Lawson	18	M	B		LA
Ives, Harriett	7	F	B		LA
Ives, John	4	M	B		LA
Ives, Laura	2	F	B		LA
Ives, Robert	4/12	M	B		LA

Marshall, John	65	M	B	Farm laborer	VA
Alsey	60	F	B	Farm laborer	MD
Keys, Israel	80	M	B		VA

Inhabitants of Bayou Rapides Ward, Rapides Parish, LA
23 Jul 1870 - 29 Jul 1870

Name	Age	Sex	Race	Occupation	Place of Birth
Taylor, Charlotte	65	F	B		NC
Taylor, Betsy	34	F	B		NC
Taylor, Susan	12	F	B		LA
Taylor, Maria	7	F	M		LA
Taylor, Robert	4	M	M		LA
Taylor, George	9/12	M	M		LA
Taylor, James	9/12	M	M		LA
Lawson, Samuel	35	M	M	Farm laborer	MD
Lawson, Eliza	30	F	M		LA
Lawson, Joe	5	M	M		LA
Lawson, William	3	M	M		LA
Hughes, Matt	25	M	M	Farm laborer	LA
Hughes, Minerva	25	F	M		LA
Hughes, Clemenza	6/12	F	M		LA
Hughes, Lewis	15	M	M		LA
Hughes, William	15	M	M		LA
Green, Thomas	44	M	B	Farm laborer	KY
Green, Julia	40	F	M		GA
Green, Cerilda	22	F	M		LA
Green, Loyd	16	M	B		LA
Green, Thomas Jr	15	M	B		LA
Green, Jane	13	F	B		LA
Green, Seward	7	M	M		LA
Green, Pinkney	4	M	B		LA
Green, Celeste	6/12	F	M		LA
Kirk, Dick	50	M	B	Farm laborer	MD
Kirk, Rachal	35	F	B		LA
Kirk, Maria	18	F	B		LA

Family continues on next page

Kirk, Cinn	16	F	B		LA
Kirk, Regis	14	M	B		LA
Kirk, Jacob	12	M	B		LA
Kirk, Daniel	4	M	B		LA
Kirk, Isaac	1	M	B		LA
Kirk, Julius	4	M	M		LA
Nillam, Charles	28	M	B	Farm laborer	NC
Nillam, Isabella	26	F	B		NC
Nillam, Randolph	7	M	B		NC
Dorsey, John	52	M	B	Farm laborer	MD
Dorsey, John Jr	18	M	B	Farm laborer	LA
Dorsey, Leah	15	F	B		LA
Dorsey, Serina	14	F	B		LA
Dorsey, Celeste	11	F	B		LA
Dorsey, George	6	M	B		LA
Scott, Thornton	45	M	B	Farm laborer	LA
Scott, Ellen	30	F	B		LA
Scott, Florida	1	F	B		LA
Scott, Robert	35	M	B	Farm laborer	LA
Scott, Louisa	7	F	B		
Young, Wesley	43	M	B	Farm laborer	MO
Young, Amy	30	F	B		MO
Young, Alec	5	M	B		LA
Young, John	6	M	B		LA
Young, William	1	M	B		LA
Norman, Henry	40	M	B	Farm laborer	LA
Norman, Frances	32	F	B		VA
Norman, Andrew	15	M	B		LA
Norman, Bebecca	11	F	B		LA
Lucy, George	40	M	B	Farm laborer	LA
Lucy, Eliza	30	F	B		LA
Lucy, Ida	1	F	B		LA

Collins, Thomas	40	M	B	Farm laborer		TX
Collins, Catherine	25	F	B			LA
Collins, Henry	9	M	B			LA
Collins, Vina	1/12	F	B			LA
Collins, Sam	6	M	M			LA
Collins, Philis	45	F	B	Farm laborer		AL
Collins, Tenny	7	M	B			TX
Collins, Jimmy	9	M	B			TX
Collins, Mary	15	F	B			TX
Collins, Abby	20	F	B			TX
Collins, Sarah	6	F	B			TX
Collins, Irving	1	M	B			TX
Brown, Jessey	16	M	B			TX
Carter, Granville	35	M	B	Farm laborer		LA
Carter, Ann	20	F	B			LA
Jackson, Fanny	30	F	B	Farm laborer		LA
Jackson, Jim	3	M	B			LA
Jackson, Marshall	40	M	B	Farm laborer		LA
Jackson, Isabell	50	F	B			LA
Jackson, Squire	15	M	B			LA
Jackson, Mike	12	M	B			LA
McNutt, Charles	25	M	M	Farm laborer		LA
Tanner, Robert	35	M	M	Farm laborer		MD
Wills, Robert	50	M	B	Farm laborer		MD
Randolph, John	50	M	B	Farm laborer		MD
Wills, Julia	40	F	M			MD
Shorter, Loyd	40	M	M	Farmer		MD
Shorter, Erstine	35	F	M			LA
Shorter, William Henry	19	M	M	Farm laborer		LA
Shorter, Letitia	14	F	M			LA
Shorter, Lucy E	12	F	M			LA
Shorter, Peter	10	M	M			LA

Family continues on next page

Shorter, Loyd	8	M	M		LA
Shorter, Martha	6	F	M		LA
Shorter, Mary E	4	F	M		LA
Shorter, Harry	3	M	M		LA
Shorter, Thomas M	8/12	M	M		LA
Kelso, Peter	8/12	M	M		MS
Gaines, Washington	34	M	B	Farm laborer	KY
Gaines, Susan	25	F	B	Farm laborer	TX
Gaines, Emma	2	F	B		LA
Gaines, Thomas	5/12	M	B		LA
Madison, Sam	50	M	B	Farm laborer	NC
Madison, Mary	50	F	B		NC
Madison, Austin	22	M	B	Farm laborer	LA
Madison, Thomas	19	M	B	Farm laborer	LA
Madison, Mary Jane	14	F	B		LA
Madison, Abram	10	M	B		LA
Madison, Antonette	7	F	B		LA
Madison, Sarah	7	F	B		LA
Mason, Ben	50	M	B	Farmer	VA
Mason, Chaney	50	F	B		VA
Mason, Josiah Jacob	45	M	B	Farm laborer	SC
Mason, Neel	17	M	B	Farm laborer	SC
Radford, Henry	30	M	B	Farm laborer	TX
Radford, Hannah	25	F	B		TX
Radford, Sam	8	M	B		TX
Radford, William	3	M	B		LA
Hockins, Wesley	40	M	B	Farm laborer	LA
Hockins, Mary	50	F	B		VA
Hockins, Richard	10	M	B		LA
Hockins, John Henry	2	M	B		LA
Martin, Charles	70	M	B	Farm laborer	LA
Martin, George	30	M	B	Farm laborer	LA

Family continues on next page

Name	Age	Sex	Race	Occupation	Birthplace
Martin, Delia	8	F	B		LA
Martin, Charlotte	45	F	B		VA
Thomas, Jane	58	F	B		MD
James, William	50	M	B	Farm laborer	MD
James, Ann	45	F	B		MD
James, Taylor	22	M	B		LA
James, Drueilla	30	F	B		LA
James, Lanty	35	M	B		LA
King, Dennis	30	M	B	Farm laborer	LA
King, Clariss	18	F	B		LA
King, Charity	3/12	F	B		LA
James, Ralph	20	M	B	Farm laborer	LA
James, Nancy	18	F	B		LA
James, William	3/12	M	B		LA
James, John	12	M	B		LA
James, Lem	8	M	B		LA
James, Melinda	15	F	B		LA
James, Caroline	10	F	B		LA
James, Clara	7	F	B		LA
James, Ann	9	F	B		LA
James, Louisa	6	F	B		LA
James, Lavinda	4	F	B		LA
James, Lanty	5/12	M	B		LA
White, Stephen	50	M	B	Farm laborer	LA
White, Johanna	30	F	B		LA
White, Amelia	13	F	B		LA
White, Landy	5	M	B		LA
Hinsley, Landy	50	M	B	Farm laborer	VA
Hinsley, Louisa	60	F	B		VA
Butler, George	67	M	B	Farm laborer	NC
Butler, Susan	48	F	B		LA
Butler, Jesse	11	M	B		LA
Butler, Wylie	10	M	B		LA

Hyams, Jesse	56	M	B	Farm laborer	VA
Hyams, Lucinda	60	F	B		MO
Hyams, John Smith	21	M	B	Farm laborer	LA
Hyams, Daniel W	18	M	B	Farm laborer	LA
Hyams, Nelly	13	F	B		LA
Jones, John	22	M	B	Farm laborer	LA
Jones, Adelle	19	F	B		LA
Gordon, William	23	M	B	Farm laborer	LA
Gordon, Cilley	17	F	B		LA
Blackson, Andrew	54	M	B	Farm laborer	LA
Blackson, Peggy	52	F	B		LA
Blackson, Sarah	26	F	B	Farm laborer	LA
Blackson, Hannah	14	F	B	Farm laborer	LA
Blackson, Rachal	12	F	B		LA
Blackson, Mittie Ann	8	F	B		LA
Gaines, Nathan	29	M	B	Farm laborer	MS
Morison, William	23	M	B	Farm laborer	LA
Morison, Susan	24	F	B		LA
Morison, Joseph	1/12	M	B		LA
Holstien, Braistoe	42	M	B	Farm laborer	LA
Holstien, Rachal	40	F	B		LA
Holstien, Emma	17	F	B		LA
Holstien, Frank	12	M	B		LA
Holstien, Charles	11	M	B		LA
Holstien, Henrietta	9	F	B		LA
Holstien, Sally	7	F	B		LA
Holstien, Samuel	4	M	B		LA
Holstien, James	20	M	B	Farm laborer	LA
Holstien, Aggy	19	F	B	Farm laborer	LA
Holstien, Jimmy	3/12	M	B		LA
Watson, George	22	M	B		LA
Kenny, Lewis	48	M	B	Farm laborer	LA

Family continues on next page

Kenny, Isabella	45	F	B	Farm laborer	LA
Kenny, Mary	7	F	B		LA
Page, Reuben	20	M	B	Farm laborer	VA
Page, Mary	25	F	B		NC
Page, Charles	6	M	B		LA
Page, Elizabeth	2	F	B		LA
Page, Robert	1/12	M	B		LA
Keary, Ephraim	21	M	B	Farm laborer	LA
Keary, Mary	26	F	B		LA
Keary, Edward	10/12	M	B		LA
Sewell, Isaac	25	M	B	Farm laborer	LA
Sewell, Mary	18	F	M		TX
Keary, Isaac	58	M	B	Farm laborer	MS
Keary, Frozine	56	F	B		MS
Lomax, Lewis	68	M	B	Farm laborer	VA
Lomax, Celia	25	F	B		LA
Lomax, John	6	M	B		LA
Gordon, Nathan	47	M	B	Farm laborer	LA
Gordon, Dolly	34	F	B		LA
Warrenton, Nelson	26	M	B	Farm laborer	LA
Warrenton, Rose	30	F	B		LA
Warrenton, Ceeley	12	F	B		LA
Warrenton, Helena	7	F	B		LA
Birm, Nera	18	M	B	Farm laborer	LA
Walker, Jane	45	F	B		VA
Walker, Andrew	12	M	B		LA
Walker, Mary	4	F	B		LA
Ogden, Abner N	37	M	W	Planter	MS
Oliver, John	10	M	M	Domestic servant	LA

Clark, Horace	60	M	B	Farm laborer	VA
Clark, Mary	50	F	B		VA
Clark, Betsey	20	F	B		LA
Clark, Kenny	17	M	B		LA
Clark, Ogden	12	M	B		LA
Clark, George	7	M	B		LA
Clark, Martha J	3	F	B		LA
Clark, Walker	30	M	B	Farm laborer	LA
Clark, Margaret	28	F	B		LA
Clark, Lulette	8	F	B		LA
Muse, Elijah	16	M	B	Farm laborer	LA
Muse, Jane	26	F	B		LA
Muse, Denny	6	M	B		LA
Saunders, Elijah	28	M	B	Farm laborer	LA
Buckner, Samuel	30	M	B	Farm laborer	LA
Buckner, Jane	21	F	B		LA
Buckner, Ella	2	F	B		LA
Humphrey, Horace	45	M	B	Farm laborer	VA
Humphrey, Frances	45	F	B		VA
Hayworth, Clinton	35	M	W	Planter	LA
Calvit, Sarah	13	F	B	Domestic servant	LA
Harris, George	55	M	B	Farm laborer	MS
Harris, Sarah	50	F	B	Laundress	LA
Harris, Daniel	7	M	B		LA
Keary, Robert	30	M	B	Farm laborer	LA
Keary, Rose	24	F	B		LA
Keary, Emma	4	F	B		LA
Keary, Jane	2	F	B		LA
Keary, John	25	M	B	Farm laborer	LA
Keary, Sarah Ann	45	F	B		LA
Keary, Eliza	16	F	B		LA

Family continues on next page

Name	Age	Sex	Race	Occupation	Birthplace
Keary, Alice	10	F	B		LA
Keary, Louis	6	M	B		LA
Keary, Georgianna	2	F	B		LA
Grooms, Emerey	40	M	B	Farm laborer	MD
Grooms, Susan	35	F	B		MD
Hayworth, Leander	27	M	W	Planter	LA
Deloach, Dinah	12	F	B	Domestic servant	SC
Stewart, Jim	60	M	B	Farm laborer	SC
Stewart, Rebecca	50	F	B		SC
Stewart, Anderson	17	M	B	Farm laborer	SC
Gains, John	28	M	B	Farm laborer	LA
Gains, Rosanna	22	F	B		LA
Gains, Susan	2	F	B		LA
Duncan, George	45	M	B	Farm laborer	VA
Duncan, Harietta	30	F	B		LA
Duncan, Charlotte	9	F	B		LA
Duncan, John T	6	M	B		LA
Duncan, Thomas	4	M	B		LA
Duncan, Grant	2	M	B		LA
Duncan, Nancy	2/12	F	B		LA
Alduch, Nulcan	27	M	B	Farm laborer	LA
Alduch, Zoar	20	F	B		LA
Alduch, Julia	1	F	B		LA
Frances, Peter	57	M	B	Farm laborer	TN
Frances, Jane	45	F	B		MD
Frances, Lavenia	18	F	B		LA
Frances, Elijah	14	M	B		LA
Jefferson, Margaret	30	F	B	Farm laborer	LA
Jefferson, Henrietta	4	F	B		LA
Jefferson, Mary J	1	F	B		LA

Saunders, Alfred	25	M	B	Farm laborer	AL
Saunders, Bellona	25	F	B		LA
Saunders, Elisabeth	9	F	B		LA
Saunders, Sarah	2	F	B		LA
Ross, Westley	65	M	B	Farm laborer	VA
Ross, Abigail	50	F	B		VA
Ross, Jupiter	18	M	B	Farm laborer	VA
Ross, Richard	16	M	B	Farm laborer	VA
Ross, Lucy	14	F	B		VA
Ross, Delicia	12	F	B		VA
Ross, Clarissa	9	F	B		VA
Ross, Sally	6	F	B		VA
Ross, Juliana	6	F	B		VA
Williams, George	40	M	M	Farm laborer	LA
Williams, Josephine	30	F	B		LA
Jones, Henry	22	M	B	Farm laborer	VA
Jones, Tempey	18	F	M		LA
Bansk, Sibley	21	M	B	Farm laborer	VA
Cooper, David	21	M	B	Farm laborer	VA
Davis, George	35	M	B	Farm laborer	VA
King, Harry	30	M	B	Farm laborer	MO
King, Marie	25	F	B		VA
King, Charity	65	F	M		LA
King, Isaac	5	M	B		LA
King, Mary Jane	3	F	B		LA
King, Harry Jr	4/12	M	B		LA
King, Triton	27	M	B	Farm laborer	LA
King, Mary E	21	F	B		KY
Porter, John	45	M	B	Farm laborer	KY
Porter, John Jr	22	M	B	Farm laborer	KY
Jones, Levi	40	M	B	Farm laborer	VA
Wickes, Louis	23	M	B	Farm laborer	LA

Anderson, James	35	M	B	Farm laborer	AL
Anderson, Sarah	32	F	B		AL
Anderson, Alfred	18	M	B	Farm laborer	LA
Anderson, Matilda J	16	F	B	Farm laborer	LA
Anderson, Mary J	14	F	B		LA
Anderson, Squire	12	M	B		LA
Anderson, George W	10	M	B		LA
Anderson, Alvira	8	F	B		LA
Anderson, Louisa	4	F	B		LA
Anderson, Richard	6	M	B		LA
Green, John	45	M	B	Farm laborer	MD
Green, Mary	42	F	B		LA
Allen, James	23	M	B	Farm laborer	MS
Allen, Mary E	20	F	B		MD
Allen, Mary	6/12	F	B		LA
Wells, Emma	25	F	B	Farm laborer	LA
Wells, George	30	M	B	Farm laborer	MD
Jackson, Bernard	4	M	B		LA
Williams, Caesar	40	M	B	Farm laborer	LA
Williams, Emily	38	F	B		VA
Williams, Isabella	15	F	B		LA
Williams, Albert	14	M	B		LA
Williams, Peter	12	M	B		LA
Williams, Mary	3	F	B		LA
Anderson, Mary	5	F	B		LA
Anderson, Jonas	3	M	B		LA
Anderson, James W	2	M	B		LA
Armstead, Louis	25	M	B	Farm laborer	LA
Armstead, Charlotte	18	F	B		TX
Matthews, James	25	M	B	Farm laborer	LA
Matthews, Azelda	22	F	B		LA
Matthews, Enos	5	M	B		LA

Family continues on next page

Matthews, Kitty	3	F	B		LA
Matthews, Mary	1/12	F	B		LA
Matthews, Elger	12	M	B		LA
Loyd, Ceban	45	M	B	Farm laborer	MS
Loyd, Lovely	40	F	B		GA
Walker, Abram	50	M	B	Farm laborer	MS
Smith, George	25	M	B	Farm laborer	NY
Archinaud, Richard	65	M	W	Retired planter	LA
Bell, Hannah	60	F	M	Housekeeper	VA
Bell, Emily	31	F	M		LA
Bell, Thomas	28	M	M	Farm laborer	LA
Barrett, John	35	M	M	Farm laborer	LA
Clark, Amanda	33	F	B	Farm laborer	LA
Williams, Lewis	17	M	B		LA
Williams, Nelson	14	M	B		LA
Bennett, Dallas	35	M	B	Farm laborer	LA
Winnfield, Thomas	25	M	B	Farm laborer	LA
Williams, Esther	52	F	B	Farm laborer	NC
Williams, Providence	28	M	B	Farm laborer	LA
Williams, Minnie	22	F	B	Farm laborer	LA
Williams, Jefferson	15	M	B	Farm laborer	LA
Williams, James	13	M	B	Farm laborer	LA
Williams, Lucy	11	F	B		LA
Williams, Wylis	48	M	B	Farm laborer	NC
Williams, Sabria	45	F	B		NC
Williams, Luke	19	M	B	Farm laborer	LA
Williams, Elisabeth	17	F	B	Farm laborer	LA
Williams, Hettie	11	F	B		LA
Williams, John	9	M	B		LA
Williams, Lincoln	5	M	B		LA
Williams, Charley	3/12	M	B		LA
Dorsey, Charles	44	M	B	Farm laborer	LA
Needham, Quincy	70	M	B	Farm laborer	VA

Family continues on next page

Needham, Tecumseh	18	M	B	Farm laborer	LA
Needham, Jane	55	F	B	Domestic servant	NC
Needham, Rigden	22	M	B	Farm laborer	LA
Needham, Caroline	16	F	B	Farm laborer	LA
Needham, Samuel	13	M	B		LA
Needham, Jefferson D	8	M	B		LA
Williams, Martha	28	F	B	Domestic servant	LA
Williams, John	6	M	M		LA
Ford, John	40	M	B	Farm laborer	AL
Ford, Lillian	40	F	B		SC
Ford, Douglas	18	M	B	Farm laborer	LA
Ford, Jerry	15	M	B	Farm laborer	LA
Ford, Melissa	12	F	B		LA
Ford, Thomas W	9	M	B		LA
Ford, Franklin	6	H	B		LA
Ford, Elizabeth	3	F	B		LA
Clark, Willis	50	M	B	Farm laborer	VA
Clark, Nancy	50	F	B		VA
Clark, Frank	18	M	B	Farm laborer	LA
Clark, Melinda	17	F	B	Farm laborer	LA
Clark, Pleasant	1	M	B		LA
Clark, Henrietta	17	F	B	Farm laborer	LA
Clark, Eliza	15	F	B		LA
Clark, Archie	8	M	M		LA
Brown, Charles	50	M	B	Plantation blacksmith	NC
Brown, Hester	45	F	B		NC
Brown, Richard	15	M	B	Farm laborer	LA
Brown, Leonard	13	M	B		LA
Darkins, Lafayette	59	M	B	Farm laborer	PA
Darkins, Frances	50	F	B		LA
Darkins, Annie	12	F	B		LA
Clifton, William	25	M	M	Farm laborer	LA

Family continues on next page

Name	Age	Sex	Race	Occupation	Birthplace
Clifton, Frozine	27	F	B		LA
Clifton, Frank	4	M	M		LA
Clifton, Jane	2	F	M		LA
Clifton, William	10	M	M		LA
Clifton, Patsey	8	F	B		LA
Clifton, Fanny	6	F	B		LA
Fisher, George	18	M	B	Farm laborer	LA
Tyler, John	29	M	B	Farm laborer	LA
Tyler, Adeline	23	F	B		LA
Tyler, Mahalie	7	F	B		LA
Butler, Henry	17	M	B	Farm laborer	LA
Butler, Daniel	16	M	B	Farm laborer	LA
Tyler, Rachal	68	F	B	Farm laborer	MS
Tyler, Edmund	32	M	B		LA
Tyler, Eliza	16	F	M		LA
Tyler, Rachal	5/12	F	M		LA
Protho, Prince	28	M	M	Farm laborer	SC
Protho, Mary J	22	F	M		LA
Protho, Frank	4	M	M		LA
Protho, George	2	M	M		LA
Leidam, Jordon	28	M	B	Farm laborer	PA
Leidam, Rosette	23	F	B		TX
Leidam, James	4/12	M	B		LA
Cooper, Alexander	50	M	B	Farm laborer	LA
Clark, Washington	27	M	B	Farm laborer	LA
Clark, America	35	F	B		LA
Clark, Henry	10	M	B		LA
Clark, Linda	5	F	B		LA
Clark, Clayburn	3	M	B		LA
Clark, Thomas	1	M	B		LA
Hutcheson, Sterling	50	M	B	Farm laborer	VA
Hutcheson, Tempey	50	F	B		VA

Name	Age	Sex	Race	Occupation	Birthplace
Gordan, Richard	50	M	B	Farm laborer	LA
Gordan, Cinderella	28	F	B		LA
Gordan, Martha	12	F	B		LA
Gordan, Lizzie	9	F	B		LA
Gordan, Jimmy	3	M	B		LA
Gordan, Mary E	2/12	F	B		LA
Gordan, Jefferson W	24	M	W	Planter	LA
Clark, Fanny	17	F	M	Servant	LA
Clark, Dacus	28	M	B	Servant	LA
Clark, Elizabeth	25	F	B	Servant	LA
Jones, James	35	M	B	Farm laborer	AL
Jones, Elvira	45	F	B		KY
Jones, Irene	11	F	B		LA
Jones, Minerva	9	F	B		LA
Jones, Andrew	4	M	B		LA
Lawden, Jackson	16	M	B	Farm laborer	LA
Manuel, Moses	35	M	B	Farm laborer	LA
Manuel, Elzuba	28	F	B		LA
Manuel, Charlotte	7	F	B		LA
Manuel, Edward	4	M	B		LA
Manuel, Josephine	5/12	F	B		LA
Lawden, Isabell	30	F	B	Farm laborer	LA
Lawden, Louis	11	M	B		LA
Lawden, Thomas	9	M	B		LA
Lawden, Nancy	9/12	F	B		LA
Strong, William	35	M	B	Farm laborer	LA
Strong, Lydia	45	F	B	Farm laborer	LA
Brooks, George	25	M	B	Farm laborer	LA
Brooks, Hettie	20	F	B		LA
Brooks, William L	4	M	B		LA
Brooks, Jane	3	F	B		LA
Brooks, Reuben	2	M	B		LA
Brooks, Betsy	6/12	F	B		LA

Miles, Levi	35	M	M	Farm laborer		LA
Miles, Laura	26	F	B			LA
Miles, Guss	6	M	B			LA
Miles, Archie	7	M	M			LA
Miles, Elizabeth	1	F	M			LA
Clark, Morris	30	M	B	Farm laborer		LA
Clark, Mary	26	F	B			LA
Clark, Andrew C	15	M	B			LA
Clark, Wylie	13	M	B			LA
Clark, Louis F	10	M	B			LA
Clark, Irving T	7	M	B			LA
Clark, Willie	3	M	B			LA
Clark, Mary Ann	1	F	B			LA
Hyams, Alexander	40	M	B	Farm laborer		LA
Hyams, Jane	30	F	B			LA
Hyams, Peggy	15	F	B			LA
Hyams, Richard	13	M	B			LA
Porter, Aaron	58	M	B	Farm laborer		VA
Porter, Gracey	60	F	B			VA
Lewis, Flemming	50	M	B	Farm laborer		VA
Lewis, Wright (?)	30	M	B			LA
Pink, Dolly	90	F	B			VA
Pink, Leonard	28	M	B	Farm laborer		VA
Pink, Mary E	24	F	B			VA
Pink, Eliza	5	F	B			VA
Pink, Washington	45	M	B	Farm laborer		LA
Pink, Fanny	30	F	B			LA
Pink, Frederick	14	M	B			LA
Pink, Joicey	4	F	B			LA
Pink, Maria	2	F	B			LA
Shield, Land	25	M	B	Farm laborer		LA
Lewis, Thomas	50	M	B	Farm laborer		KY

Family continues on next page

Name	Age	Sex	Race	Occupation	Birthplace
Lewis, Margaret	50	F	B		KY
Mason, Amy	40	F	B	Farm laborer	LA
Davis, Crecy	22	F	B		LA
Pinks, Jordan	35	M	B	Farm laborer	LA
Pinks, Louisa	22	F	B		TX
Pinks, Richard	6	M	B		TX
Pinks, Clarissa	2	F	B		TX
Brooks, Henry	30	M	B	Farm laborer	LA
Brooks, Jane	25	F	B		LA
Brooks, Henry	4	M	B		LA
Brooks, Virginia	3	F	B		LA
Brooks, Jeanette	2	F	B		LA
Logan, Matthew	25	M	B	Farm laborer	LA
Logan, Jannitta	18	F	B		LA
Jones, Henry	55	M	B	Farm lahorer	TN
Jones, Charlotte	44	F	B		VA
Jones, George	19	M	B	Farm laborer	VA
Jones, John	16	M	B	Farm laborer	VA
Jones, Henry Jr	10	M	B		VA
Lewis, Stephen	55	M	B	Farm laborer	LA
Lewis, Rosa	50	F	B		LA
Moore, Stephen	30	M	B	Farm laborer	LA
Moore, Jane	25	F	B		LA
Moore, Anthony	4	M	B		LA
Moore, Betty	2	F	B		LA
Moore, Tennessee	50	F	B		LA
Texada, Shelton	35	M	N	Farm laborer	LA
Texada, Hannah	30	F	M		LA
Wheatty, Samuel	30	M	B	Farm laborer	LA
Wheatty, Eliza	25	F	M	Farm laborer	LA
Lawdon, John	50	M	B	Farm laborer	VA
Lawdon, John Jr	15	M	B	Farm laborer	LA

Puison, Richard	35	M	B	Farm laborer	VA
Puison, Maria	30	F	B		LA
Puison, Seely	15	F	B		LA
Puison, Charlotte	4	F	B		LA
Murry, John	45	M	B	Farm laborer	SC
Murry, Nancy	25	F	B		LA
Murry, John Jr	5	M	B		LA
Murry, Sarah	3	F	B		LA
Reed, Daniel	45	M	B	Farm laborer	MD
Reed, Marcia	40	F	B		MD
Reed, Emily	15	F	B		LA
Reed, George	12	M	B		LA
Reed, Hynston	10	M	B		LA
Reed, Charlotte	8	F	B		LA
Reed, Daniel Jr	6	M	B		LA
Reed, Teena	3	F	B		LA
Reed, Richard	2	M	B		LA
Reed, Samuel	6/12	M	B		LA
Beny, Benjanin	45	M	B	Farm laborer	TN
Beny, Maria	40	F	B		TN
Beny, Joseph	17	M	B		LA
Beny, Robert	7	M	B		LA
Beny, Lila	5	M	B		LA
Tickled, Priest	50	M	B	Farm laborer	SC
Tickled, Charlotte	35	F	B		LA
Tickled, Alice	7	F	B		LA
Tickled, Mary	5	F	B		LA
Maulber, Nancy	55	F	B		KY
King, Charles	25	M	B	Farm laborer	LA
King, Fanny	18	F	B		LA
Young, Alexander	25	M	M	Farm laborer	LA
Young, Dora	20	F	M		LA

Cruikshanks, James A	28	M	W	Physician	LA
Ashmath, Lazime	14	M	M	Domestic servant	LA
Ashmath, Melina	12	F	M	Domestic servant	LA
Williams, Jefferson	27	M	B	Cook	LA
Nicholas, Wilson	43	M	B	Farm laborer	MS
Nicholas, Eliza	45	F	B		KY
Kimball, Samuel	45	M	B	Farm laborer	LA
Kimball, Charlotte	40	F	B		LA
Davis, John	40	M	B	Farm laborer	MD
Davis, Betsy	40	F	B		LA
Davis, Sanford	12	M	B		LA
Jonas, Joseph	35	M	B	Farm laborer	AL
Jonas, Phebe	30	F	B		AL
Jonas, Hannah	90	F	B		AL
Williams, Benjamin	27	M	B	Farm laborer	LA
Williams, Eda	25	F	B		LA
Williams, Netta	5	F	B		LA
Williams, Robert	3	M	B		LA
Williams, Benjamin Jr	5/12	M	B		LA
Butler, Jordan	28	M	B	Farm laborer	LA
Butler, Anne	25	F	B		LA
Butler, George	6	M	B		LA
Butler, Samuel	4	M	B		LA
Butler, Thomas	2	M	B		LA
Neal, William J	45	M	W	Planter	LA
Bailer, Matilda	35	F	B	Domestic servant	LA
Bailer, Ann	2	F	B		LA
Beraly, Cornelius	12	M	B	Domestic servant	LA
Cruikshanks, James	2	M	B		LA
Belsin, Johnson	47	M	B	Farm laborer	AL

Family continues on next page

Belsin, Sarah	25	F	B		LA
Belsin, Miles	13	M	B		LA
Belsin, Martha	8	F	B		LA
Belsin, Margaret A	2	F	B		LA
Belsin, Allen	44	M	B	Farm laborer	AL
Belsin, Allen Jr	15	M	B		LA
Belsin, Flora	10	F	B		LA
Belsin, Cira	8	F	B		LA
Belsin, Dora	6	F	B		LA
Williams, Jane	55	F	B	Farm laborer	VA
Gains, Peter	35	M	B	Farm laborer	LA
Gains, Sarah Ann	30	F	B		LA
Garcon, Raughlin	30	M	B	Farm laborer	AL
Garcon, Nettie	30	F	B		LA
Williams, Daniel	25	M	B	Farm laborer	LA
Williams, Alice	19	F	B		LA
Williams, Jane	3	F	B		LA
Slut, Lucy C	48	F	W		VA
Andrews, Lairnia	9	F	B		TX
Carlett, Robert	14	M	B	Servant	VA
Henderson, Frank	25	M	W	Planter	LA
Andrews, Samuel	17	M	B	Domestic servant	TX
Taylor, Sidney	42	M	B	Farm laborer	KY
Taylor, Dorinda	40	F	B		LA
Taylor, Susan	7	F	B		LA
Taylor, Tempas	6	F	B		LA
Hill, Sandy	50	M	B	Farm laborer	NC
Hill, Lucy	60	F	B		NC
Hill, Hannah	13	F	B		NC
Russel, Blackstone	30	M	B	Farm laborer	LA
Russel, Amy	26	F	B		LA

Family continues on next page

Name	Age	Sex	Race	Occupation	Birthplace
Russel, Isaac	3	M	B		LA
Russel, Virginia	1	F	B		LA
Walker, David	35	M	M	Farm laborer	LA
Walker, Priscilla	25	F	M		LA
Walker, John	4	M	M		LA
Walker, Sarah	2	F	M		LA
Walker, Sarah	50	F	M		LA
McInan, Oliver	34	M	B	Farm laborer	LA
McInan, Julia	34	F	B		LA
McInan, Phebe	14	F	B		LA
McInan, Lydia	8	F	B		LA
McInan, Memphis	5	M	B		LA
McInan, Joseph	2	M	B		LA
McInan, George	8/12	M	B		LA
McInan, Carter	30	M	B	Farm laborer	LA
McInan, Rachal	23	F	B		LA
McInan, Nettie	4	F	B		LA
McInan, William	2	M	B		LA
McInan, Andrew	5/12	M	B		LA
McInan, Andrew	25	M	B	Farm laborer	LA
McInan, Christine	25	F	B		LA
McInan, Jemima	12	F	B		LA
McInan, Carter W	2	M	B		LA
McInan, George	75	M	B		NC
McInan, Archie	14	M	B		NC
McInan, Prator	50	M	B	Farm laborer	LA
McInan, Lottie	40	F	B		LA
Porter, Mary	65	F	B		LA
Porter, Adaline	6	F	B		LA
Porter, Frank	18	M	B		LA
Gains, Nathan	40	M	B	Farm laborer	NC
Gains, Maria	25	F	B		LA

Family continues on next page

Gains, Edward	7	M	B		LA
Gains, James	5	M	B		LA
Gains, Nathaniel	1	M	B		LA
Shaw, John	40	M	B	Farm laborer	LA
Shaw, Lizzie	30	F	B		LA
Shaw, Anderson	17	M	B		LA
Shaw, Pleasant	12	M	B		LA
Shaw, Melinda	2	F	B		LA
Cooper, Lamb	60	M	B	Farm laborer	NC
Cooper, Sarah	60	F	B		NC
Williams, Grinnel	25	M	B	Farm laborer	LA
Williams, Anarchy	19	F	B		LA
Williams, Jimmy	3	M	B		LA
Williams, Nancy	6/12	F	B		LA
Williams, Henry	75	M	B	Farm laborer	VA
Williams, Mary	50	F	B	Farm laborer	VA
Williams, Crup	60	M	B	Farm laborer	VA
Williams, Mitchell	40	M	B	Farm laborer	LA
Williams, Jane	30	F	B		LA
Shaver, Puss	28	F	M		LA
Shaver, Duck	5	F	M		LA
Lewis, Thomas	60	M	B	Farm laborer	SC
Lewis, Lamb	45	F	B		SC
Lewis, Robert	11	M	B		LA
Lewis, Louis	6	M	B		LA
Husten, Crecy	24	F	M	Farm laborer	LA
Husten, Frank	2	M	M		LA
Shaver, William	21	M	M	Farm laborer	LA
Shaver, Shilds	19	M	M	Farm laborer	LA
Shaver, Charles	65	M	M	Farm laborer	VA

Name	Age	Sex	Race	Occupation	Birthplace
Davis, Jackson	28	M	W	Dry goods merchant	LA
Davis, James	60	M	B	Farm laborer	LA
Davis, Jeanette	11	F	B		LA
Davis, Sarah	34	F	B		LA
Myers, Mann M	30	M	W	Physician	SC
Myers, William	7	M	B		LA
Barnett, Wilson	50	M	B	Farm laborer	VA
Barnett, Marie	50	F	B		LA
Barnett, Alexander	14	M	B		LA
Barnett, John	5	M	B		LA
Smith, Fawn	18	F	B	Cook	LA
Smith, Camelia	1	F	B		LA
Shirl, Guss	23	M	B	Farm laborer	LA
Shirl, Sadonia	22	F	B		LA
Shirl, Betsy	2	F	B		LA
Shirl, William	1	M	B		LA
Waits, William	28	M	M	Farm laborer	IL
Waits, Caroline	35	F	M		LA
Waits, Laura	17	F	M	Farm laborer	LA
Waits, Mason	13	M	M		LA
Putley, Charles	35	M	B	Farm laborer	LA
Putley, Harriette	30	F	B		LA
Putley, Katz	10	F	B		LA
Putley, Joseph	4	M	B		LA
Putley, Nathan	7	M	B		LA
Putley, Horace	2	M	B		LA
Putley, Isaac	5/12	M	B		LA
Rawlins, Henry	60	M	B	Farm laborer	VA
Rawlins, Chaney	50	F	B		VA
Crosby, Martha	17	F	B		LA

Name	Age	Sex	Race	Occupation	Birthplace
Neal, James F	20	M	W		LA
Jackson, Ellen	35	F	B	Domestic servant	LA
Jackson, William	6	M	B		LA
Jackson, Alice	2/12	F	B		LA
Paison, Jacob	15	M	B	Domestic servant	LA
Lovelace, William	25	M	B	Farm laborer	SC
Bell, Adam	50	M	B	Farm laborer	SC
Bell, Harriett	40	F	B		LA
Bell, John	21	M	B		LA
Bell, Millie	10	F	B		LA
Polk, Joseph	35	M	B	Farm laborer	TN
Polk, Sarah	30	F	B		SC
Carson, Carter	30	M	B	Farm laborer	MS
Carson, Amy	35	F	B		LA
Carson, Lewis	16	M	B		LA
Carson, Henry	8	M	B		LA
Carson, Guss	6	M	B		LA
Hanson, William	28	M	B	Farm laborer	LA
Hanson, Amy	20	F	M		LA
Hanson, Mary J	1	F	M		LA
Gault, Alfred	60	M	B	Farm laborer	MD
Gault, Millie	60	F	B		MD
Gault, Virginia	18	F	B		LA
Brewer, Charles	50	M	B	Farm laborer	VA
Brewer, Hester	40	F	B		NC
Brewer, Richard	13	M	B		LA
Brewer, Lilly	12	F	B		LA
Brewer, Leonard	11	M	B		LA
Bailey, Joseph	60	M	B	Farm laborer	MD
Bailey, Margaret	45	F	B		LA
Bailey, Solomon	17	M	B		LA

Family continues on next page

Name	Age	Sex	Race	Occupation	Birthplace
Bailey, Susan	15	F	B		LA
Bailey, Mary J	4	F	B		LA
Bailey, Laura	1	F	B		LA
Dorking, Lafayette	45	M	B	Farm laborer	NC
Dorking, Frances	35	F	B		NC
Dorking, Annie	1	F	B		NC
Lawson, Henry	55	M	B	Farm laborer	VA
Lawson, Melinda	50	F	B		VA
Thomas, Edward	39	M	B	Farm laborer	MD
Thomas, Henrietta	30	F	B		LA
Thomas, Mary	3	F	B		LA
Thomas, Minter	2	F	B		LA
Carter, Mary	75	F	B		VA
Jackson, Chaply	19	M	B	Farm laborer	LA
Johnson, Mina	50	F	B		VA
Carter, Winn	14	M	B		LA
Shields, Sandy	25	M	B	Farm laborer	LA
Wallace, Clifton	10	M	B		LA
Wallace, Cephas	10	M	B		LA
Thompson, James	1	M	B		LA
Staffod, Imy (?)	45	M	B	Farm laborer	TN
Staffod, Ellen	30	F	B		LA
Staffod, Jane	16	F	B		LA
Staffod, Robert	8	M	B		LA
Staffod, Louisa	5	F	B		LA
Bimly, Bill	37	M	B	Farm laborer	VA
Bimly, Harriette	23	F	B		LA
Bimly, John	5	M	B		LA
Bimly, Henry	3	M	B		LA
Bimly, Rafe	1	M	B		LA
Marshall, Joseph	30	M	B	Farm laborer	LA

Family continues on next page

Marshall, Judy	25	F	B		LA
Marshall, Dinah	1	F	B		LA
Marshall, Sarah A	2/12	F	B		LA
Johnson, Daniel	35	M	B	Farm laborer	SC
Johnson, Phillissa	30	F	B		LA
Lawson, Ann	30	F	B		LA
Lawson, Virginia	5	F	B		LA
Lawson, Annazette	3	M	B		LA
Lawrence, Edward	35	M	B	Farm laborer	MD
Lawrence, Jane	30	F	B		MD
Lawrence, Hester	16	F	B	Farm laborer	MD
Lawrence, Ester	10	F	B		MD
Pollitt, Jean W	50	M	W	Planter	MD
Anderson, America	28	F	M	Domestic servant	VA
Anderson, George	3	M	M		LA
Howard, Grandison	47	M	B	Farm laborer	MD
Howard, Melinda	35	F	B		LA
Gray, Augustus	23	M	B	Farm laborer	LA
Puny, Adolphus	21	M	B	Farm laborer	LA
Howard, Levin	16	M	B	Farm laborer	LA
Scott, Jeanette	12	F	B		LA
Archinaud, Evariste	61	M	W	Planter	LA
Henry, Patrick	45	M	B	Farm laborer	VA
Ochs, Irene	30	F	M	Domestic servant	LA
Ochs, Amelia	8	F	M		LA
Ochs, Thomas	2	M	B		LA
Ochs, Oscar	1	M	M		LA
Robinson, Mary	19	F	B	Domestic servant	LA
Henry, Hannah	45	F	B		VA
Bazel, Alexander	60	M	B	Gardener	LA
Josie, Lector	55	M	B	Farm laborer	LA

Family continues on next page

Name	Age	Sex	Race	Occupation	Birthplace
Josie, Anette	45	F	B	Farm laborer	LA
Josie, Celestine	50	F	B	Farm laborer	LA
Josie, Lake	65	M	B	Farm laborer	LA
Josie, January	14	M	B	Farm laborer	LA
Josie, Henry	15	M	B	Farm laborer	LA
Baum, Henry	55	M	B	Farm laborer	VA
Baum, Louisa	40	F	B	Farm laborer	VA
Baum, Henry Jr	14	M	B	Farm laborer	VA
Welcome, Edward	45	M	B	Farm laborer	VA
Welcome, Martha	40	F	B		VA
Welcome, Wilson	47	M	B	Farm laborer	VA
Welcome, Louise	40	F	B		VA
Dale, Joseph	45	M	B	Farm laborer	VA
Dale, Marie	45	F	B		VA
Dale, Augustus	21	M	B	Farm laborer	VA
Jackson, Scipio	60	M	B	Baptist minister	SC
Jackson, Tamar	40	F	B		VA
Jackson, Lucy	10	F	B		LA
Jackson, Charles	15	M	B		LA
Bailey, Elijah	40	M	B	Farm laborer	VA
Bailey, Dorcas	50	F	B		VA
Bailey, Mary	35	F	B		LA
Bailey, Hariette	8	F	B		LA
Bailey, William	2	M	B		LA
Bell, Andrew	25	M	M	Farm laborer	LA
Bell, Georgianna	26	F	M		LA
Bell, Harriett	2	F	M		LA
Bell, William	8	M	M		LA
Briscoe, Robert	25	M	B	Farm laborer	TX
Briscoe, Acenta	25	F	B		TX
Briscoe, Robert	11	M	B		LA

Name	Age	Sex	Race	Occupation	Birthplace
Moore, Edward	40	M	B	Farm laborer	LA
Moore, Mary	45	F	B		LA
Boson, Venus	90	F	B		LA
Isaiah, Edward	15	M	B		LA
Isaiah, Frank	12	M	B		LA
Ninny, Nicholas	40	M	B	Farm laborer	LA
Ninny, Mary	35	F	B		LA
Jefferson, Lewis	38	M	B	Farm laborer	LA
Jefferson, Florena	25	F	B		LA
Jefferson, Moses	20	M	B	Farm laborer	LA
Jefferson, George	18	M	B	Farm laborer	LA
Jefferson, Julia	15	F	B		LA
Jefferson, Jasper	2/12	M	B		LA
Cowd, Alfred	28	M	B	Farm laborer	LA
Cowd, Lucena	25	F	B		LA
Bennet, Dallas	30	M	B	Farm laborer	LA
Bennet, Mary	25	F	B		LA
Bennet, Milly	6	F	B		LA
Bennet, Emily	4	F	B		LA
Fields, Jersey	25	M	B	Farm laborer	LA
Fields, Rebecca	20	F	B		LA
Smith, Kitty	50	F	B		LA
Winfield, Thomas	25	M	B	Farm laborer	LA
Goff, Susan	25	F	B		LA
Jackson, Peter	40	M	B	Farm laborer	LA
Jackson, Latma	30	F	B		LA
Jackson, Washington	6	M	B		TX
Jackson, Benjamin	4	M	B		LA
Jackson, Julia	2	F	B		LA
Blackson, Fortune	20	F	B		LA

Long, Charles	70	M	B	Farm laborer	VA
Long, Lady	60	F	B		VA
Bazel, Hammet	65	M	B		VA
Brooks, Mary	30	F	B		VA
Brooks, Hammet	10	F	B		VA
Rouseau, Joseph	30	M	M	Farm laborer	LA
Rouseau, Elizabeth	27	F	M		LA
Rouseau, Elizabeth	12	F	M		LA
Rouseau, Posey	10	F	M		LA
Rouseau, Joseph Jr	8	M	M		LA
Gray, Bazel	40	M	B	Farm laborer	LA
Gray, Christian	38	F	B		LA
Thomas, Israil	48	M	B	Farm laborer	MD
Thomas, Melinda	45	F	B		LA
Thomas, Stephen	24	M	B		LA
Thomas, Israil Jr	18	M	B		LA
Thomas, Lorenso	16	M	B		LA
Thomas, Rose	14	F	B		LA
Thomas, Ussian	11	M	B		LA
Thomas, James	8	M	B		LA
Thomas, Edward	2	M	B		LA
Bennet, Anthony	23	M	B	Farm laborer	LA
Bennet, Melinda	20	F	B		LA
Ledoux, Charles V	65	M	W	Clark	LA
Spraggon, William	19	M	B	Domestic servant	LA
Miller, Mary	30	F	B	Domestic servant	LA
Miller, Mindie	2	F	B		LA
Miller, Jane	1	F	B		LA
Madison, John	34	M	B	Farm laborer	LA
Madison, Lucy	24	F	B		LA
Madison, Jane	2	F	B		LA

Clark, Boston	70	M	B	Farm laborer	VA
Owens, March	41	M	B	Farm laborer	LA
Owens, Rebecca	35	F	B		LA
Owens, Amelia	10	F	B		LA
Owens, Mary	8	F	B		LA
Owens, Boston	6	M	B		LA
Owens, Jefferson	4	M	B		LA
Wickliff, Samuel	27	M	B	Farm laborer	LA
Wickliff, Letty	25	F	B		LA
Wickliff, Louise	3/12	F	B		LA
King, Moses	71	M	B	Farm laborer	MD
King, Rebecca	51	F	B		LA
McNeely, Major	18	M	B	Farm laborer	LA
McNeely, Jordan	12	M	B		LA
Johnson, Isaac	24	M	B	Farm laborer	LA
Johnson, Lorinda	20	F	B		LA
Johnson, Dennis	4	M	B		LA
Johnson, Louisa	2	F	B		LA
Johnson, Lorinda	4/12	F	B		LA
Martin, Richard	39	M	B	Farm laborer	VA
Scott, Mary	40	F	B	Farm laborer	LA
Ashley, George	31	M	B	Farm laborer	LA
Ashley, Lucy	40	F	B		LA
Green, Isaac	21	M	B		LA
Bowen, Mary	16	F	B		LA
Ashley, Andrew	17	M	B	Farm laborer	LA
Ashley, Sarah	12	F	B		LA
Ashley, Martha	5	F	B		LA
Ashley, Moses	1	M	B		LA

Inhabitants of Rapides Ward, Rapides Parish, LA, 12 Jul 1870 - 23 Jul 1870

Name	Age	Sex	Race	Occupation	Place of Birth
Robison, Thomas	29	M	B	Carpenter	IL
Robison, Hannah	22	F	B		LA
Robison, Linda	3	F	B		LA
Robison, Fanny	1	F	B		LA
James, Jacob	15	M	B	Farm laborer	MD
Mitchel, James	70	M	B	Carpenter	KY
Mitchel, June	53	F	B		LA
Mitchel, Jack	15	M	B		LA
Seay, Willis	80	F	B		LA
Glover, Washington	36	M	B	Farm laborer	LA
Glover, Agnes	26	F	B		LA
Glover, Georgeanna	6	F	B		LA
Glover, Susanna	2	F	B		LA
DeDorsey, Poland	40	M	B	Farm laborer	TN
DeDorsey, Nellie	41	F	B		VA
DeDorsey, Violet	2	F	B		VA
DeDorsey, William	14	M	B		VA
Rogers, Thornton	17	M	B	Farm laborer	VA
Dorsey, Abraham	13	M	B		LA
Dorsey, Ramine	3	F	B		LA
Dorsey, Sophia	5	F	B		LA
Dorsey, Melvina	19	F	B		LA
Cooper, Richard	56	M	B	Farm laborer	GA
Cooper, Sallie	45	F	B	Farm laborer	GA
Cooper, John	13	M	B	Farm laborer	GA
Cooper, Patrick	11	M	B		GA

Brant, John	51	M	B	Farm laborer	MD
Brant, Lucinda	46	F	B		VA
Leckie, Benjamin	30	M	B	Farm laborer	VA
Leckie, Catherine	27	F	B	Farm laborer	LA
Leckie, Johanna	50	F	B		VA
Lemone, Albert	18	M	B	Farm laborer	VA
Madison, Sarah	25	F	B	Domestic servant	VA
Madison, Catherine	21	F	B		VA
Madison, Mary	3	F	B		LA
Madison, Virginia	10/12	F	B		LA
McGibbins, Hugh	24	M	B	Farm laborer	LA
McGibbins, Hannah	38	F	B	Domestic servant	VA
Wallnoner, John A	18	M	B	Farm laborer	VA
Wallnoner, Ellen	11	F	B		VA
Wallnoner, Edward	9	M	B		VA
Brooks, William D	6	M	B		VA
Lewis, Sophia	63	F	B	Domestic servant	LA
Andrews, Daisy	25	F	B	Domestic servant	TN
Cannen, Canolove	22	M	B		TN
Morris, Scott	45	M	B	Farm laborer	GA
Morris, Rachal	30	F	B		LA
Morris, Virginia	7	F	B		LA
Morris, Juda	6	F	B		LA
Morris, Amelia	2	F	B		LA
Johnson, Ransom	25	M	B	Farm laborer	LA
Johnson, Abraham	12	M	B	Farm laborer	LA
Johnson, Peter	22	M	B	Farm laborer	LA
Clark, Henry	25	M	B	Farm laborer	LA
Clark, Milly	33	F	B	Farm laborer	LA
Clark, Henry Jr	5	M	B		LA

Family continues on next page

Name	Age	Sex	Race	Occupation	Birthplace
Clark, Daniel	2	M	B		LA
Young, Mary	50	F	B		MD
Herron, Albert	35	M	B	Farm laborer	MS
Herron, Sarah	24	F	B	Farm laborer	MS
Herron, Hiram	1	M	B		LA
Wall, John	38	M	B	Farm laborer	SC
Wall, Betsey	27	F	B	Farm laborer	TN
Wall, Mack	12	M	B		TX
Wall, James	6	M	B		LA
Wall, Lizzie	5	F	B		LA
Johnson, Henry	24	M	M	Farm laborer	LA
Johnson, Lena	22	F	B	Farm laborer	LA
Baker, John	23	M	B		VA
Baker, Ann	20	F	B		TN
Baker, Emma	9	F	B		LA
Hayewoode, Charles P	42	M	W	Farmer	MS
Edgar, Robert	10	M	B	Domestic servant	LA
Clark, Effin	22	M	M	Farm laborer	LA
Clark, Nellie	52	F	B		VA
Clark, Polly	65	F	B		VA
Smith, Afred	31	F	B	Farm laborer	LA
Smith, Frances	25	F	B		LA
Kane, Jordon	26	M	B	Farm laborer	LA
Kane, Louisa	21	F	B	Farm laborer	LA
Didds, Charles	42	M	B	Farm laborer	MD
Didds, Polly	30	F	B	Farm laborer	VA
Didds, Charlotte	16	F	B		LA
Didds, Rachal	14	F	B		LA
Didds, Delice	13	F	B		LA
Didds, Robert	8	M	B		LA

Hill, John	55	M	B	Farm laborer	MD
Hill, Lucinda	50	F	B	Farm laborer	MD
Hill, John	17	M	B	Farm laborer	LA
Hill, Morgan	16	M	B	Farm laborer	LA
Hill, Graham	12	M	B		LA
Hill, William	8	M	B		LA
Hill, Amelia	5	F	B		LA
Hill, Spencer	25	M	B	Farm laborer	LA
Hill, Patty	26	F	B		LA
Hill, Emma	2/12	F	B		LA
Simpson, Effin	32	M	B	Farm laborer	LA
Simpson, Fanny	22	F	B	Farm laborer	LA
Simpson, Nancy	11	F	B		LA
Davis, Jarvis	45	M	B	Farm laborer	TN
Davis, June	40	F	B	Farm laborer	LA
Davis, Dolly	16	F	B		LA
Marshal, Caroline	80	F	B		VA
Lee, Moses	40	M	B	Farm laborer	LA
Lee, Dilsey	39	F	B	Farm laborer	LA
Lee, Delia Y	4	F	B		LA
Lee, Margurett	8	F	B		LA
Lee, Sarah	1	F	B		LA
Lee, Mary	5/12	F	B		LA
Folde, Ostaker	21	M	B	Farm laborer	TX
Taylor, John	22	M	B	Farm laborer	MS
Taylor, Sarah	17	F	B		LA
Jackson, Samuel	60	M	B	Farm laborer	LA
Jackson, Elizabeth	50	F	B		LA
Jackson, Victotia	13	F	B		LA
Jackson, Emma J	11	F	B		LA
Jackson, Robert	8	M	B		LA

Name	Age	Sex	Race	Occupation	Birthplace
Butler, Lucinda	18	F	B		LA
Butler, Samuel	30	M	B	Farm laborer	LA
Butler, Elisia	8/12	F	B		LA
Allen, Jacob	50	M	B	Farm laborer	GA
Allen, Cillia	45	F	B	Farm laborer	GA
Allen, Alsia A	16	F	B	Farm laborer	LA
Allen, Toby	12	M	B	Farm laborer	LA
Allen, Anna	11	F	B		LA
Allen, Virginia	9	F	B		LA
Allen, Westley	4	M	B		LA
Allen, Caroline	1	F	B		LA
Taylor, Maria	17	F	B	Farm laborer	LA
Taylor, Nettie H	12	F	B		LA
Taylor, Georgeanna	15	F	B		LA
Taylor, Moses	52	M	B	Farm laborer	MS
Taylor, Betsey	65	F	B	Farm laborer	MS
Taylor, June E	27	F	B		MS
Taylor, Clarissa	4	F	B		MS
Taylor, Sarah A	1	F	B		MS
Wilson, William	45	M	B	Farm laborer	MS
Wilson, Johanna	35	F	B	Farm laborer	MS
Wilson, Nancy	12	F	B		MS
Wilson, Clarissa	8	F	B		MS
Williams, William	55	M	B	Farm laborer	VA
Williams, Sidney	60	F	B	Farm laborer	MD
Williams, Jordon	23	M	B		LA
Williams, Levina	16	F	B		LA
Williams, Oscar	25	M	B	Farm laborer	LA
Williams, Becky	20	F	B	Farm laborer	LA
Williams, Willis	3	M	B		LA
Williams, Jane	2	F	B		LA
Finnis, Simon	19	M	B	Farm laborer	LA
Finnis, Herbert	10	M	B		LA

Name	Age	Sex	Race	Occupation	Birthplace
Midleton, Ned	50	M	B	Farm laborer	VA
Midleton, Mary	45	F	B	Farm laborer	VA
Midleton, Henry	15	M	B		LA
Midleton, Genie	14	F	B		LA
Jones, Sandy	50	M	B	Farm laborer	LA
Jones, Nancy	50	F	B	Farm laborer	LA
Jones, Nelson	24	M	B	Farm laborer	LA
Jones, Israel	12	M	B	Farm laborer	LA
Jones, Frank	8	M	B		LA
Fraser, Jarry	30	M	B	Farm laborer	LA
Fraser, Pauline	30	F	B	Farm laborer	LA
Fraser, William	2	M	B		LA
Courtney, George	30	M	B	Farm laborer	LA
Courtney, Sylvia	30	F	B	Farm laborer	LA
Courtney, Armstede	10	M	B	Farm laborer	LA
Courtney, Robert	13	M	B	Farm laborer	LA
Courtney, Celia	7	F	B		LA
Courtney, Howard	5	M	B		LA
Courtney, Amy	6/12	F	B		LA
Henson, Claiborne	30	M	B	Farm laborer	LA
Henson, Martha	30	F	B	Farm laborer	LA
Hubbard, Norris	50	M	B	Farm laborer	LA
Jones, Melvin	20	M	B	Farm laborer	LA
West, Louis	20	M	B	Farm laborer	TX
Van Buren, Martin	28	M	B	Farm laborer	MS
Van Buren, Martha	30	F	B	Farm laborer	GA
Van Buren, Henry E	16	M	B	Farm laborer	MS
Greeley, Eliza	50	F	B	Farm laborer	KY
Scott, Charles	60	M	B	Farm laborer	VA
Scott, Dorcas	40	F	B	Farm laborer	GA
Scott, Walter	18	M	B	Farm laborer	LA

Family continues on next page

Scott, Anna	5	F	B		LA
Scott, Nancy	3	F	B		LA
Cooper, Thomas	74	M	B	Farm laborer	MD
Cooper, Harriett	55	F	B	Farm laborer	GA
Cooper, Daniel	16	M	B	Farm laborer	LA
Cooper, Lucy	8	F	B		LA
Cooper, Jane	7	F	B		LA
Thomson, Peter	24	M	B	Farm laborer	LA
Finney, Matthew	18	M	B	Farm laborer	LA
Sinnix, Robert	18	M	B	Farm laborer	LA
Sinnix, Richard	16	M	B	Farm laborer	LA
Jenkins, Spencer	49	M	B	Farm laborer	GA
Jenkins, Dorcey	45	F	B	Farm laborer	VA
Jenkins, Silvia	18	F	B		LA
Jenkins, Sandy	12	M	B		LA
Jenkins, Amanda	9	F	B		LA
Jenkins, Mary	4	F	B		LA
Jenkins, Sallie	2	F	B		LA
Mason, Charles	42	M	B	Farm laborer	VA
Mason, Ellen	44	F	B	Farm laborer	VA
Mason, William	70	M	B	Farm laborer	LA
Mason, Henry	18	M	B	Farm laborer	LA
Mason, Harriett	14	F	B		LA
Mason, Ann	9	F	B		LA
Mason, Louisa	4	F	B		LA
Clora, Ann	80	F	B		VA
Buras, Thomas	53	M	B	Farm laborer	VA
Buras, Matilda	32	F	B		SC
Clark, Reuben	64	M	B	Farm laborer	VA
Clark, Fanny	50	F	B	Farm laborer	VA
Hunter, Arthur	23	M	B	Farm laborer	LA
Hunter, Mahalia	19	F	B	Farm laborer	LA

Family continues on next page

Hunter, William	2	M	B		LA
Hunter, Mary J	2/12	F	B		LA
Thompson, Humphrey	30	M	M	Farm laborer	AL
Thompson, Sarah	28	F	B	Farm laborer	LA
Radford, John	56	M	B	Farm laborer	GA
Radford, Mary	30	F	B	Farm laborer	NC
Carr, Amy	30	F	B		NC
Crown, Allen	65	M	B	Farm laborer	MD
Crown, Betsy	50	F	B	Farm laborer	MD
Crown, John	17	M	B	Farm laborer	LA
Crown, Anna	13	F	B		LA
McCary, George	27	M	B	Farm laborer	MS
McCary, Milly	27	F	B	Farm laborer	LA
McCary, Georgeanna	6/12	F	B		LA
Vaun, Maud A	50	F	B	Farm laborer	MD
Vaun, John	25	M	B	Farm laborer	LA
Vaun, Frank	13	M	B	Domestic servant	LA
Vaun, Hannah	12	F	B		LA
McIntosh	25	M	B	Farm laborer	LA
Foster, Wilson	22	M	B	Farm laborer	LA
Butler, John	75	M	B	Farm laborer	VA
Butler, Lucy	60	F	B	Farm laborer	VA
Butler, John Jr	21	M	B	Farm laborer	LA
Jones, Louisa	50	F	B	Farm laborer	LA
Jones, Harry	21	M	B	Farm laborer	LA
Jones, Jerry	5	M	B		LA
Crown, William	23	M	B	Farm laborer	LA
Crown, Harriett	20	F	B	Farm laborer	LA

Gaines, Alfred	36	M	B	Farm laborer	LA
Gaines, Angeline	45	F	B	Farm laborer	LA
Henderson, Granville	22	M	B	Farm laborer	LA
Henderson, Clarissa	18	F	B		LA
Smith, Gafe	40	M	B	Farm laborer	LA
Smith, Minnie	65	F	B	Farm laborer	LA
Green, Adam	30	M	B	Farm laborer	LA
Green, Betsy	20	F	B	Farm laborer	LA
Seip, Eliza	52	F	W		TN
Wright, Minerva	24	F	B	Domestic servant	MS
Elridge, Catherine	30	F	B	Domestic servant	MS
Elridge, Celest	15	F	B		LA
Smith, Aleck	40	M	B	Farm laborer	MS
Smith, Lottie	40	F	B	Farm laborer	TN
Smith, Frederick	18	M	B	Farm laborer	TN
Smith, Alfred	16	M	B	Farm laborer	TN
Smith, Minerva	12	F	B		TN
Smith, Anne E	10	F	B		TN
Smith, Susan	7	F	B		TN
Smith, Samuel	4	M	B		TN
Smith, Ben	1	M	B		LA
Roberts, David	75	M	B	Farm laborer	NC
Roberts, Ritta	65	F	B	Farm laborer	NC
Roberts, Louis	35	M	B	Farm laborer	NC
Roberts, Julia	25	F	B		LA
Roberts, David	1	M	B		LA
Eldrige, Peter	50	M	B	Farm laborer	MS
Eldrige, Eliza	45	F	B	Farm laborer	MS
Eldrige, Dick	30	M	B	Farm laborer	LA
Eldrige, Anna	10	F	B		LA
Eldrige, John	16	M	B	Farm laborer	LA

Family continues on next page

Name	Age	Sex	Race	Occupation	State
Eldrige, Aleck	12	M	B		LA
Eldrige, Bettie	11	F	B		LA
Eldrige, Susan	7	F	B		LA
Eldrige, George	5	M	B		LA
Eldrige, Daniel	3	M	B		LA
Sanders, Jacob	41	M	B	Farm laborer	MS
Sanders, Elizabeth	36	F	B	Farm laborer	MS
Sanders, William	18	M	B	Farm laborer	MS
Sanders, Gilbert	8	M	B		MS
Sanders, Louisa	4	F	B		MS
Sanders, Eli	1	M	B		MS
Spikes, Abraham	55	M	B	Farm laborer	TX
Spikes, Maria	45	F	B	Farm laborer	TX
Spikes, Henry	30	M	B	Farm laborer	TX
Spikes, Martha	25	F	B	Farm laborer	LA
Spikes, Joseph	28	M	B	Farm laborer	TX
Spikes, Abbe	22	F	B		TX
Spikes, Celia	14	F	B		TX
Spikes, Ellen	13	F	B		TX
Spikes, Sarah	11	F	B		TX
Spikes, Emeline	5	F	B		TX
Spikes, Albert	4	M	B		TX
Spikes, Samuel	1	M	B		TX
Spikes, Dennis	1	M	B		TX
Stewart, James	60	M	B	Farm laborer	LA
Stewart, Mary	75	F	B	Farm laborer	LA
Stewart, Charity	15	F	B		LA
Stewart, Bailey	8	M	B		LA
Stewart, Hester	4	F	B		LA
Stewart, Emma	2	F	B		LA
King, Hester	65	F	B	Farm laborer	VA
Proctor, Hannah	45	F	B	Farm laborer	LA
Proctor, Hannah	14	F	B	Farm laborer	LA
Proctor, June	10	F	B		LA

Family continues on next page

Proctor, Jack	16	M	B	Farm laborer	LA
Proctor, Joseph	8	M	B		LA
Proctor, Jane	60	F	B		LA
Mumford, Harry	30	M	B	Farm laborer	LA
Mumford, Eliza	40	F	B	Farm laborer	LA
Mumford, Louisa	14	F	B		LA
Mumford, Robert	8	M	B		LA
Mumford, Sallie	6	F	B		LA
Mumford, Mary	4	F	B		LA
Mumford, June	2	F	B		LA
Williams, Abraham	35	M	B	Farm laborer	LA
Williams, Rebecca	30	F	B	Farm laborer	LA
Fraser, Mack	50	M	B	Farm laborer	LA
Fraser, Kate	40	F	B	Farm laborer	LA
Fraser, Samuel	10	M	B		LA
Fraser, Charles	6	M	B		LA
Fraser, Thomas	2	M	B		LA
Taylor, Nelson	109	M	B	Preacher	VA
Martin, Matthew	50	M	M	Carpenter	LA
Martin, Mercia	40	F	M		LA
Martin, Bettie	6	F	M		LA
Mills, William	30	M	B	Farm laborer	LA
Mills, Amy	25	F	B		LA
Smith, Polly	50	F	B	Farm laborer	LA
Smith, Miles	15	M	B	Farm laborer	LA
Butler, William	30	M	B	Farm laborer	LA
Smith, Charles	25	M	B	Farm laborer	LA
Smith, Paul	25	M	B	Farm laborer	LA

Taylor, Frank	35	M	B	Farm laborer	LA
Taylor, Emeline	25	F	B		LA
Taylor, Joseph	1	M	B		LA
King, Jessie	80	M	B	Farm laborer	VA
King, Milly	60	F	B	Farm laborer	VA
Martin, Catherine	8	F	B		LA
Williams, Albert	21	M	B	Farm laborer	LA
Williams, Celia	24	F	B	Farm laborer	LA
Norris, Samuel	39	M	B	Farm laborer	MD
Norris, Puss	36	F	B	Farm laborer	LA
Norris, Henry	10	M	B		LA
Norris, Betsey	9	F	B		LA
Norris, Nancy	7	F	B		LA
Norris, George	8	M	B		LA
Norris, Adeline	3	F	B		LA
Norris, Catherine	6/12	F	B		LA
Evans, William	40	M	B	Farm laborer	LA
Evans, Martha	50	F	B	Farm laborer	LA
Jackson, Andrew	8	M	B		LA
Powell, Henry	36	M	B	Farm laborer	VA
Powell, Sallie	26	F	B	Farm laborer	LA
Powell, Mary	7	F	B		LA
Powell, Martha	2	F	B		LA
Powell, Thomas	5/12	M	B		LA
Williams, Killas	68	M	B	Farm laborer	NC
Brooks, George W	19	M	B	Farm laborer	NC
Williams, Denton (?)	30	M	B	Farm laborer	MS
Williams, Caroline	20	F	B	Farm laborer	MS
Williams, Delia	3	F	B		MS
Williams, Lucy	2	F	B		MS
Broomfield, Miles	52	M	B	Farm laborer	VA

Bordine, Elijah	32	M	B	Farm laborer	LA
Bordine, Hannah	30	F	B	Farm laborer	LA
Bordine, Henry	4	M	B		LA
Bordine, Eliza	2	F	B		LA
Scott, Millie	50	F	B		TN
Jackson, Joseph	21	M	B	Farm laborer	TN
Jackson, Patty	19	F	B		TN
Washington, George	40	M	B	Farm laborer	VA
Washington, Minnie	21	F	B	Farm laborer	VA
Washington, William	4	M	B		LA
Washington, Dick	3	M	B		LA
Washington, Julia A	8/12	F	B		LA
Martin, Ceasar	30	M	B	Farm laborer	LA
Martin, Ellen	27	F	B	Farm laborer	LA
Williams, James	30	M	B	Farm laborer	LA
Williams, Aleona	21	F	B	Farm laborer	LA
Williams, Emeline	3	F	B		LA
Williams, Mary E	1	F	B		LA
Mandan, Hamilton	30	M	B	Farm laborer	KY
Mandan, Ann	26	F	B	Farm laborer	LA
Mandan, Nicholas	5	M	B		LA
Mandan, Catherine	7	F	B		LA
Mandan, Milley	12	F	B		LA
Mandan, Margarett	3/12	F	B		LA
Taylor, Frank	55	M	B	Farm laborer	NC
Taylor, Emeline	42	F	B	Farm laborer	NC
Taylor, Louisa	17	F	B		NC
Taylor, Albert	16	M	B	Farm laborer	NC
Taylor, Lark	11	M	B		NC
Roberts, Sandy	40	M	B	Farm laborer	KY
Roberts, Agnes	30	F	B	Farm laborer	VA

Family continues on next page

Roberts, Brown	5	M	B		LA
Roberts, Emma	3	F	B		TX
Roberts, Houston	11	M	B		LA
Roberts, Frank	14	M	B		LA
Roberts, William	13	M	B		LA
Wright, Silas	21	M	B	Farm laborer	LA
Wright, Caroline	23	F	B	Farm laborer	LA
Morris, Albert	21	M	B	Farm laborer	LA
Morris, Betsey	38	F	B		LA
Morris, Cornelia	18	F	B		LA
Morris, Helen	13	F	B		LA
Williams, Isaac	30	M	B	Farm laborer	LA
Williams, Charlotte	28	F	B		LA
Williams, Harriett	7	F	B		LA
Williams, Isabelle	3	F	B		LA
Williams, John	1	M	B		LA
Moral, Hanny (?)	70	M	B	Farm laborer	VA
Moral, June	40	F	B		LA
Moral, Martha	16	F	B		LA
Moral, Sarah L	4	F	B		LA
Moral, John H	6	M	B		LA
Gray, George	17	M	B	Farm laborer	MO
Gray, Ida	23	F	B		VA
Gray, Alice	9	F	B		VA
Gray, George	5	M	B		VA
Gray, Hannah	1	F	B		LA
Thomas, Henry	35	M	B	Farm laborer	LA
Thomas, Eliza	30	F	B	Farm laborer	LA
Thomas, Celia	16	F	B		LA
Alexander, John	34	M	B	Farm laborer	MS
Alexander, Tempa	40	F	B	Farm laborer	NC

Family continues on next page

Name	Age	Sex	Race	Occupation	Birthplace
Williams, Kenny	19	F	B		NC
Williams, Thensia	16	F	B		NC
Williams, Luck	80	M	B	Farm laborer	NC
Washington, David	40	M	B	Farm laborer	NC
Washington, Barbre	35	F	B		NC
Washington, Walter	12	M	B		NC
Washington, Rosa	16	F	B		NC
Lee, Riley	25	M	B	Farm laborer	LA
Lee, Dora	25	F	B	Farm laborer	LA
Lee, Silas	5	M	B		LA
Lee, Mary	3	F	B		LA
Lee, Patsie	3/12	F	B		LA
King, John	30	M	B	Farm laborer	AL
King, Emma	39	F	B	Farm laborer	LA
Harris, Suky	90	F	B		VA
Mead, Edmond	48	M	B	Farm laborer	VA
Mead, Mary E	8	F	B		LA
Goodman, Taylor	23	M	B	Farm laborer	LA
Goodman, Fanny	16	F	B		MS
Andrews, James R	52	M	W	Planter	NC
Johnson, Adeline	32	F	B	Domestic servant	LA
Johnson, Edward	17	M	B	Farm laborer	LA
Johnson, Ida	15	F	B	Domestic servant	LA
Johnson, Celia	13	F	B		LA
Johnson, William	6	M	B		LA
Johnson, Matilda	4	F	B		LA
Green, Jefferson	50	M	B	Farm laborer	KY
Green, Sallie	60	F	B		VA
Willis, Jennie	70	F	B		VA

Name	Age	Sex	Race	Occupation	Birthplace
Mand, Horace	27	M	B	Farm laborer	LA
Mand, Laura A	27	F	B	Farm laborer	LA
Mand, Roseanna	5	F	B		LA
Mand, Eliza	1	F	B		LA
Jackson, Willis	10	M	B		LA
Othas, Alfred	29	M	B	Farm laborer	LA
Othas, Eliza	20	F	B	Farm laborer	LA
Othas, Mary	3	F	B		LA
Othas, Thomas	8/12	M	B		LA
Othas, Martin	27	M	M	Farm laborer	LA
Young, Wilson	44	M	B	Farm laborer	LA
Young, Catherine	30	F	B	Farm laborer	LA
Young, Frances M	5/12	F	B		LA
Young, Charlotte	25	F	B	Farm laborer	LA
Young, Lizzie	9/12	F	B		LA
Lewis, Haly	18	M	B	Farm laborer	LA
Holt, Harris	30	M	B	Farm laborer	LA
Holt, Frederica	31	F	B	Farm laborer	LA
Holt, Martha	2	F	B		LA
Morris, Caroline	16	F	B		LA
Cruikshank, John J	25	M	W	Planter	La
Morris, Sophia	50	F	B	Domestic servant	MO
Merritt, Milly	18	F	B	Domestic Servant	La
Noyes, Mack	25	M	B	Farm laborer	LA
Noyes, Eliza A	30	F	B	Farm laborer	LA
Noyes, Daniel	12	M	B		LA
Noyes, Eliza	60	F	B		VA
Noyes, James	101	M	B		VA
Overton, Richard	80	M	B	Farm laborer	VA
Overton, Philis	80	F	B	Farm laborer	VA

Name	Age	Sex	Race	Occupation	Birthplace
Hubbard, Moses	20	M	B	Farm laborer	LA
Hubbard, Peggy	50	F	B		VA
Hubbard, Charles	18	M	B	Farm laborer	LA
Hubbard, Andrew	18	M	B	Farm laborer	LA
Washington, Amos	25	M	B	Farm laborer	LA
Washington, Mary	20	F	B	Farm laborer	LA
Washington, Amos	6/12	M	B		LA
Signater, Peter	25	M	B	Farm laborer	LA
Signater, Laura	25	F	B	Farm laborer	LA
Signater, Mary	1	F	B		LA
Bunch, Mary	50	F	B		VA
Norris, Louis	50	M	B		VA
Barron, James	48	M	W	Planter	England
Taylor, Frances	18	F	B	Domestic servant	LA
Gordon, Martha	12	F	B	Domestic servant	LA
Renolds, Lucy	48	F	B	Domestic servant	AL
Renolds, Mary Ann	45	F	B	Domestic servant	LA
Burg, Abner	58	M	B	Farm laborer	LA
Burg, Lydia A	48	F	B	Farm laborer	LA
Burg, Mahala	25	F	B	Farm laborer	LA
Burg, Louis	23	M	B	Farm laborer	LA
Burg, Aleck	21	M	B	Farm laborer	LA
Burg, Jessie	13	M	B	Farm laborer	LA
Burg, Lilly	11	F	B		LA
Burg, Ellen	25	F	B		LA
Burg, Margaritt	22	F	B		LA
Green, Mary	54	F	B	Farm laborer	LA
Green, James	18	M	B	Farm laborer	LA
Green, Philip	25	M	B	Farm laborer	LA
Green, Harriett	23	F	B	Farm laborer	LA
Green, Robert	5	M	B		LA
Bird, John	28	M	B	Farm laborer	LA

Family continues on next page

Bird, Nancy	24	F	B		LA
Bird, Ande	6	M	B		LA
Bird, John Jr	4	M	B		LA
Bird, Matilda	2	F	B		LA
Richardson, Daniel	60	M	B	Farm laborer	LA
Richardson, Mary	40	F	B	Farm laborer	LA
Walsh, John	12	M	B		LA
Kelso, Peter	9	M	B		LA
Kelso, Eliza	3	F	B		LA
Kelso, Rum	2	M	B		LA
Wilton, Joseph	37	M	B	Farm laborer	LA
Wilton, Amanda	30	F	B	Farm laborer	LA
Wilton, Ansted J	14	M	B	Farm laborer	LA
Wilton, Louisa	7	F	B		LA
Wilton, Prince	5	M	B		LA
Wilton, Joseph Jr	3	M	B		LA
Estiers, Louis	28	M	B	Farm laborer	LA
Estiers, Lydia	35	F	B	Farm laborer	LA
Estiers, Abner	1	M	B		LA
Colbert, Mary A	14	F	B		LA
Colbert, Helen	6	F	B		LA
Colbert, Nettie	3	F	B		LA
Smith, Joseph	50	M	B	Farm laborer	VA
Smith, Clarissa	58	F	B	Farm laborer	VA
Bird, London	40	M	B	Farm laborer	LA
Bird, Rosetta	54	F	B		LA
Bird, Efrin	16	M	B		LA
Kelly, Ceasar	24	M	B	Farm laborer	LA
Kelly, Jane	25	F	B		LA
Prince, Hanson	48	M	B	Farm laborer	LA
Prince, Charlotte	35	F	B	Farm laborer	LA

Family continues on next page

Name	Age	Sex	Race	Occupation	Birthplace
Prince, Isaac	3	M	B		LA
Prince, Sallie	2	F	B		LA
Sardee, John	68	M	B	Farm laborer	LA
Sardee, Charlotte	65	F	B		LA
Chapp, Cintha	28	F	B	Farm laborer	LA
Chapp, Alfred	12	M	B	Farm laborer	LA
Harris, William	57	M	B	Farm laborer	LA
Harris, Harriett	30	F	B	Farm laborer	LA
Harris, William Jr	2	M	B		LA
Nather, Louis	28	M	B	Farm laborer	LA
Nather, Polly	58	F	B	Farm laborer	LA
Wolford, Levi	32	M	B	Farm laborer	LA
Wolford, Rachel	38	F	B	Farm laborer	LA
Wolford, John	4	M	B		LA
Wolford, Levi Jr	2	M	B		LA
Smith, David	18	M	B	Farm laborer	LA
Gordon, Benjamin	35	M	B	Farm laborer	LA
Gordon, Sallie	25	F	B		LA
Gordon, Henry	4	M	B		LA
Gordon, Martha	3	F	B		LA
Gordon, Antione	1	M	B		LA
Williams, Austin	50	M	B	Farm laborer	LA
Williams, Mary	45	F	B	Farm laborer	LA
Piper, Antione	23	M	B	Farm laborer	LA
Morrison, Jackson	30	M	B	Farm laborer	LA
Morrison, Nancy	22	F	B		LA
Morrison, Frank	1	M	B		LA
Bennett, Shunick	25	M	B	Farm laborer	LA
Grayson, Sarah	90	F	B		VA
Coffin, Abraham	58	M	B	Farm laborer	VA

Young, Benjamin	30	M	B	Farm laborer	VA
Young, Rebecca	22	F	B	Farm laborer	VA
Richardson, Ann	6	F	B		LA
Richardson, George	4	M	B		LA
Slay, Aaron	30	M	B	Farm laborer	LA
Slay, Peggy	40	F	B	Farm laborer	LA
Slay, Celest	12	F	B		LA
Treddwell, Robert	60	M	B	Farm laborer	LA
Treddwell, Eliza	35	F	B	Farm laborer	LA
Treddwell, Charles	20	M	B	Farm laborer	LA
Treddwell, Willis	17	M	B	Farm laborer	LA
Treddwell, Stephen	4	M	B		LA
Treddwell, Lucinda	2	F	B		LA
Jackson, Daniel	15	M	B		LA
Detma, Louisa	10	F	B		LA
Wilton, Henry	18	M	B	Farm laborer	LA
Wilton, Daniel	15	M	B	Farm laborer	LA
Lewis, Benjamin	48	M	B	Farm laborer	LA
Wilton, Richard	6	M	B		LA
Wilton, William	8	M	B		LA
Washington, George	28	M	B	Farm laborer	LA
Sanford, William L	51	M	W	Planter	VA
Carter, Mary	60	F	B	Domestic servant	VA
Carter, Minerva	22	F	B	Domestic servant	VA
Carter, Ellen	12	F	B		LA
Robinson, Stewart	25	M	B	Farm laborer	LA
Stewart, William	40	M	B	Farm laborer	VA
Stewart, Nancy	27	F	B	Farm laborer	VA
Stewart, Mary A	4	F	B		LA
Stewart, Henry	2	M	B		LA
Stewart, William	6/12	M	B		LA

Harrison, William	21	M	B	Farm laborer	LA
Williams, Harriett	26	F	B	Farm laborer	LA
Williams, Minela (?)	5	F	B		LA
Williams, Eliza	6	F	B		LA
Hunter, Joseph	25	M	B	Farm laborer	LA
Hunter, Susan	20	F	B	Farm laborer	LA
Hunter, Cora	2	F	B		LA
Johnson, Philip	25	M	B	Farm laborer	LA
Johnson, Esther	22	F	B	Farm laborer	LA
Johnson, Alice	2	F	B		LA
Johnson, Axce	6/12	F	B		LA
Hunter, Natnan	27	M	B	Farm laborer	LA
Hunter, Sarah	25	F	B	Farm laborer	LA
Hunter, Roseanna	4	F	B		LA
Hunter, Retta	2	F	B		LA
Hunter, Mary	6/12	F	B		LA
Hunter, Jackson	21	M	B		LA
Hunter, Caroline	60	F	B		LA
Hunter, Phoebe	20	F	B		LA
Harrison, Bossier	30	M	B	Farm laborer	LA
Harrison, Lucy A	27	F	B	Farm laborer	LA
Williams, Stradder	17	M	B	Farm laborer	LA
Williams, Amanda	16	F	B	Farm laborer	LA
Harrison, John	7	M	B		LA
Clark, Moses	18	M	B		LA
Clark, John	17	M	B		LA
Curtis, Richard	27	M	B	Farm laborer	LA
Curtis, Huldah	25	F	B	Farm laborer	LA
Curtis, Eva	2	F	B		LA
Curtis, Austin	4	M	B		LA
Johnson, Jordon	60	M	B	Farm laborer	VA
Johnson, Cindia	65	F	B	Farm laborer	VA

Family continues on next page

Johnson, Beckie	29	F	B	Farm laborer	VA
Dorsey, Lizzie	10	F	B		VA
Williams, Martin	50	M	B	Farm laborer	VA
Williams, Adams L	27	M	B	Farm laborer	LA
Williams, Bruce	23	M	B	Farm laborer	LA
Smith, Isaac	27	M	B	Farm laborer	LA
Smith, Emeline	23	F	B	Farm laborer	LA
Smith, Louisa	21	F	B	Farm laborer	LA
Smith, John	1	M	B		LA
Simmins, George	27	M	B	Farm laborer	LA
Simmins, Julia	40	F	B		LA
Simmins, Belle	16	F	B		LA
Brown, Arthur	26	M	B	Farm laborer	LA
Brown, Amanda	20	F	B	Farm laborer	LA
Brown, Thompson	2	M	B		LA
Bell, Mary	60	F	B		VA
Taylor, Adeline	22	F	B	Farm laborer	LA
Taylor, Robert	22	M	B	Farm laborer	LA
Owens, John	28	M	B	Farm laborer	LA
Owens, Hannah	35	F	B		LA
Owens, Robeline	7	F	B		LA
Owens, John Jr	5	M	B		LA
Carey, Shepard	30	M	B	Farm laborer	LA
Carey, Maria	30	F	B	Farm laborer	LA
Carey, Foster	10	M	B		LA
Carey, Mary	5	F	B		LA
Carey, June	2	F	B		LA
Conix, Lewis	45	M	B	Farm laborer	LA
Bell, Mathew	30	M	B	Farm laborer	LA
Bell, Martha	30	F	B	Farm laborer	LA

Family continues on next page

Name	Age	Sex	Race	Occupation	
Bell, Virginia	5	F	B		LA
Bell, Mathew	2	M	B		LA
Harrison, Febe	40	F	B	Farm laborer	LA
Geter, Nancy J	25	F	B	Farm laborer	LA
Bell, Belknap	25	M	B	Farm laborer	LA
Bell, Adeline	25	F	B	Farm laborer	LA
Bell, Robert	9	M	B		LA
Bell, Pleasant	7	M	B		LA
Bell, Belknap Jr	4	M	B		LA
Bell, Nevison	40	M	B	Farm laborer	LA
Bell, Maria	45	F	B	Farm laborer	LA
Clark, Eliza	40	F	B	Farm laborer	LA
Johnson, Isaac	25	M	B	Farm laborer	LA
Johnson, Fanny	20	F	B		LA
Wilson, Samuel	38	M	B	Farm laborer	LA
Wilson, Matilda	30	F	B	Farm laborer	LA
Wilson, Virginia	7	F	B		LA
Wilson, Samuel Jr	2	M	B		LA
Woodley, Samuel	19	M	B	Farm laborer	LA
Branch, Allen	60	M	B	Farm laborer	LA
Branch, Maria	40	F	B	Farm laborer	LA
Branch, Jacob	15	M	B	Farm laborer	LA
Low, Abbe	20	F	B	Farm laborer	LA
Low, Kate	35	F	B	Farm laborer	LA
Clark, Monroe	30	M	B	Farm laborer	LA
Clark, Esther	25	F	B	Farm laborer	LA
Clark, Katie	9	F	B		LA
Clark, Ross	8	M	B		LA
Clark, Mary	7	F	B		LA
Clark, Louisa	5	F	B		LA
Clark, Emma	3	F	B		LA
Clark, Monroe Jr	1	M	B		LA

Loyd, Harrison	20	M	B	Farm laborer	LA
Loyd, Minerva	25	F	B	Farm laborer	LA
Loyd, Harrison Jr	5	M	B		LA
Loyd, Grosay	3	F	B		LA
Loyd, Maria	1	F	B		LA
Randolph, Grosay	65	F	B		LA
Lemott, Armstead	40	M	B	Farm laborer	LA
Lemott, Amelia	35	F	B		LA
Lemott, Sam	8	M	B		LA
Lemott, Louisa	2	F	B		LA
Kenedy, Jackson	50	M	M	Farm laborer	LA
Kenedy, Juda	48	F	M	Farm laborer	LA
Kenedy, Henry	19	M	M	Farm laborer	LA
Kenedy, Benjamin	17	M	M	Farm laborer	LA
Kenedy, Susan	15	F	M		LA
Kenedy, Emily	13	F	M		LA
Kenedy, William	10	M	M		LA
Kenedy, Jackson Jr	8	M	M		LA
Kenedy, James	3	M	M		LA
Smith, Isaac	60	M	B	Farm laborer	LA
Smith, Juda	50	F	B	Farm laborer	LA
Smith, Aaron	14	M	B		LA
Goubly, Louis	35	M	B	Farm laborer	LA
Goubly, Hester	28	F	B	Farm laborer	LA
Goubly, Alfred	1	M	B		LA
Martin, John	60	M	B	Farm laborer	VA
Wells, Green	52	M	B	Farm laborer	VA
Wells, Patsey	40	F	B	Farm laborer	VA
Wells, Frederick	9	M	B		VA
Wells, Duck	8	M	B		VA
Wells, Cora	6	F	B		VA
Wells, Jefferson	8/12	M	B		VA

Name	Age	Sex	Race	Occupation	Birthplace
Casson, Carter	34	M	B	Farm laborer	MS
Casson, Amy	38	F	B	Farm laborer	LA
Casson, Louis	15	M	B	Farm laborer	LA
Casson, Henry	9	M	B		LA
Casson, Augustus	6	M	B		LA
Hall, Richard	47	M	B	Carpenter	LA
Hall, Jane	35	F	B		LA
Hall, Mary	9	F	B		LA
Hall, Hancy	3	F	B		LA
Hall, John	5/12	M	B		LA
Hall, Benjamin	45	M	B	Farm laborer	LA
Williams, Alfred	60	M	B	Farm laborer	NC
Williams, Mary	48	F	B	Farm laborer	VA
Texada, Joseph W	39	M	W	Planter	LA
Williams, Georgianna	12	F	M	Domestic servant	LA
Short, Ruth	60	F	B	Domestic servant	KY
Gordon, Jane	70	F	B		KY
Gordon, Randel	38	M	B	Farm laborer	LA
Gordon, Nancy M	18	F	B	Farm laborer	LA
Gordon, David	15	M	B	Farm laborer	LA
Gordon, Cora C	13	F	B		LA
Gordon, John B	8	M	B		LA
Jackson, Andrew	37	M	B	Farm laborer	AL
Jackson, Henrietta	15	F	B		LA
Cromwell, Oliver	65	M	B	Farm laborer	VA
Cromwell, Jane	40	F	B	Farm laborer	VA
Cromwell, James	15	M	B		LA
Cromwell, Ann	4	F	B		LA
Clark, Henry	17	M	B	Farm laborer	LA
Smith, Stephen	37	M	B	Farm laborer	LA
Smith, Isabelle	37	F	B	Farm laborer	VA

Taylor, Edmond	63	M	B	Farm laborer	VA
Taylor, Milly	46	F	B	Farm laborer	VA
Taylor, George	20	M	B	Farm laborer	LA
Brown, Washington	27	M	B	Farm laborer	LA
Brown, Ann	28	F	B	Farm laborer	SC
Brown, Jasper D	1	M	B		LA
Brown, Charles B	2/12	M	B		LA
Benton, Emma	12	F	B		SC
Jefferson, Susan	42	F	B	Farm laborer	LA
Newall, Charles	22	M	B	Farm laborer	LA
Adams, Mary	21	F	B	Farm laborer	LA
Smith, William	18	M	B	Farm laborer	LA
Davis, Sandy	26	M	B	Farm laborer	AL
Davis, Emma	30	F	B	Farm laborer	LA
Davis, Izelia	2	F	B		LA
Davis, Rogers	10/12	M	B		LA
Davis, Celia	13	F	B		LA
Cooley, Aaron	32	M	M	Farm laborer	AL
Cooley, Laura	21	F	M	Farm laborer	SC
Scott, Moses	50	M	B	Farm laborer	Africa
(Parents were foreign born)					
Scott, Sarah	49	F	B		VA
Scott, George	18	M	B	Farm laborer	LA
(Father was foreign born)					
Scott, Virginia	15	F	B		LA
(Father was foreign born)					
Scott, Eda	13	F	B		LA
(Father was foreign born)					
Scott, Stephen	12	M	B		LA
(Father was foreign born)					
Scott, Marcelus	11	M	B		LA
(Father was foreign born)					
Scott, Matilda	45	F	B	Farm laborer	LA

Name	Age	Sex	Race	Occupation	Birthplace
Davis, Maria	40	F	B	Farm laborer	LA
Davis, Eliza	20	F	B	Farm laborer	LA
Davis, Harriett	19	F	B	Farm laborer	LA
Davis, Arranna	15	F	B	Farm laborer	LA
Davis, Magdaline	13	F	B		LA
Davis, Solomon	9	M	B		LA
Davis, Vinnie	6	F	B		LA
Davis, Catherine	3	F	B		LA
Gray, Girard	52	M	B	Farm laborer	VA
Gray, Harriett	40	F	B	Farm laborer	KY
Gray, Edmund	20	M	B	Farm laborer	KY
Gray, Charles	16	M	B	Farm laborer	KY
Gray, William	14	M	B	Farm laborer	LA
Gray, Amos	11	M	B	Farm laborer	LA
Ross, Edward	29	M	B	Farm laborer	SC
Ross, Sarah	20	F	B	Farm laborer	LA
Ross, Ellen	5	F	B		LA
Ross, Alice	3	F	B		LA
Ross, Edward	5/12	M	B		LA
Goffa, Milton	62	M	B	Farm laborer	KY
Goffa, Charity	40	F	B	Farm laborer	LA
Goffa, Jack	13	M	B		LA
Goffa, Albert	7	M	B		LA
Warner, William	16	M	B	Farm laborer	LA
Scott, Antione	29	M	B	Farm laborer	LA
Scott, Alice	19	F	B		LA
Scott, Isaac	2	M	B		LA
Scott, Malbory (?)	6/12	M	B		LA
Harris, William	20	M	B	Farm laborer	MO
Yell, George	28	M	B	Farm laborer	LA
Owens, John	24	M	B	Farm laborer	LA
Fraser, Hiram	18	M	B	Farm laborer	LA
Richards, William	17	M	B	Farm laborer	LA

Roberts, Isaac	24	M	W	Farmer	KY
Roberts, Frances	22	F	M		LA
Roberts, Sarah	8	F	M		LA
Roberts, Thomas J	2	M	M		LA
Taylor, Allen	56	M	B	Farm laborer	LA
Taylor, Elizabeth	45	F	B	Farm laborer	KY
Taylor, Charles	15	M	B		LA
Taylor, Susan	12	F	B		LA
Bush, James	40	M	B	Farm laborer	LA
Thomas, Lynch	25	M	B	Farm laborer	TN
Thomas, Esther	22	F	B	Farm laborer	LA
Thomas, Brit	4	M	B		LA
Grant, Peter	50	M	B	Farm laborer	LA
Grant, Nettie	40	F	B	Farm laborer	VA
Dickerson, William	45	M	B	Farm laborer	LA
Dickerson, Amy	40	F	B	Farm laborer	LA
Dickerson, Jack Ross	16	M	B	Farm laborer	LA
Dickerson, Cora	16	F	B	Farm laborer	LA
Griglersy, Caroline	30	F	B	Farm laborer	LA
Delack, Dinah	14	F	B	Farm laborer	LA
Delack, Mahala	9	F	M		LA
Hall, Isaac	60	M	B	Farm laborer	LA
Hall, Betsy	14	F	B	Farm laborer	VA
Hall, Frank	20	M	B	Farm laborer	LA
Panel, Nancy	45	F	B	Farm laborer	KY
Panel, Betsy	14	F	B	Farm laborer	LA
Jackson, Daisy	50	F	B	Farm laborer	VA
Jackson, Carrol	15	M	B	Farm laborer	LA

Name	Age	Sex	Race	Occupation	Birthplace
Panel, Horace	27	M	B	Farm laborer	LA
Panel, Cora	21	F	B	Farm laborer	LA
Panel, Sarah	2	F	B		LA
Daniels, Abraham	65	M	B	Farm laborer	MD
Daniels, Laura	60	F	B	Farm laborer	MD
Ruth, John	34	M	B	Farm laborer	LA
Ruth, Rachal	30	F	B		LA
Ruth, Luck	16	M	B		LA
Ruth, Ella	14	F	B		LA
Ruth, Laura	14	F	B		LA
Ruth, Allen	10	M	B		LA
Ruth, Thomas	7	M	B		LA
Ruth, Sallie	1	F	B		LA
Roberts, Wiley	34	M	B	Farm laborer	LA
Roberts, Matilda	30	F	B	Farm laborer	LA
Roberts, Lula	4	F	B		LA
Aleck, Thomas	45	M	B	Farm laborer	LA
Aleck, Caroline	55	F	B	Farm laborer	LA
Aleck, Peggy	19	F	B	Farm laborer	LA
Aleck, Irene	17	F	B	Farm laborer	LA
Aleck, Thomas	16	M	B	Farm laborer	LA
Brent, William	28	M	B	Farm laborer	LA
Brent, Thomas	25	M	B	Farm laborer	LA
Brent, George	27	M	B	Farm laborer	LA
Brent, Laura	24	F	B	Farm laborer	LA
Brent, George	2	M	B		LA
Werden, Richard	25	M	B	Farm laborer	LA
Werden, Cora	19	F	B		LA
Chapman, Rose	70	F	B		VA
Chapman, Daniel	27	M	B	Farm laborer	LA
Chapman, Linda	25	F	B	Farm laborer	LA
Chapman, Dilsey	20	F	B	Farm laborer	LA

Family continues on next page

Chapman, Manuel	16	M	B	Farm laborer	LA
Chapman, Willie	14	M	B	Farm laborer	LA
Chapman, Armstead	10	M	B		LA
Chapman, Jane	3	F	B		LA
Chapman, Roseanna	2	F	B		LA
Williams, Thomas	7	M	B		LA
Nesbit, Oscar	70	M	B	Farm laborer	LA
Nesbit, Ellen	60	F	B	Farm laborer	VA
Nesbit, Thomas	30	M	B	Farm laborer	LA
Nesbit, Hester	25	F	B	Farm laborer	LA
Dougherty, Richard	60	M	B	Farm laborer	VA
Dougherty, Betsy	50	F	B	Farm laborer	VA
Dougherty, Silas	27	M	B	Farm laborer	VA
Dougherty, Douglas	21	M	B	Farm laborer	VA
Dougherty, Milly	14	F	B		VA
Dougherty, Richard Jr	7	M	B		VA
Burden, Edward	35	M	B	Farm laborer	LA
Burden, Julia	25	F	B	Farm laborer	LA
Burden, Jefferson G	15	M	B	Farm laborer	LA
Burden, Gracie	2	F	B		LA
Edwards, Rachal	80	F	B		VA
Edwards, John	25	M	B	Farm laborer	LA
Edwards, Emeline	19	F	B	Farm laborer	LA
Edwards, Charlotte	2	F	B		LA
Edwards, Nicholas	3/12	M	B		LA
Thompson, Louisa	60	F	B		LA
Dougherty, Laura	12	F	B		LA
Chapman, Henry	68	M	B	Farm laborer	VA
Chapman, Celice	30	F	B	Farm laborer	LA
Heymann, Charlotte	50	F	B	Farm laborer	LA
Heymann, Roseanna	12	F	B		LA

Family continues on next page

Name	Age	Sex	Race	Occupation	Birthplace
Heymann, Susan	10	F	B		LA
Heymann, Ucillius	8	M	B		LA
Heymann, Kirby S	4	M	B		LA
Arshnard, Joseph	26	M	B	Farm laborer	LA
Arshnard, Martha	24	F	B	Farm laborer	LA
Arshnard, Elcis	50	F	B	Farm laborer	LA
Arshnard, Nancy	29	F	B	Farm laborer	LA
Arshnard, London	35	M	B	Farm laborer	LA
Arshnard, Betsy	30	F	B	Farm laborer	LA
Arshnard, Esther	7	F	B		LA
Arshnard, Foster	4	M	B		LA
Bevins, Esther	80	F	B		LA
Paten, Charles	25	M	B	Farm laborer	LA
Paten, Adeline	24	F	B	Farm laborer	LA
Paten, James	4	M	B		LA
Paten, Alcia A	1	F	B		LA
Mitchel, Roango	22	M	B	Farm laborer	LA
Mitchel, Ann	16	F	B		TX
Wallace, Horace	54	M	B	Farm laborer	MD
Wallace, Sarah	40	F	B	Farm laborer	MD
Wallace, Lettie	16	F	B	Farm laborer	LA
Wallace, Robert D	10	M	B		LA
Barn, Warren	45	M	B	Farm laborer	GA
Barn, Louisa	35	F	B		MD
Low, Horton	26	M	B	Farm laborer	LA
Low, Adeline	16	F	B		LA
Low, John D	3	M	B		LA
Low, Mitchel	8/12	M	B		LA
Kimble, Peter	50	M	B	Farm laborer	VA
Kimble, Susan	45	F	B	Farm laborer	VA
Sheppard, Harrison	47	M	B	Farm laborer	VA
Sheppard, Rebecca	30	F	B	Farm laborer	VA

Wright, David	35	M	B	Farm laborer	LA
Wright, Elizabeth	25	F	B	Farm laborer	LA
Wright, Tilman	16	M	B	Farm laborer	LA
Wright, Silvia	15	F	B		LA
Wright, Mary	8	F	B		LA
Wright, William	7	M	B		LA
Wright, Matilda	7	F	B		LA
Wright, Bebley	2	M	B		LA
Fisher, Washington	30	M	B	Farm laborer	NC
Fisher, Louisa	25	F	B	Farm laborer	VA
Fisher, Peter	6	M	B		LA
Fisher, Eli	2	M	B		LA
Shorter, Oscar	50	M	B	Farm laborer	LA
Shorter, Betsy	40	F	B	Farm laborer	VA
Shorter, Oscar Jr	10	M	B		LA
Shorter, Maria	7	F	B		LA
Shorter, Nickey	4	M	B		LA
Shorter, Rachel	1	F	B		LA
Duckit, Wilson	16	M	B	Farm laborer	LA
Duckit, Lottie	15	F	B	Farm laborer	LA
Duckit, Emily	14	F	B		LA
Curtis, William	40	M	B	Farm laborer	LA
Curtis, Catherine	35	F	B	Farm laborer	LA
Curtis, Lucy A	3	F	B		LA
Low, Madison	35	M	B	Farm laborer	LA
Low, Harriett	25	F	B	Farm laborer	LA
Pearson, Amanda	30	F	B	Farm laborer	LA
Pearson, Emma	9	F	B		LA
Moore, Joseph	64	M	B	Farm laborer	MD
Moore, Kitty C	50	F	B	Farm laborer	MD
Moore, Vernon	18	M	B	Farm laborer	LA
Moore, William	7	M	B		LA

James, William	56	M	B	Farm laborer	VA
James, Martha	50	F	B	Farm laborer	VA
Courtney, Harry	75	M	B		VA
Courtney, Bassitt	40	M	B	Farm laborer	MD
Courtney, Laura	40	F	B	Farm laborer	MD
Courtney, Jasper	20	M	B	Farm laborer	LA
Courtney, Alexander	10	M	B		LA
Toye, Richard	60	M	B	Farm laborer	MD
Toye, Elizabeth	60	F	B	Farm laborer	MD
Toye, Annette	20	F	B	Farm laborer	LA
Curtis, Richard	35	M	B	Farm laborer	LA
Curtis, Patsey	20	F	B	Farm laborer	LA
Curtis, Morris	2	M	B		LA
Myres, Jerry	19	M	B	Farm laborer	LA
Hyson, Charles	60	M	B	Farm laborer	MD
Hyson, Barbre	50	F	B	Farm laborer	MD
Hyson, Lee	19	M	B	Farm laborer	LA
Hyson, Walter	15	M	B	Farm laborer	LA
Ambush, James	60	M	B	Farm laborer	MD
Ambush, Minerva	30	F	B	Farm laborer	LA
Ambush, Philip	10	M	B		LA
Ambush, Howard	1	M	B		LA
Ambush, Thomas J	3	M	B		LA
Williams, Jerry	21	M	B	Farm laborer	LA
Williams, Harriett	29	F	B	Farm laborer	LA
Williams, Frederick	2	M	B		LA
Williams, Jerry J	1	M	B		LA
Williams, Edward	1	M	B		LA
Grant, Henry	27	M	B	Farm laborer	LA
Grant, Sarah	25	F	B	Farm laborer	LA
Donnell, Juda	60	F	B		VA

Name	Age	Sex	Race	Occupation	Birthplace
Eulant, Alfred	60	M	B	Farm laborer	LA
Eulant, Amy	50	F	B	Farm laborer	LA
Eulant, Kitty P	24	F	B	Farm laborer	LA
Pinkney, Peggy	17	F	B	Farm laborer	LA
Pinkney, Benjamin	12	M	B	Farm laborer	LA
Pinkney, Maud	4	F	B		LA
Pinkney, Delmore	5	M	B		LA
Pinkney, James W	1	M	B		LA
Pinkney, Peter	6/12	M	B		LA
Stroller, Julia	11	F	B		LA
Brown, Charles	30	M	B	Farm laborer	AL
Brown, Lucinda	28	F	B	Farm laborer	MS
Butler, Thomas	32	M	B	Farm laborer	PA
Kitty, Julius A	28	M	B	Farm laborer	NY
Forenee, Amos	35	M	B	Farm laborer	LA
Forenee, Mary	35	F	B	Farm laborer	GA
Forenee, Mary E	3	F	B		LA
Forenee, Tempa	9/12	F	B		LA
Robinson, Wilbert	29	M	B	Farm laborer	VA
Robinson, Nellie	29	F	B	Farm laborer	LA
Robinson, Ida	4	F	B		LA
Robinson, Ella	9/12	F	B		LA
Dean, John	11	M	B		LA
Grace, Edward	23	M	B	Farm laborer	LA
Grace, Louisa	23	F	B	Farm laborer	LA
Johnson, Margaret	7	F	B		LA
Bradley, Jerry	32	M	B	Farm laborer	LA
Bradley, Sarah	24	F	B	Farm laborer	LA
Bradley, William	4	M	B		LA
Bradley, Jane	2	F	B		LA

Alexander, William	22	M	B	Farm laborer	LA
Alexander, Stephen	21	M	B	Farm laborer	LA
Grace, Spencer	52	M	B	Farm laborer	VA
Grace, America	57	F	B	Farm laborer	VA
Grace, James	19	M	B	Farm laborer	LA
Grace, Nancy	14	F	B		LA
Grace, Laura	9	F	B		LA
Grace, Mary	8	F	B		LA
Grace, Spencer Jr	8	M	B		LA
Jackson, Henreit	25	F	B	Farm laborer	LA
Robinson, Hally	7	F	B		LA
Robinson, Wilbert	5	M	B		LA
Robinson, Jane	4	F	B		LA
Robinson, Thomas	20	M	B		LA
Johnson, Frank	65	M	B	Farm laborer	VA
Johnson, Violet	30	F	B	Farm laborer	LA
Johnson, George	10	M	B		LA
Johnson, Meshack	8	M	B		LA
Johnson, Margaret	6	F	B		LA
Johnson, Frank	3	M	B		LA
Johnson, Nancy	3	F	B		LA
Labrina, Jenny	24	F	B	Farm laborer	LA
Dunbar, Richard	37	M	B	Farm laborer	MD
Dunbar, Charlotte	47	F	B	Farm laborer	VA
Dunbar, Stephen	30	M	B	Farm laborer	MD
Dunbar, Lizzie	17	F	B		LA
Houston, William	40	M	B	Farm laborer	SC
Houston, Philip	21	M	B	Farm laborer	LA
Houston, Celia	20	F	B		LA
Houston, Mary A	25	F	B	Farm laborer	MD
Houston, Maria	6	F	B		MD
Dennis, William	35	M	B	Farm laborer	LA
Dunbar, Betsy	60	F	B	Farm laborer	MD

Lignato, Clementime	25	F	B	Farm laborer	LA
Lignato, Fanny	4	F	B		LA
Lignato, Manuel	2	M	B		LA
Sewell, William	45	M	B	Farm laborer	MS
Sewell, Amy	35	F	B	Farm laborer	LA
Sewell, William Jr	25	M	B	Farm laborer	LA
Sewell, Louisa	27	F	B		MD
Sewell, Julia Ann	11	F	B		LA
Sewell, Jarvis	7	M	B		LA
Sewell, Mary M	4	F	B		LA
Sewell, Benjamin	9/12	M	B		LA
Jones, John	45	M	B	Farm laborer	MD
Jones, Jennie	35	F	B	Farm laborer	MD
Jones, Melvin	21	M	B	Farm laborer	LA
Jones, Arthur	18	M	B	Farm laborer	LA
Jones, Ursulia	17	F	B		LA
Jones, Betsy	14	F	B		LA
Dorsey, William	37	M	B	Farm laborer	MD
Dorsey, Lucinda	30	F	B	Farm laborer	MD
Dorsey, Ivers	17	M	B	Farm laborer	LA
Dorsey, Theopolas	12	M	B	Farm laborer	LA
Dorsey, Chapman	10	M	B		LA
Dorsey, Louis	3	M	B		LA
Dorsey, John	78	M	B		MD
Diges, Isaac	40	M	B	Farm laborer	VA
Diges, Ernest	15	M	B	Farm laborer	LA
McDowal, Alfred	40	M	W	Farmer	GA
Olage, Sophia	17	F	B	Domestic servant	LA
Smith, Wilder	20	M	B	Farm laborer	LA
Smith, Ellen	18	F	B	Farm laborer	LA
Davis, Robert	18	M	B	Farm laborer	NC

Barnes, John F	49	M	B	Farm laborer	LA
Barnes, Mary	45	F	B	Farm laborer	VA
Barnes, Hannah	17	F	B		LA
Barnes, Esau	11	M	B		LA
Barnes, Louisiana	9	F	B		LA
Barnes, Celest	6	F	B		LA
Barnes, Joseph	5	M	B		LA
Green, Frank	55	M	B	Farm laborer	VA
Green, Martha	50	F	B	Farm laborer	VA
McClenham, Andy	33	M	B	Farm laborer	LA
McClenham, Ann	25	F	B	Farm laborer	LA
McClenham, Willie	9	M	B		LA
McClenham, Levi	7	M	B		LA
McClenham, Lottie	4	F	B		LA
McClenham, Alice	2	F	B		LA
Baylor, Humphrey	23	M	B	Farm laborer	LA
Baylor, Frances	29	F	B	Farm laborer	LA
Smith, Lewis	5	M	B		LA
Baylor, Jesse	24	M	B	Farm laborer	LA
Baylor, Elvira	41	F	B	Farm laborer	LA
Baylor, Jesse Jr	2	M	B		LA
Baylor, Benard	17	M	B		LA
Nelson, Archie	50	M	B	Farm laborer	VA
Nelson, Elisabeth	37	F	B	Farm laborer	VA
Williams, Moses	45	M	B	Farm laborer	VA
Williams, Melinda	42	F	B	Farm laborer	VA
Williams, William	12	M	B		LA
Ray, Ellen	40	F	B	Farm laborer	LA
Ray, James	4	M	B		LA
Ray, Levina	2	F	B		LA
Ray, Jane	6/12	F	B		LA

Curtis, Gilbert	40	M	B	Farm laborer	VA
Richardson, Robert	40	M	B	Farm laborer	PA
Jones, Jack	27	M	B	Farm laborer	VA
Lewis, Antione	26	M	B	Farm laborer	VA
Lear, Matthew	43	M	B	Farm laborer	LA
Lear, Juda	24	F	B	Farm laborer	LA
Lear, Robert	3	M	B		LA
Grayson, Jack	83	M	B	Farm laborer	VA
Grayson, Henry	14	M	B	Farm laborer	LA
Grayson, Harvey	13	M	B	Farm laborer	LA
Foster, Isaac	28	M	B		MS
Sewell, Dennis	60	M	B	Farm laborer	LA
Sewell, Mary	48	F	B	Farm laborer	LA
Sewell, Dolly	8	F	B		LA
Butler, John	50	M	B	Farm laborer	VA
Butler, Levina	30	F	B	Farm laborer	VA
Mitchel, Martha	55	F	B	Farm laborer	LA
Grayson, Ogden	13	M	B		LA
Jackson, Silas	50	M	B	Farm laborer	VA
Roberts, Martha	55	F	B	Farm laborer	KY
Roberts, Coleman	60	M	B	Farm laborer	KY
Roberts, Harriett	30	F	B	Farm laborer	TX
Nelson, Joseph	29	M	B	Farm laborer	TX
Nelson, Amanda	29	F	B	Farm laborer	MS
Montgomery, Henry	19	M	B	Farm laborer	TX
West, Nelson	25	M	B	Farm laborer	TX
West, Frosine	17	F	B	Domestic servant	LA
West, Jane	1	F	B		LA

Inhabitants of Weste Ward, Rapides Parish, Louisiana
4 Sep 1870

Name	Age	Sex	Race	Occupation	Place of Birth
Corklin, Jacob	70	M	B	Farmer	LA
Corklin, Betsey	50	F	B		NC
Corklin, Samuel	27	M	B	Farm laborer	LA
Corklin, Burben	22	M	B	Farm laborer	LA
Corklin, Vanderfoot	20	F	B		LA
Corklin, Matt	19	M	B	Farm laborer	LA
Corklin, Peter	16	M	B		LA
Corklin, Austin	13	M	B		LA
Corklin, Laney	12	F	B		LA
Corklin, Arkin	7	M	B		LA
Corklin, Sally	6	F	B		LA
Corklin, John	5	M	B		LA
Corklin, Ann	3	F	B		LA

Index

AARON, Andy 74 Burkett 74 Caroline 28 Elsey 74 Lewis 28 Morris 63 Perry 28 Susan 74 Winny 74
ABADIE, Lewis 170
ACEN, Caroline 18
ACKLEY, Charles 176 Eliza 176 Eliza 73 Ellen 176 Henrietta 176 Henry 73 176 Lucy Ann 176 Maria 73 Mina 73 Prince 73 Reuben 176 Sarah 176 Westley 176
ADAMS, Daniel 3 Mary 302 Mary Ann 3
ADDISON, Betsey 16 John 16 Lindsey 16
ADSON, Addie A 213 Caroline 213 Ebenezar 213 James 213
AITKEN, Betsey 109 Frank 109
ALBERT, Henry 199 Nancy 199 Perry 199 William 1
ALDUCH, Julia 255 Nulcan 255 Zoar 255
ALECK, Caroline 305 Irene 305 Peggy 305 Thomas 305
ALEXANDER, Alfred 182 Amelia 183 Ben 222 Caroline 96 Carry 96 Celeste 183 Daniel 96 Dina 96 Flora 10 138 Gabriel 10 George 183 Isaac 96 James 235 Jane 96 John 290 Joseph 138 Julia 138 Louise 116 Lucy 235 Mary 183 Parrylee 96 Samuel 183 Stella 96 Stephen 311

Susan 209 Tempa 290 William 311 Willis 209
ALLEN, Alsia A 281 Amos 168 Ann 143 Anna 112 281 Augusta 168 Betsy 205 Caroline 168 281 Celeste 168 Cillia 281 Cornelius 50 Daniel 143 David 50 121 Dinah 112 Edmund 51 168 Efrin 202 Elgee 182 Eliza 50 Frank 202 206 Hannah 202 Harriett 168 Henry 112 148 Jacob 281 James 143 257 John 50 Joseph 199 Julius 205 206 Letty 143 Margaret 168 Mary 50 88 168 182 206 257 Mary E 257 Nancy 143 Patty 112 Perry 50 Sally 143 Thomas 168 Toby 281 Virginia 281 Westley 281 William 50 Wimpy 168
ALLSWORTH, James 220 Mary 220
ALSTON, Peter 45 Rachal 200 Ray 200 Stephen 200
AMBER, Ellen 67 Henry 66 Laura 66 Watkins 66 William 67
AMBUSH, Howard 309 James 309 Minerva 309 Philip 309 Thomas J 309
AMOS, Amos 154 Anna 154 Georgianna 154 Mary 86 Ralph 154 Rose 154 Sally 154

ANDERSON, Alfred 257 Alvira 257 America 272 Annika 47 Catherine 197 Courtney 139 Daniel 14 Elias 139 George 200 272 George W 257 Grant 139 Henry 143 163 Howard 57 Isaac 47 188 James 143 257 James W 257 Jesse 14 John 180 181 Jonas 257 Katie 14 Loretta 143 Louisa 257 Lucinda 143 Mary 257 Mary J 257 Matilda J 257 Nancy 14 Rebecca 143 Richard 181 257 Rose 180 Sandy 139 Sarah 257 Squire 257 Susan 139 Susan 181 Thomas 47
ANDREW, Delia 143 Harvey 143 Lucinda 143 Manuel 143 Tibby 143
ANDREWS, Daisy 278 James R 291 Lairnia 266 Samuel 266
ANTONY, Emily 73 John 73 Lelia 73 Mina 73 Sallie 73
ARCHINAUD, Evariste 272 Richard 258
ARMSTEAD, Albert 232 Alice 232 Allen 232 Ananias 89 Betsey 92 Charles 89 Charlotte 257 Damon 89 Emily 232 Frank 232 236 Hardy 89 Henry 89 Isaac 236 Jane 89 Louis 257 Louisa 92 Lucretia 89 Mahala 236 Mary 89 Polly 23 Rebecca 89 Sabria 89 Shadrick 89 Westley 236
ARMSTRONG, Abraham 97 Asa 20 Auly 97 Eliza 192 Ellen 192 Emily 78 Harriett 192 Henrietta 160 Joseph 192 Lanty 160 Leonard 163 Louisiana 192 Lucy 163 Mahala 20 Mary 97 192 Neal 192 Oliver 192 Peter 78 Richard 97 Sarah 163 Susan 78 Westley 97 William 78
ARNOLD, Abner 82 George 82 Harriett 82 Jacob 82 Turner 82
ARSHNARD, Betsy 307 Elcis 307 Esther 307 Foster 307 Joseph 307 London 307 Martha 307 Nancy 307
ASHLEY, Andrew 276 George 276 Lucy 276 Martha 276 Moses 276 Sarah 276
ASHMATH, Lazime 265 Melina 265
ATKINS, Gallres (?) 184 James 184 John 184 Louisa 184 Robert 184
AUDIBERT, John M 119
AUSTIN, Charlotte 32
BACHELOR, Charles 217
BAILER, Ann 265 Matilda 265
BAILEY, Dorcas 158 273 Elijah 273 Eva 184 Gilbert 48 Hariette 273 Henry 158 Jefferson 184 Joseph 270 Laura 271 Margaret 270 Maria 48 Mary 273 Mary J 271 Minerva 158 Solomon 270 Susan 271 Tobias 184 William 7 273
BAILLIO, Charlotte 15 Gervais 11 Gervais Jr 12 Gusten 163 Sosthene 12

BAINBERRY, Esther 120 John 120
BAKER, Abraham 82 Amanda 79 Ann 279 Anna 232 Antonetta 82 Benjamin 81 Beverly 49 79 Catherine 80 Cupid 82 Dennis 82 Edney 80 Eli 203 Ellen 82 150 Emma 279 Esther 232 Harry 232 Israel 51 John 232 279 Julia Ann 150 Lavilla 80 Lilly 232 Lucy 81 Mack 82 Mary 82 232 Matilda 232 Nancy 82 Noah 79 80 Robert 79 Samuel 150 Scipio 80 William 232
BALDWIN, Barbara 113 Betsey 113 Charles 113 Ellen 113 Elvira 113 George 113 John 113 Josiah 113 Mandy 113 Mary 113 187 Richard 187 Tina 187 Virginia 113
BALLARD, Baziel 158 Betsey 158 Charles 158 Edward 160 Esther 160 Harriett 74 Henry 9 John 158 Joseph 159 Mahala 160 Melina 159 Philip 158 Samuel 158
BALLET, Edward 161 Hester 161 Mahala 161 Robert 166 Thomas 161
BALLIO, Alphonse 55 Ann 66 Calmus 55 Henry 66 John 66 Laura 55 Lizzie 66
BALLIS, Joseph 62
BANKS, Hannah 203 Julia 203 Mary 203 Moses 203 Rachal 235 Wesley 235 William 203
BANSK, Sibley 256

BAPTISTE, John 1 Louisa 1 Maria 1 Mary 1
BARCLAY, Ailsey 85 Robert 85
BARLOW, Susan 171 William 171
BARN, Louisa 307 Warren 307
BARNES, Edith 9 Aurelia 129 Celest 313 Cornelia 9 Dorothy 26 Edward 129 Esau 313 Francis 26 Hannah 313 Henry 69 Jane 9 John 9 John F 313 Joseph 313 Louisiana 313 Mary 313 Nelson 26
BARNETT, Alexander 269 John 269 Marie 269 Wilson 269
BARRELL, Emily 23 John 23 Julia 23
BARRETT, George 7 John 258 Margaret 7
BARRON, James 293
BARTLEY, Thomas P 221
BASELEY, Agnes 85 James 85 Mahala 85 William 85
BASHIEL, Richard 119
BASS, James W 136
BATES, Cherry 42 Elizabeth 42 Henry 42 Jefferson 142 John 42 Marella 42 Mary Jane 42 Richard 42 Samuel 42 Thomas 42
BATH, Enoch 187 Mary 187 Robert 187
BATTES, Anderson 226 Cole C 226 Harriett 226 Minnie 226 Tonken 226 Willis 226
BATTIE, Charles 160 Elinor 160
BATTLE, Amolius 217
BATUS, Joseph 189

BAUM, Henry 273 Henry Jr 273 Louisa 273
BAVON (?), Adolf 61 Lotta A 61
BAX, Augustus F 63 Cornelia 63
BAXTER, Josephine 213 Mary 213 Peter 213 Samuel 213 Susan 213 Thomas K 213
BAYLOR, Benard 313 Elvira 313 Frances 313 Humphrey 313 Jesse 313 Jesse Jr 313
BAZEL, Alexander 272 Hammet 275
BAZON, Jefferson 175 Mary 175
BEALE, Caroline 145 Dicey 145 Wash 145 Willis 145
BEARD, Martha 223 William 223
Beauregard, Sandy 223 Silas 223
BECKER, Benjamin 81 Elsie 81 Liddy 81 Philip 81
BEE, Adeline 97 David 120 Frank 97 John 97 May 97 Phoebe 97
BEHOSER (?), Leindell 56
BEIN, Adolph 129 Eda 129
BELL, Adam 270 Adeline 299 Andrew 273 Belknap 299 Belknap Jr 299 Emily 258 Frances 135 Georgianna 273 Hannah 258 Harriett 270 273 John 270 Maria 58 299 Marion 220 Martha 298 Mary 298 Mathew 298 299 Millie 270 Nevison 299 Peter 135 Pleasant 299 Robert 299 Samuel 135 Thomas 258 Virginia 299 William 273
BELLARD, Hagar 72 Henrietta 72 Kyer 72 Margaret 72 Paul 71 Robert 72 Solomon 72 Tempey 72
BELSIN, Allen 266 Allen Jr 266 Cira 266 Dora 266 Flora 266 Johnson 265 Margaret A 266 Martha 266 Miles 266 Sarah 266
BENJAMIN, Georgianna 136
BENNET, Adeline 163 Annie 158 Anthony 275 Dallas 274 Elizabeth 158 Emily 274 Emmeline 160 Isabella 158 Jane 163 Margaret 158 Mary 274 Melinda 275 Michael 160 163 Milly 274 Nancy 163 Walker 158
BENNETT, Amy 236 Catherine 235 Dallas 258 David 235 Dennis 13 Henry 235 Irene 236 Joseph 235 Lila 13 Maria 236 Martha 236 Robert 236 Shunick 295 Susan 170
BENTLEY, Granville 217
BENTON, Emma 302
BENY, Benjanin 264 Joseph 264 Lila 264 Maria 264 Robert 264
BERALY, Cornelius 265
BERAY, William 62
BERNARD, Sheppard 63
BERRY, Andrew 215 Andrew Jr 215 John 215 Robert 43
BETTERSON, Ruth 11
BEVINS, Esther 307
BEVLEY, Dudley 202 Eliza 202 John 202 Theodore 202
BIBBS, Ester 117 Jane 117 Rash 117

BIMLY, Bill 271 Harriette 271
   Henry 271 John 271 Rafe 271
BIRD, Ande 294 Charles 79
   Efrin 294 John 79 293 John Jr
   294 London 294 Lucinda 164
   Lucy 79 Matilda 294 Nancy
   294 Rachel 164 Richard 79
   Rosetta 294 Yattie 79
BIRM, Nera 253
BLACK, Joseph 10 Mary 10
BLACKMAN, Abraham 170
   Amos 5 Archer 172 Candos
   90 Emmeline 89 George 90
   Henry 89 Lucinda 170 Mary
   89 Matthew 89 Nancy 89
   Thomas 89 90
BLACKSON, Andrew 252
   Fortune 274 Hannah 252
   Mittie Ann 252 Peggy 252
   Rachal 252 Sarah 252
BLACKSTON, Alice 43 Andrew
   43 Isaac 43 John 43
BLAIR, Archibald 3 Moses 3
   Susan 3
BLAN, Charlotte 234 Peter 234
   Royal 234
BLAND, Banks 125 Martha 125
   Mary 125 Nelson 125
BLEDSOE, Alce 191 Alec 191
   Delila 191 Ellen 192 Laura
   191 Mahaley 191 Missouri
   192 Mouncie 191 Sarah 191
BLENEY, Joseph 217
BLUE, Abagail 90 Agnes 207
   Airey 90 Brister 90 Elisabeth
   207 Ellen 90 Fanny 70 Frank
   205 Lydia 207 Madeline 90
   Madison 90 Nancy 207 Sarah
   207

BOARD, Gracie 26 Jesse 26
BOGO, Delphine 231 Henry 231
   Jefferson 231 Julia 231 Lizzie
   231 Lucy 231 Rose 231
   Samuel 231
BOHN, Alfred 5 Susan 5
BOLTON, Moses 217
BOND, Lees 159 Margaret 159
   Valery 159
BONNER, Eli 31 Gliffen 31
   Winney 31
BONNERS, Jason 22 Jurilla 22
   Nancy 22 Zacharia 22
BOOKER, Hannah 32
BOONE, Catty 56 Mary 56
BORAX, Arthur 208 Batise 208
BORDINE, Elijah 289 Eliza 289
   Hannah 289 Henry 289
BOSON, Venus 274
BOUDGARD, Elizabeth 224
   Horace 224 Lucinda 223
   Mary 224 Nellie 224
   Newton 223 Philip 224
   Richard 224
BOULDEN, Silas 88
BOUNCE, Alfred 134 Charlotte
   133 Sarah 134 Stewart 133
BOWANS, Stephen 57
BOWEN, Mary 276
BOWERS, Anthony 42 Isaac 42
   Josephine 42 Milly 42
BOWIE, Adolphus 127 Annie
   127
BOWLES, Delia 10 James 11
   Rainnie 11 Rosalie 10 Zem
   10
BOWMAN, Hannah 228 Henry
   228 Robert J 68

BOYD, Hannah 1 James 1 Ralph 1 Randolph 1 Silvia 1 Thomas 32
BOYE, Elsie 185 James 185
BRADFORD, Benjamin 87 Ceeley 87
BRADLEY, Adam 11 Clara 5 Emily 68 Godfrey 5 Hetty 11 Isaih 5 Jane 11 310 Jerry 310 Lucinda 11 Melvina 5 Priscilla 5 Rachel 5 Sarah 310 William 310
BRANCH, Allen 299 Daniel 230 234 Daniel Jr 234 Eda 147 George W 234 Jacob 299 Maria 299 Sarah 234 Tempy 230 Thomas 147 Westley 147
BRANT, John 278 Lucinda 278
BRANTLEY, Catherine 94 Charity 111 Eliza 111 Henry 111 116 Isaac 111 James 111 Lorenzo 94 Mary 116
BRAS, Anna 143 Cornelia 143 Jane 143 Jesse 143
BRASS, Henry 143 Isam 143 Julia 143
BRENT, Amanda 40 George 305 Hannah 40 James 40 Laura 305 Moses 64 Sarah 40 Thomas 305 William 305
BREWER, Charles 270 Hester 270 Leonard 270 Lilly 270 Richard 270
BRIDEFORT, Antiom 216 Sarah 216
BRIDGE, Charles 127 Lizzie 127
BRIDGET, Matilda 123
BRIGGS, Emma 59 Ophelia 59

BRIGHT, Amanda 69 Edward 108 Eliza 69 Kate 108 Mary 108 Sarah 69 Tony 69 William 69
BRILEY, William 75
BRILTER, Alice 107 George 107 Jesse 106 Lawson 107 Louise 107 Mary 107
BRISCOE, Acenta 273 Cassy 8 Etienne 160 Julian Ann 160 Mary 8 Robert 273 Robert 273 William 7
BRISERVE, Gracie 3 Levi 3
BRODEN, Bacchus 76 Sallle 76
BRONSON, Peter 163
BROOKS, Alice 43 52 Ann 137 Betsey 43 52 Betsy 261 Birdy 43 52 Carter 137 Charlotte 44 Cyrus 144 David 44 137 180 Dennis 180 Eda 137 Edmund 137 Elsey 137 Emily 45 Frank 44 Frederick 135 George 137 261 George W 288 Hammet 275 Harriett 137 Henry 38 137 263 Hettie 261 J 62 James 43 52 137 Jane 261 263 Jeanette 263 John 44 137 Joshua 137 Kate 43 52 Louis 144 Maria 135 Martha Thomas 44 Mary 43 52 275 Mary Jane 44 Mathew 200 Nancy 44 137 180 Nat 137 Nathaniel 45 Paul 44 Plaisance 138 Polk 44 Ransom 61 Reuben 261 Rose 180 Sally 137 Sarah 44 45 144 Scipio 137 Susan 137 Thomas 43 45 Toney 137

Virginia 263 William D 278
William L 261
BROOMFIELD, Miles 288
BROON, Jane 59
BROWN, Aaron 20 46 49 182
　Abagail 90 Abraham 113
　Agnes 182 Alfred 96 Alice 10
　20 Allen 229 Alto 64
　Amanda 192 298 Amelia 49
　Andrew 237 Ann 302 Annie
　17 Armstead 193 Arthur 298
　Austin 90 Benjamin 20 213
　Bernard 96 Betsey 20 27 113
　217 Branch 96 Carrol 113
　Charles 16 197 259 310
　Charles B 302 Charles E 65
　Charlotte 197 Charlottle 217
　Clara 65 Cornelia 46 Duncan
　46 49 Edward 96 Elgee 17 20
　Eliza 80 217 224 229
　Elizabeth 18 65 Ellen 17 217
　Emeline 90 Emily 64 193
　Fanny 27 182 Florida 140
　Frances 213 Francis 80 Frank
　130 Freeman 159 Gastur 27
　George 182 Georgeanna 192
　Hagget 90 Hamilton 69
　Hannah 224 Henry 148 193
　Henry J 95 Hester 259 Horace
　140 Ida 193 James 148 210
　James A 210 Jane 20 46 80
　Jasper D 302 Jeff 64 Jessey
　249 John 97 224 John B 210
　John J 64 Joseph 113 Judith
　20 Julia 49 Laura 96 Lemuel
　18 Leonard 259 Levi 137
　Lilly 222 Louis 140 Louisa
　229 Louisiana 182 Lucinda
　310 Lucy 46 49 Madison 140
　Margaret 96 132 213 Maria
　138 Martha 197 Martha T
　210 Mary 138 193 Mary E 80
　210 Mary Jane 96 Matilda 52
　Matilde 182 May 118 Milley
　210 Myra L 237 Nancy 217
　224 Nathan 80 Nelson 193
　Nicholas 27 219 Patience 90
　140 Patsey 16 17 80 Peter 52
　Philda 232 Pinkney 140 244
　Puss 237 Rachel 20 97
　Rebecca 46 49 Riah 80
　Richard 16 210 259 Robert
　132 193 197 229 Robert M
　65 Sam 217 Samuel 175
　Sarah 16 213 Sidney 140
　Sigh 224 Simon 217 Sophia
　17 Stephen 90 Susan 159 165
　Taylor 230 Thomas 20 96
　118 Thompson 298 Vinia 232
　Washington 302 William 69
　140 182 217
BRUMFIELD, Hugh 98 Mahala
　98
BRYAN, Amarilla 19 Bruce 19
BRYANT, Elias 194 Samuel 194
BUCHANAN, Mary 36 Simeon
　36
BUCHER, Caroline 234 Preston
　235 Thomas 235 Whity 234
BUCK, Joseph 73
BUCKNER, Alexander 188 Cora
　188 Ella 254 Grace A 189
　Jane 254 Johanna 243 June
　188 Louise 189 Maria 188
　Perry 243 Sallie 243 Samuel
　254 Stephen 188 Viney 243
BUGGS, Judith 34 Simion 34

BULLAR, Eliza 179 John 179
　　Peter 179 Reuben 179
BULLARD, Augustus 166
　　Hannah 166 James 166
BULLEN, Douty 177 Henry 178
　　Isabella 176 Kate 176 Laura
　　176 Maria 177 Sidonia 177
　　Silvia 177 Susan 178 William
　　177
BUNCH, Mary 293
BUNN, Jones 27 Lemuel 27
BURAS, Matilda 283 Thomas
　　283
BURDEN, Edward 306 Gracie
　　306 Jefferson G 306 Julia 306
BURG, Abner 293 Aleck 293
　　Ellen 293 Jessie 293 Lilly
　　293 Louis 293 Lydia A 293
　　Mahala 293 Margaritt 293
BURGESS, Austin W 125
BURKE, Ampy 162 George 63
　　Michael 162 Polly 162
　　Robert 162 Simon 162
BURLEY, Arthur 170 Cora U
　　170 Jesse 170 Johanna 170
　　John 170 Mary M 170
BURNETT, Jane 74 Marshall 74
　　Sally 74 Virginia 74
　　Washington 74
BURNS, Birtine 62
BURR, Josephine 129 Stirling
　　129 Thomas 129 William 129
BURRELL, Augustus 147 Dallas
　　48
BURTON, Baziel 36 Charles 36
　　43 Jane 131 Jennie 131 John
　　131 Judy 131 Lafayatte 43
　　Mary 36 Moses 36 43 Sarah
　　36 Susan 131 William 36

BUSH, Alzena 150 Camila 126
　　Caroline 126 Caroline 126
　　Dinah 150 Douglas 126 Ellen
　　150 James 304 Jerry 150
　　Louisa 56 Moses 126 Nancy
　　126 Samuel 150 Sandy 150
　　Sophia 150 Washington 150
BUTLER, Abraham 236 Ace 236
　　Acell 31 Anderson 16
　　Andrew 66 Anne 265 Annetta
　　66 Augustus 77 Barbara 236
　　Charles152 Cornelius 71 166
　　Daniel 260 Dicey 31 Eleline
　　234 Elisia 281 Eliza 188
　　Elsey 71 Elsie 95 George 166
　　251 265 Hall 231 Harriett152
　　166 Henry 31 234 236 260
　　Hester 31 James 16 Jesse 251
　　John 140 284 314 John Jr 284
　　Jordan 265 Laura 31 Levina
　　314 Louisa 166 Lucinda 281
　　Lucy 230 284 Madison 236
　　Major 236 Mary 16 Mary A
　　234 Matilda 71 Samuel 230
　　265 281 Silas 230 Susan 251
　　Thomas 265 310 Thompson
　　62 Valentine 231 William
　　188 287 Wylie 251
BUTTER, Adam 83 Juliana 83
BYAS, Caroline 182 Eli 182
　　Elizabeth 182 Louis 182
　　Matthias 182 Sophia 182
BYNUM, Lemuel 32 Gordon 234
CALEIR, Anna 64
CALENDER, Jane 116 Sam 116
　　Thomas 116 Winney 116
CALL, Alexander 84 George 83
　　84 Georgianna 84 Martha 84
　　Mary Ann 84 Merinda 84

CALLAHAN, David M 108
CALLOWAY, Louis 35 Milly 35
    Stephen 35
CALLWELL, Andrew 115 James
    115 Kate 115 Maria 115
CALVIN, Thomas 18
CALVIT, Courtney 223 Fanny
    86 Sarah 254
CAMERON, Eliza 117 James
    117 Willis 117
CAMMEL, Charles 177 Julia 177
    Mary 1 177 Nancy 1
    Solomon 1 Westley 161
CAMMELL, Hardy 29 Litty 95
    Nancy 95 Theodore 95
CAMP, Henry 123
CANADA, Jacob 171 Johnson
    171 Juda 173 Lucinda 171
CANNEN, Canolove 278
CANNON, Alice 68 Levina 68
    Maria 68 Newman 68 Sallie
    204 William 204
CAPON, Sylvia 68
CARAN, Elvira 150 Ephraim151
    Isaac151 Isam 150 Judy151
    Mitty 150 Nancy151
    Smith151 Virginia151
CAREY, Foster 298 June 298
    Maria 298 Mary 298 Shepard
    298
CARLETT, Robert 266
CARLIN, Georgianna 121 James
    121 Jane 121 Pendrick 121
CARMEL, James 12
CARNELL, Corina 223 Ezra 223
CARNET, Louisa 69
CARPENTER, Hannah 91
    Vincent 91

CARR, Amy 284 Carter 70
    Carter Jr 70 Frank 162
    Frosina 60 Hester 70 James
    85 Kate 111 Lena E 70
    Margaret 163 Matta 60
    Narcissa 10 Parker 70 Sarah
    F 70 Sidney 124 Susuna 60
    Washington 124 Willis 124
CARSON, Amy 270 Carter 270
    Guss 270 Henry 270 Lewis
    270
CARTER, Agnes 74 Allen 183
    Amelia 168 Amy 183 Ann
    249 Archibald 124 Betty 124
    Caroline 123 Charlotte 200
    Daniel 201 235 Deffin 201
    Eda 145 Edward 91 Eliza A
    201 Elizabeth 169 Ellen 296
    Francis 145 Granville 249
    Henry 73 200 Hilliard 73
    Isaac 65 Jenkins 124 Johanna
    91 John 124 Joisey 124
    Lavina 124 Lelia 124 Liddy
    180 London 201 Lucian 145
    Maria 124 Mary 271 296
    Matilda 180 Milly 180
    Minerva 296 Phillis 235
    Richard 123 Robert 200
    Sarah 124 180 Stewart 201
    Thomas 124 145 180
    Washington 180 Wilson 180
    Winn 271
CARTRIDGE, Augustus 33 Rosa
    33
CARVEY, Ann 109
CASSEN, Agnes 122 Emmeline
    122

CASSON, Amy 301 Augustus 301 Carter 301 Henry 301 Louis 301
CASSWELL, Jane 91 John 91 Minerva 91 Rose 91 Susan 91 Virgil 91 William 91
CELEST, Meme 171
CHAINE, Ann 64
CHAMBERS, Amos 110 Benjamin 109 Catherine 109 Cato 111 Elizabeth 106 Ellen 109 Evelina 110 Frances 110 John 106 Kate 106 Louisa 110 Luke 110 Manuel 109 Martha 106 Moawa 109 Obi 106 Stephen 110 Susan 110
CHAMP, Fenton 24 Mary 24
CHAPLEY, Stephen 14 Vinas 14
CHAPMAN, Armstead 306 Asa 231 Celice 306 Daniel 305 Dilsey 305 Henry 306 Jane 306 Linda 305 Manuel 306 Rose 305 Roseanna 306 Sandy 231 Susen 231 William 231 Willie 306
CHAPP, Alfred 295 Cintha 295
CHAREVILLE, William A 221
CHARLTON, Julia 112 Mathew 112
CHASE, Aaron 17 Caroline 10 Ellen 17 Rebecca 17 Sarah 17 Willis 10
CHEATAM, Lee 160 Lizzie 26 Plaisance 160 Turner 160
CHEENEY, Oscar 115
CHENEY, Agnes 124 Alfred 124 Henry 124 Tina 124
CLABOURNE, Ben 223 Jane 223

CLAGGETT, Henry 40 Riney 40
CLAIBORN, Catherine 102 Charles 102 James 102 Lavina 102 Margaret 102 Sophie 102
CLAIRBORN, John 24
CLARK, Albert 146 Albert 19 Amanda 258 America 260 Anderson 44 52 Andrew C262 Ann 64 226 Annie P 115 Archie 259 Betsey 254 Boston 276 Brane 59 Charles 205 Clayburn 260 Cornelia 44 Dacus 261 Daniel 158 279 Delia 75 Douglas 158 Dudley 146 Duncan 158 Edmund 146 Effin 279 Eliza 259 299 Elizabeth 61 261 Emma 198 299 Esther 299 Fanny 261 283 Frank 259 George 134 198 254 George W 62 Groce 158 Hanna 59 Hannah 19 226 Henrietta 259 Henry 134 260 278 301 Henry Jr 278 Horace 254 Ibbey 135 Irving T262 Isabella 198 Jacob 19 James 135 198 Jeanette 146 Jeremiah 135 146 John 69 297 Judith 146 Katie 299 Kenny 254 Lawson 163 Letitia 134 146 Linda 260 Louis F262 Louisa 91 299 Louise 75 Lucy 7 Lulette 254 Margaret 19 163 254 Martha 158 Martha J 254 Mary 146 158 198 254 262 299 Mary Ann 262 Maud 205 Melinda 259 Melissa 19 Milly 278 Monroe 299 Monroe Jr 299

Morris 262 Moses 297 Nancy
158 259 Nellie 279 Nelson 7
109 Ogden 254 Pleasant 259
Polly 279 Randall 91 Reuben
283 Richard 91 Ross 299
Silvia 7 Spencer 158 Susan
75 109 Thomas 7 119 260
Violet 134 Walker 254
Washington 260 William 134
163 William Henry 39
Willie 262 Willis 259
Wylie 262

CLARKE, Chloe 73

CLAY, Betsey 30 William 30

CLEMENTS, Hannah 15 Samuel 15 Sim 15

CLIFTON, Daniel 187 Elizabeth 242 Fanny 260 Frank 260 Frozine 260 Jackson 242 Jane 260 Jesse 242 Jesse Jr 242 John 187 June 242 Maria 242 Mary 242 Patsey 260 Rhoda 187 Violet 187 William 242 259 260

CLINTON, Harriett 123

CLORA, Ann 283

COATS, James 67 Mary Ann 67

COBB, Charles 35 Delia 34 Jesse 34 Robert 34 Rosetta 34 Willis 45

COFFIN, Abraham 295

COKOLSEY, Lucy 59 Matilda 59 Thompson 59

COLBERT, Edward 237 Helen 294 Mary A 294 Nettie 294 Sarah 237

COLE, Annie 157 Bettie 199 Ceeley 91 Chaincy 199 Charles 91 Dorer 157 Ellen 199 Ephraim 90 Hannah 198 Jane 90 Joseph 90 Louis 90 Lucinda 198 Lucy 83 Maria 90 Martin 198 Mary 83 Matthew 83 Sarah 198 Sarah Ann 90 Violet 91 William 160

COLEMAN, Agnes 204 Alice 233 237 Ann 237 Benjamin 203 236 Caroline 233 Charlotte 233 Clarissa 233 Elizabeth 236 Ellen 234 Flem 236 Grandfield 204 Hayes 204 Jane 153 Joseph 113 Levi 239 Lizzie 113 Lydia 239 Mary 113 Nellie 233 Peter 232 Peter Jr 233 Philis 210 Richard 148 Riney 168 Sarah 113 Susen 236 Thomas 234 Towey 113 Violet 233 Whity 236 William 237 Winny 148

COLIES, James W 217

COLLINS, Abby 249 Annie 49 128 Braziel 128 Catherine 129 249 Charles 105 Edward 49 Elizabeth 129 Fanny 49 Henry 249 Irving 249 Jimmy 249 Martha 129 Mary 129 249 Melinda 49 Oscar 129 Philip 49 Philis 249 Prince 128 Sam 249 Sarah 249 Susan 105 128 Tenny 249 Thomas 249 Vina 249 Virginia 49 William 129

COLUMBUS, Ann 171 Christian 171 William 171

COMDOS, Aleck 189

COMMODORE, Frank 20 158 Sophia 47

COMPTON, Alexander 131
　　Archy 26 Catherine 131 Jane
　　131 Jefferson 26 Newt 26
　　Rose 26 Samuel 131 159
CONE, Richard 160
CONILAS, Anna 239 Barbre 238
　　Flood 238 Henry 238 Louis
　　238 Mary 239 Newton 238
　　Rebecca 239 Rosa 238
CONIS, Caesar 127 John 127
　　Mary 127
CONIX, Lewis 298
CONNELLY, Harriett 119
　　Thomas 119
CONORTON, Joseph 58
CONTE, Arnold 46 Artilla 46
　　Mack 46 Matthew 46
CONWAY, Grant 110
Conway, Horace 110 Isabella 110
　　Jane 110 Jeremiah 110
　　Reuben 110
COOK, Annie 90 Emily 91
　　Harrison 90 James 91 Joseph
　　91
COOLEY, Aaron 302 Laura 302
　　Alexander 260
COOPER, Aristide 89 Cora 43
　　Daniel 283 David 256
　　Frances 89 Harriett 283
　　James 89 Jane 283 John 277
　　John 43 277 Lamb 268 Lucy
　　283 Mary 43 Nancy 43
　　Patrick 277 Rebecca 88
　　Richard 277 Robert 89 Rose
　　89 Sallie 277 Sarah 268
　　Thomas 283 Watt 88 Webb
　　89
COPELAND, Warren 65
CORCKEY, David 55 John 55

CORDUKES, John 243
CORK, Courtney 175 James 175
　　Julia 175 Stephen 175
CORKLIN, Ann 315 Arkin 315
　　Austin 315 Betsey 315
　　Burben 315 Jacob 315 John
　　315 Laney 315 Matt 315
　　Peter 315 Sally 315 Samuel
　　315 Vanderfoot 315
COTTIN, Peter 28 Teinic (?) 28
COTTON, Betsey 38 Dinah 39
　　Eliza 38 40 Harvey 39 Mary
　　39 Moses 38 Prince 39
　　Thomas 39 40
COUNTY, Abe 40 Arnold 49
　　Artilla 49 Cornelia 40
　　Frederick 118 Harriett 40
　　Jane 49 Joseph 40 Mac 49
　　Maria 40 118 Matthew 49
　　Philip 40
COURTNEY, Alexander 309
　　Amy 282 Ann 110 Armstede
　　282 Bassitt 309 Celia 282
　　George 282 Harry 309
　　Howard 282 Jasper 309 Laura
　　309 Robert 282 Sylvia 282
COWD, Alfred 274 Lucena 274
COX, Charity 86 Phoebe 84
　　Simdo 71 Wina 86
COY, Peggy 56 Reilly 56
CRAIG, Amelia 63 Cinderilla 63
　　Mary Ann 63 William 63
CRAWFORD, Albert 191 Alisin
　　61 Alma 9 Angeline 191 Ann
　　61 Caroline 191 Charlotte 61
　　Elizabeth 22 Ellen 22 James
　　22 192 Lucy151 Martha 192
　　William 9 61 191

CRAYTON, Ann 160 Charity 160 Harriett 160 John 160 Mack 160 Milly 160 Moses 160
CRIDDLETON, Madison 112 Moses 112 Rachal 112
CRISTAL, Alzina 32 Jesse 32
CROCKETT, Alexander 131 132 David 15 145 Emily 15 Mark 132 Mary 132 Pompey 132 Silas 15
CROCKIT, Annie 207
CROMWELL, Ann 301 James 301 Jane 301 Oliver 301
CROSBY, Martha 269
CROUCH, Kate 119
CROWLEY, Ann 64 Durinda 141 George 141 Nancy 142
CROWN, Allen 284 Anna 284 Betsy 284 Harriett 284 John 284 William 284
CROYE, Johanna 56
CRUIKSHANK, John J 292
CRUIKSHANKS, James 265 James A 265
CUMMING, Jerry 70
CUNNY, Edward 170 Tibbs 170
CURRY, Fanny 172
CURTIS, Alice 10 Austin 297 Bonaparte 32 Carlos 59 Catherine 308 Delphi 34 Eliza 34 Elizabeth 25 Eva 297 George 34 Gilbert 314 Gilphy 32 Henry 25 Huldah 297 Israel 32 James 10 Jane 33 Jarry 59 John 25 32 Lavina 34 Lucy A 308 Ludy 25 Maria 59 Morris 309 Nelder 33 Patsey 309 Priscilla 34 Prudence 33 Richard 297 309 Sarah 25 33 Susannah 33 Vina 33 William 66 308
DAEY, Jerry 193 Judy 193 Nellie 193 Robert 193 Sarah 193
DALE, Augustus 273 Joseph 273 Marie 273
DANIEL, John 228
DANIELS, Abrabam 305 Laura 305
DARKINS, Annie 259 Frances 259 Lafayette 259
DARLING, Benjamin 50 Jane 50 Nancy 50
DAVENPORT, Hannah 34 Lavin 34 Shrive 34 Sylvester 34
DAVID, Andrew 169 Louisa 237 Tilman 237
DAVIDSON, Caroline 224 Edmond 224 Francis 224 Plesent H 221 Sam 224
DAVIS, Abraham 201 Agnes 40 Albert 108 Alfred 211 Amy 35 Annie 77 Anthony 40 Antione 201 Arranna 303 Betsy 265 Catherine 303 Cato 108 Celia 302 Clarissa 201 Crecy 263 Daniel 40 Dinah 201 Dolly 280 Eliza 303 Emma 127 302 Esther 24 George 256 Harriett 303 Henrietta 211 Henry 225 Hester 77 Isaac 201 Izelia 302 Jack 226 Jackson 77 269 James 35 178 269 Jarvis 280 Jeanette 269 Jemima 111 John 236 265 Judith 177 Juliet 77 June 280 Lizzie 24 Lucinda 40 Magdaline 303

Maria 303 Mary 164 226
Milley 201 Nathan 40 Phillis
77 Polly 201 Reuben 24
Robert 201 312 Robin 201
Rogers 302 Sandy 302
Sanford 265 Sarah 108 269
Solomon 303 Thomas 24
Vinnie 303 William 77 201
DAWSON, Edan 11 Harriett 11
 Harrison 28
DEAN, John 310
DEDORSEY, Nellie 277 Poland
 277 Violet 277 William 277
DELACK, Dinah 304 Mahala
 304
DELACY, Edward 60 John 60
 John W 60 Juda 60 Julie 60
 Margaret 60 Mary E 60
 William 60
DELOACH, Dinah 255
DELOCH, Patsey 239 Stuart 239
DELSON, Benjamin 115
DENNIS, Adam 91 Caroline 237
 Elenora 92 Ferguson 91
 George 141 Henderson 92
 Little 156 Louis 237 Lucretia
 141 Marshal 132 Mary 237
 Nancy 95 Peter 237 Priscilla
 91 William 311
DENT, James 210 Levina 210
 Mary 211
DEON, Paul 57
DEPHER, Joseph 57
DESPAL, Juda 56
DETMA, Louisa 296
DETSIA, Frances 231 Nathan
 231 Robert 231

DETUSA, Delia 67 Emaline 67
 Hiram 67 Mary 67 Richard
 67
DIAL, Annie 108 Dennis 108
 Jefferson 108
DICKERSON, Amy 304 Cora
 304 Jack Ross 304 William
 304
DICKSON, Alford 169 Andrew
 157 Annie 19 Barton 156
 Carey 168 Catherine 116 156
 Daniel 169 Ellen 157 Jacob
 157 James 192 Johanna 19
 John 19 95 Lucinda 157 Mary
 Ann 156 Milly 168 Norah 19
 Peggy 169 Rose 156 Ryan
 156 Sarah 157 Severn 148
 Susanna 192 William 192
 William S 169
DIDDS, Charles 279 Charlotte
 279 Delice 279 Polly 279
 Rachal 279 Robert 279
DIGES, Ernest 312 Isaac 312
DIGGS, Dennis 33 Hester 141
 James 33 Nancy 35 Robert 35
 Silas 33 Somerfield 33
DILSON, Samuel 134 Sophia
 134 Stephen 134 Susan 134
DINES, Nancy 233
DOBBIN, Aam 206 Lucy 206
DOD, George 153
DODSON, Benjamin 131
 Delphine 148 Jane 159
 Louisa 148 Louisiana 131
 Mack C 197 Maria 133
 Nathaniel 148 Oscar 131
 Rachel 159 Sally 131 Sarah
 159 Walter 131

DOHEY, Abby 72 John 72 Junior 72 Louisa 72 Stephen 72 Violet 72
DOLPHUS, Maria 225 William 225
DOLVILLE, Baziel 39 Corinne 39 Fanny 39 Paul 39 Seymour 39
DONNELL, Juda 309
DONNELSON, Sibley 162
DORKING, Annie 271 Frances 271 Lafayette 271
DORRIS, Isaac 49 Milly 49
DORSETT, Airey 187 Ann 6 Georgia 215 Isaac 187 Janet 6 Moses 6 Rachel 6
DORSEY, Abraham 277 Betsey 116 Captain 32 Celeste 248 Chapman 312 Charles 258 Dolly 32 Eliza 124 George 248 Ivers 312 John 129 248 312 John Jr 248 Joseph 62 116 124 Julia 124 Leah 248 Lizzie 298 Louis 312 Lucinda 312 Matthew 116 Melvina 277 Minty 124 Ramine 277 Reuben 124 Roxanna 62 Serina 248 Sophia 277 Theopolas 312 William 312 Winny 3
DOUGHERTY, Betsy 306 Douglas 306 Laura 306 Milly 306 Richard 306 Richard Jr 306 Silas 306
DOUGLAS, Stephen 211
DOWELLS, Christine 41 Thomas 41
DOWNING, Mack 73 Vina Ann 73

DOWTY, Samuel A 227
DREW, Alice 151 Baptiste 151 Milton 151 Nancy 151 Winny 151 152
DUBLIN, William 97
DUCKIT, Emily 308 Lottie 308 Wilson 308
DUFFEL, Joseph 147
DUFFIELD, Thomas 24
DUFFY, William 18
DUMFORT, Alice 13 Ann 13 Edward 13 Harriett 51 Johanna 51 Money 51 Phamey 51 Samuel 13 Shackley 51 Stephen 13 Stephen Jr 13 Susan 51
DUNBAR, Betsy 311 Charlotte 311 Lizzie 311 Richard 311 Stephen 311
DUNCAN, Charlotte 255 Daniel 211 George 255 Grant 255 Harietta 255 John T 255 Nancy 255 Samuel 161 Thomas 255
DUNHAM, Ann 188 Clem 188 David 188 Getta 188 Jacob 68 James 188 Jane 68 Jefferson 188 Jerry 188 Jessie 68 Julia 188 Lafitte 188 Lizzie 188 Magnolia 188 Martha 188 Mary 188 Minerva 68 Moses 188 Nash 68 Peter 188 Richard 188 Rose 188 Sarah 68 Selina 68 Violet 188
DUVAL, Mary Jane 20 Wallace 20
DYER, Abby 42 Ellen 3 Louisa 42 Paul 42 Sandy 3

EADES, Ceeley 112 Dink 112
    John 112 Tuisey 112 Welley
    112
EDGAR, Robert 279
EDWARDS, Annie 139 Charlotte
    306 Emeline 306 John 306
    Lucy 7 Nicholas 306 Rachal
    306 Robert 199 Scott 139
EHOSTINE, Bernard 59
ELBERT, Charlotte 226 Stephen
    226
ELBIE, Thomas 56
ELDRIGE, Aleck 286 Anna 285
    Bettie 286 Daniel 286 Dick
    285 Eliza 285 George 286
    John 285 Peter 285 Susan 286
ELGIE, Araminta 120 Cecelia
    120 Emily 120 Thomas 120
ELIS, Jane 16 Josette 16
ELLET, Eliza 138
ELLIS, Aaron 74 Abby 85
    Abraham 182 Antonetta 85
    Carlee 84 Clarissa 74 George
    84 Julia 74 Lewis 84
    Louisiana 85 Mary 84 Wright
    85
ELLISON, Aaron 154 Jacob 154
    Johanna 154 Margaret 154
    Mary 154 Money 154
    William 154
ELOIN, Samuel 46
ELRIDGE, Catherine 285 Celest
    285
EMBERTON, Alice 45 Fannie
    45 Horace 45 Joseph 45
ENINS, Amanda 59 Amos 59
    Bettie 59 Charlotte 59
    Manning 59

ENIS, Alexander 230 Daniel 230
    Julia 230 Margarette 230
    Patsey 230
ENNIS, Annaca 208 Louisa 208
    Willis 208
ENSIGN, Thomas 2
EPPS, John 138 Silas 138 Silva
    138
ESELL, Moses D 57 Rachel 57
    Warren 57
ESINE, Andrew 66 Frederick 66
    Louis 66 Matilda 66
ESTIERS, Abner 294 Louis 294
    Lydia 294
ESTRIAL, Lizzie 62
EULANT, Alfred 310 Amy 310
    Kitty P 310
EVANS, Betsey 106 Edward 12
    Horace 106 Joseph 106
    Lucinda 12 Maria 91 Martha
    288 Thomas 91 Thomas Jr 91
    William 288
EVERETT, Ailsey 71 Alfred 71
    Benjamin 71 Rachel 71
EVINS, Emma 171 Ida 171
EWELL, Alonzo 119 Betsey 117
    Celia 119 Sandy 117 Sarah
    117 Thomas 117 Virginia 117
    Washington 117 William 117
EWING, Alonzo 119 Elvira 119
    Jane 119
FAIRCLOTH, Samuel 5
FANNER, Georgiana 41 John 41
    Thomas 41
FARMER, King 123 Mary Ann
    123 Virginia 123
FARNES, Stephen 154
FARR, Clarissa 163 Matthew
    163

FARRELL, Ailsey 25 Betsey 22 Lavina 25 William 25
FARRO, Benjamin 49 Eliza 49 John 49 Mary 49 Milly 49
FARRON, Anna 26 Betsey 24 Elizabeth 24 Harriett 24 Henry 24 Johanna 24 Luther 24 Manuel 24 Margaret 24 Robert 26 Sally 24 Samuel 24 Thomas 24 Tyler 24
FARROW, Robin 168
FATIN, Adeline 61 Alexander 61 Anna L 61 John 61 Mary C 61
FEBBET, Jacob 143 Jane 143 Washington 143
FELBET, Agnes 126 Henry 126 Lucy 126
FENNO, Ann 48 Jane 48
FENTON, Amy 238 Archer 238
FERGUSON, Mary Ann 90
FERRIS, Louis 126 Vina 126 Winney 126
FIELDS, Aleck 209 Allen 201 Anna 201 Beckie 209 David 30 Elsie 30 Jersey 274 Johanna 209 Joseph 210 Julius 201 Mahala 209 Nancy 209 Rebecca 274 Silvia 30 Tennessee 209 Thomas 209 Tillman 201
FIGGINS, Andrew 64 Pheome 12 Richard 12 Washington 12
FILLMORE, Battle 36 Matilda 36
FINELEY, Milly 232 Peter 232 Sarah 232
FINNEY, Matthew 283
FINNIS, Herbert 281 Simon 281
FISH, Mary 121
FISHER, David 92 Eli 308 Ellen 92 George 103 260 Henry 123 Lilly 103 Louisa 308 Madison 103 Mahalie 103 Mary 52 92 103 Osborn 123 Peter 308 Sandy 92 Washington 308
FLANIGAN, Mary 65
FLECHER, Clemence 15 Frances 15 Josephine 15 Nancy 15
FLINT, Amanda 145 Isaac 145 Michael 101
FLOWERS, Adeline E 67 Hannah 67 Harriett 67 Henry 67 Julia 67 Louie 67
FLOYD, Anna 193 Charles 193 Julia 193 Richard 193 Sarah 193
FOLDE, Ostaker 280
FORBISH, America 135 Anderson 135 Clark 135 Ellen 135 Mary 135 Thomas 135 Ulah 135
FORD, Adeline 221 Amy 160 Bitt 194 Carolina 193 Douglas 259 Eliza 221 Elizabeth 259 Ellen 194 Ellen T 221 Franklin 259 Hannah 163 James 98 Jane 98 Jerry 98 259 John 259 Leroy 98 Lillian 259 Malvina 98 Mary 163 221 Matthew 160 Melissa 259 Nancy 160 Rant 194 Richard 194 Samuel 163 165 Sarah 194 Thomas W 259 Walter 221
FOREMAN, Angeline 8 Caroline 8 Clorey 8 David 8

FORENEE, Amos 310 Mary 310
  Mary E 310 Tempa 310
FORTNIGHT, Emily 21 Jesse 21
FOSTER, Creesy Ann 5 Doctor
  19 Fanaity 157 Holmes 163
  Isaac 314 Jesse 157 Juda 67
  Judy 157 Lavina 5 Samuel 67
  Susan 19 Wilson 284
FRANCES, Elijah 255 Jane 255
  Lavenia 255 Peter 255
FRANCIS, John 2 Tina 23
FRANKLIN, Alice 132 Anna
  227 Charlotte 85 Elenora 132
  Hester 227 Hiram 149 Jane
  149 Jefferson 132 Louise 85
  Melinda 85 Rasor 85 Rose
  149 Sarah 125 132 Stephen
  132 Thomas 227 Trad 132
  Washington 149 William 132
  149
FRANKS, John 197
FRASER, Charles 287 Henrietta
  233 Hiram 303 Jarry 282
  Kate 287 Mack 287 Manuel
  233 Pauline 282 Samuel 287
  Thomas 287 William 282
FRAZER, Banks 98 Louisa 88
  Sidney 88 Tennessee 218
  Townsend 98
FREEMAN, Jeremiah 111 Louisa
  19 Mary 241 Matilda 19
  Milly 111 Minerva 111
  Rebecca 111 Sam 241
  Selmore 19 Stephen 19
  William 111
FRENCH, George E 69
FREW, Francisco 41 John 41
  Margaret 41 Rachel 41 Sarah
  41 Susan 41

FRILD, Archy 27 Daniel 27
  Matilda 27 Matthias 27 Silas
  27
FRISBURG, Susan 207 William
  207
FROZELL, Armstead 233
  Martha 233
FULLER, Joseph 47 Maria 47
FURR, Jarvey 77
GADSON, Alfred 131 Anderson
  133 Frances 131 Martha 133
  Providence 133 Rose 133
  Wallace 131
GAIN, Clara 172 Dick 172
GAINES, Abraham 134 Ailsey
  128 Alfred 285 Amanda 53
  Angeline 285 Austin152
  Benjamin 134 Betsey152
  Caroline 136 Catherine 35
  Dock 128 Ellen 128 Emma
  250 Green 136 Ham 135 152
  Ike 134 Jane 146 152
  Jordan152 Joseph 171 Latitia
  128 Letty 146 Liddy 134
  Louis 228 Lucinda 134 136
  Melissa 135 Moses 228
  Nathan 252 Prince 134 146
  Prudence152 Robert 134
  Sally 134 152 Samuel 134
  Sarah 136 Shing 146 Susan
  152 250 Thomas 53 250
  Tillman152 Tobias 146 Vina
  134 Washington 250 William
  134 Winny 146
GAINS, Edward 268 James 268
  John 255 Maria 267 Nathan
  267 Nathaniel 268 Peter 266
  Rosanna 255 Sarah Ann 266
  Susan 255

GALE, Abraham 147 Mary Ann 147
GALES, Dolly 30 Koyer 30
GAMBELL, Ellen 124 John 124 John H 124 Louisa 124
GAMBLE, Ann 7 John 7 Joicy 7
GARCON, Nettie 266 Raughlin 266
GAREY, Letia 21
GARLIN, Mary 66
GASSON, Charles 216
GASTER, Betsey 42 Hester 42 Joseph 42 Louisa 42 Sarah 42
GAULT, Alfred 270 Millie 270 Virginia 270
GAY, John 164
GENERAL, Evelina 178 Jane 177 Robert 177 178 Susan 178
GENIS, Briny 216 Cressley 216 Isaac 216
GETER, Nancy J 299
GHEMPERT, Emily 6 George 6
GIBBS, Ben 113 Cornelia 51 Dennis 51 Frank 129 John 51 Lizzie 129 Louise 113 Mason 113 Milley 113 Missouri 113 Nancy 113
GIBSON, Caroline 4 Charles 76 110 Christine 77 Clinton 4 Ellen 233 Frank 148 234 Hiram 18 Ida 4 Jasper 77 Jesse 153 Johanna 12 John 77 110 234 Lucinda 110 Mary 153 234 Pascall 76 Phoebe 77 Sarah 77 Simon 110 Warfield 4
GILBERT, Betsy 180 Frederick 180 Phoebe 180 Rosalie 180 Susannah 180
GILES, Amey 92 Isam 92
GILL, Albert 194 Alfred 125 Eliza 194 Elsie 125 Emily 125 George 125 Hannah 194 Joseph 92 Judy 194 Laura 125 Lucy 125 Matilda 194 Robert 125 Sarah 125 Susan 125
GILLIN, John 212
GISTINE, Mary 61
GLENN, Carissa 139 John 139 Rhoda 139 Riney 139 Samuel 139
GLOVER, Agnes 277 Georgeanna 277 James 235 Maria 235 Mitchel 235 Susanna 277 Washington 277 William 235
GODLEY, Benjamin 164 David 164 Eva 164 Merrick 164
GOESBAND, Emma 218 John 218
GOFF, Betsey 164 Mary 164 Stephen 164 Susan 274 Thomas 164
GOFFA, Albert 303 Charity 303 Jack 303 Milton 303
GOING, Caroline 225 Henry 225 Lucy 225 Panela 225 Peter 225
GOOD, Richard 6
GOODALL, Charles 219 George 219 Joseph 219 Katie A 219 Pink 219
GOODELL, Emily 241 George 241

GOODMAN, David 14 Fanny 291 Lavina 57 Taylor 291 Walter 67
GORDAN, Cinderella 261 Jefferson W 261 Jimmy 261 Lizzie 261 Martha 261 Mary E 261 Richard 261

GORDEN, Anthony 187 Julia 187
GORDON, Allen 224 Antione 295 Benjamin 295 Charles 175 Cilley 252 Cora C 301 David 301 Dolly 253 Elisha 175 Esther 92 Harrison 175 Henry 295 Jacob 92 Jane 301 John B 301 Jordon 209 Louisa 92 Lucy 175 Maria 92 Martha 293 295 Nancy M 301 Nathan 253 Nellie 92 Randel 301 Sallie 295 William 252 Winnie 224
GOUBLY, Alfred 300 Hester 300 Louis 300
GOULDMAN, Celia 218 Charles 218 Jenny 218 Louis 218
GOUN, Benjamin 208 Harriett 208
GRACE, America 311 Edward 310 James 311 Laura 311 Louisa 310 Mary 311 Nancy 311 Spencer 311 Spencer Jr 311
GRAFFERIED, Elizabeth 14 Henry 14 Maria 14
GRAFTON, Aga 241 Madison 241
GRAHAM, Betsey 101 Clara 70 Daniel N 70 Dinah 171 Jane 101 Martha 171 Melvina 230 Tack 230 William 101 230
GRANT, Henry 309 Mary 179 Nettie 304 Peter 221 304 Sarah 309
GRATTEN, Louise152
GRAVES, Abe 107 Hyams 107 Louis 107 Nanny 107 Peter 107 Rachel 107
GRAY, Alice 290 Amos 303 Augustus 272 Bazel 275 Charles 303 Christian 275 Edmund 303 George 290 Girard 303 Hannah 290 Harriett 303 Ida 290 William 128 303
GRAYSON, Harvey 314 Henry 314 Jack 314 Ogden 314 Sarah 295
GREELEY, Eliza 282
GREEN, Adam 285 Alice 145 Amos 60 182 Andrew 58 Augustus 132 Benjamin 108 Betsy 207 285 Cain 140 Caroline 155 Celeste 247 Cerilda 247 Clara 60 194 Clarissa 155 Eliza 101 145 Ellen 182 Elsey 108 Elvira 119 Emilia 58 Fanny 140 Florida 35 Frank 313 George 101 Hannah 101 Harriett 19 119 293 Hester 244 Isaac 147 276 James 293 Jane 155 247 Jefferson 23 291 John 257 Joseph 185 Julia 212 247 Levi 200 Lilly 182 Lizzie 7 Louis 235 Louisiana 131 Loyd 247 Luck 235 Maria 58 Martha 313 Mary 235 257

293 Matthew 119 167 Meletta
108 Melinda 49 Minerva 155
Miranda 145 Nanny 147
Oliver 244 Philip 293
Pinkney 247 Rachel 23
Richard 101 145 Robert 293
Rose L 244 Sallie 291
Samuel 60 217 Sarah Ann
145 Seward 247 Silla 147
Stephen 47 155 Thomas 247
Thomas Jr 247 Tyler 185
Washington 212 216 William
182 194 227 Winnie 199 200
GREENWOOD, Betty 63
Chancie 63 Mary 63
GREGLEY, Aleck 206 Ann 206
Charlotte 205 Crissia 205
Linda 206 Matilda 205
Sampson 205 Spencer 205
GREGORY, John T 198
GREY, Agnes 2 Cornelia 137
Fletcher 2 George 2 Jane 2
Rosalia 212 William L 212
GRIFFEN, Jerry 118
GRIFFIN, Alfred 50 Benjamin
139 Carrol 205 Charlotte 75
Daphney 50 Dennis 205 Enis
208 Henry 218 Jack 218
Jeanette 205 Joseph 83 Larry
72 Letitia 72 Madison 205
Malvina 74 Margaret 50 208
Maria 218 Milley 205
Missouri 139 Paul 72 Prince
139 Sarah Ann 139 Spencer
75 Stewart 205 William 139
GRIFFITH, Celeste 126 John 126
Laura 126 Warren 126
GRIGLERSY, Caroline 304

GRIMBALL, Bella 109 Nelson
109 Philip 109 Susannah 109
Thomas 143
GRIMBELL, Louisa 156 Milly
Ann 156 William 156
GRINSTADE, Alexander 212
Alice 212 Elisha T 212 Lucy
212 Mary 212 Pink 212
Rosalie 212
GRISTIN, Arthur 3 Boler 3
Caroline 3 James 3 Levin 2
Phoebe 2
GROCE, Clarissa 157 Flora 157
Silas 157 Spofford 157 Sylvia
157
GROOMS, Emerey 255 Susan
255
GROVES, Matilda 159 Viney
223
GRUBBS, Eliza 57 Lizzie 57
Mollie 57 Taylor 57
GUILES, Winnie 67
GUNNING, Eliza 66 Fanny 66
John P 66 Julia 66
GUSTIN, Charlotte 115 George
115
GUSTUS, Frank 127 Kate 127
Mary 126
HACKINS, Angelette 229
Carolina 216 Cordelia 229
Fenney 218 Frank 216 Hager
229 Henry 229 Isaac 229
Nancy 218 Samuel 218
Spencer 229 Stewart 229
HAGANS, Alexander 128
Lorinda 128 Louisa 128
Robert 128 Thomas 128
HAGAR, Dallas 24 Laura 24
HALE, Anderson 53 Jenetta 53

HALL, Ada 142 Adam 181
    Adam Jr 181 Albert 114
    Amos 114 Ananias 175 Anna
    216 Anthony 142 143 Azalie
    181 Benjamin 172 301
    Betsey 50 304 Catherine 50
    Chanty 114 Charles 121 142
    Dennis 25 Ellen 20 Emily
    181 Emma 142 Frank 304
    Frozine 181 George 50 65
    Georgianna 18 Hancy 301
    Hanover 181 Henry 114 Isaac
    8 9 20 304 Jackson 216 228
    Jacob 114 James 50 Jane 14
    65 172 181 301 Jennie 228
    John 65 172 181 301
    Josephine 181 Josiah 181
    Lolette 227 Louisa 65 Lucy
    216 Manda 50 Margaret 9 10
    20 Maria 50 181 Martin 143
    Mary 50 301 Mary E 172
    Matilda 121 142 Micky 8
    Ned 228 Nettie 121 Olivia 20
    Polly 14 Richard 14 216 218
    228 301 Rose 8 Sarah 59 143
    181 228 Serina 14 Silvia 228
    Silvia 228 Thomas 10 50
HALLET, Emeline 21
HALLOWAY, Carrie 108
HAMILTON, Adeline 83 Arthur
    16 Catherine 224 Charles
    130 186 Charlotte 224 Eliza
    64 Elizabeth 83 Frank 224
    George 15 Green 224 Henry
    64 John W 171 Joseph 217
    Kate 11 Lara 83 Martin 11
    Mumfat 83 Nancy 217
    Patience 16 Patsey 15 Simon
    15 Stessnicey (?) 83

HAMPTON, Alfred 77 Arey 77
    Burrell 77 Ellen 77 Emmeline
    77 Margaret 77 Noah 114
    Noah 77 Rebecca 77
    Susannah 114
HAND, Elisha J 244 Emeline 244
    Fanny 244 Levi 244 Lucerne
    244 Robert 244
HANDLIN, Joseph 69 Kitty 69
    Malina M 69 Wade 69
HANNAH, Frances 154 Sarah
    154
HANSON, Amy 270 Dallas 20
    Henrietta 4 Mary J 270
    Thomas 4 Timothy 20
    William 270
HANWORTH, Ellen 189 Jerry
    189
HARDIE, Mary 58
HARGRIVE, Abram 88 Louis 88
    Matthew 88 Philan 88 Romeo
    88 Rose 88
HARGROVE, Edmund 167
    Jefferson 167 Phebe 167
    Polly 167
HARLIN, James D 215 Joan A
    215 Lydia A 215 Mary 215
    William 215
HARPER, Dyer 139 Lemuel 139
    Liddy 139 Louis 139 Richard
    139
HARRIS, Aaron 137 Alexander
    30 33 Allison 121 Amanda
    161 Bell 34 Bella 122 Candy
    161 Cardia 122 Charles 80
    161 Christine 34 Daniel 254
    Delia 121 Dinah 34 Frank
    161 George 254 Granville
    161 Hannah 13 Harriett 295

Henry 115 161 James H 31
Jane 122 John 88 Kate 122
Limas 122 Louis 13 Mahala
161 Maria 88 Martha 114
Nancy 34 Noel 118 Olive 80
Phebe 33 Quinnet 118 Reecy
137 Rosaina 30 Sally 80
Sarah 121 218 254 Shadrick
33 Sidney W 200 Sophia 88
Suky 291 Tempey 161
Thomas 161 218 Vincent 122
William 80 114 295 303
William Jr 295
HARRISON, Abram 145 Alison
212 Anderson 232 Andrew
185 Ann 107 Annie 138
Bossier 297 Brittian 232
Calvin 110 Charles 123
David 232 242 Dinah 232
Eliza 231 Fanny 145 232
Febe 299 George 186
Granville 107 Green 107
Harriett 123 Henry 14 James
185 232 Jane 185 186 John
231 297 Johnson 185 Juba
122 Levi 145 Lilly 212
Loletta 147 Louisa 231 Lucy
A 297 Mary 147 Matilda 186
Noley 107 Richard 147 Rilla
185 Robert 107 Sarah 185
Stephen 186 Thomas 185
Washington 145 William 186
207
HART, Robert 148
HARTESIN, Apolis 27 Elisha 28
Letty 28 Liddy 27 Monsy 28
Myers 28 Nancy 28 Thomas
27 28
HARTESON, Phillis 29 Samuel
29
HARTISON, Hallet 28 Hallet 28
Margaret 28 Thomas 28
HARVED, Augustus 115
Clarissa 115 Eliza 115 Levill
115 Nace 115
HARVEY, Albert 217 Eliza 217
Ellen 194 Emma 194 George
185 Jones 185 Osborn 217
Rose 194 William 217
HARVIS, Joseph 200
HATCH, Augustus 195 Frances
195 Henry 195 Josephine 55
Lafayette 195 Louisa 195
Ostian 195 Preston 195 Sarah
195 Thadius 195
HATCHER, Herry 114 Milo 114
HATTA, Judith 30 Richard 30
Thomas 30
HAUGHTER, Samuel 116
HAUS, John 218
HAWKINS, Carlotte 25 Charles
241 Charlotte 40 Chatman 40
Clara 39 Dennis 40 Ella Jane
241 Fanny 26 241 Flora 222
George 34 222 Gracie 25
Gustaves 242 Ida 222 241
Lisbon 39 Margaret 222 Mark
222 Martha 85 Mary 34 242
Melvin 85 Paddy 241 Penny
8 Pierce 241 Prince 241 Rose
222 Rowena 241 Squire 40
Thomas 26 Thornton 222
HAYDEN, Aracca 199 Rebecca
199 Richard 199
HAYEWOODE, Charles P 279
HAYS, Sanders 106 Sylvester
106

HAYWOOD, Ebenezer 61
  Hannah151 Margaret151
  Rosetta 61
HAYWORTH, Clinton 254 John
  156 Jonas 155 156 Joseph
  156 Leander 255 Malinda 155
  Susette 156
HEADKINS, Caroline 225
  William 225
HEADSPAR, Leath 159
HEFFS, Hercules 123 Jane 123
HELM, Thomas B 121
HENDERSON, Clarissa 285
  Frank 266 Granville 285
  James 200 Martha 207
  Monroe 45
HENRY, Andrew 102 Della 102
  Enny 102 George 125
  Hannah 272 James 8 Jane 125
  Joel 102 John 31 166 Lucy 31
  Patience 102 Patrick 272
  Peter 81 Tenton 31 Westley
  31 William 102
HENSON, Claiborne 282
HENSON, Martha 282
HERRON, Albert 279 Hiram 279
  Sarah 279
HEYMAN, Abram 63 Louisa 63
HEYMANN, Charlotte 306
  Kirby S 307 Roseanna 306
  Susan 307 Ucillius 307
HICKMAN, Mary L 197 Reuben
  149 Silva 149
HICKS, Hannah 118 Henry 132
  Lucy 118 Margaret 132 Sally
  118 Samuel 118
HIGHT, Hercules 46
HILBURN, Calley 57
HILDON, Joseph 236

HILL, Amelia 280 Benjamin 161
  Betsey 160 Emma 280 Floyd
  124 Graham 280 Hannah 161
  266 Jenny 61 John 161 280
  Louisa 161 Lucinda 18 280
  Lucy 243 266 Mary 18
  Morgan 280 Patience 160
  Patty 280 Peter 160 161
  Sandy 243 266 Spencer 280
  Thomas 162 Virginia 18
  Warren 18 William 182 280
HILT, Eliza Jane 97 Moses 97
HINES, Cooper 221 Eliza 221
  John 8 Laura 8
HINSLEY, Landy 251 Louisa
  251
HIRTZ, Bedford 167
HITE, George 6
HOBBS, Alice 176 Edward 175
  Emma 176 Emmeline 175
  Jane 176 Richard 175
HOCKINS, John Henry 250
  Mary 250 Richard 250
  Wesley 250
HOCKIT, Andrew 198 Andrew
  Jr 198 Charles 198 Dinah 198
  Eliza 198 John 198
HOGAN, Jennie 233 Nancy 233
  Peggy 233 Turner 233 Turner
  Jr 233
HOLLIDAY, Charles 5 Louise 6
  Mary 6 Mary J 6 Milton 6
HOLLIE, Cora 216 Louisa J 216
  Rosianna 216 Sarah 216
  William 216
HOLLINS, Aaron 3 Adolf 58
  Edward 58 Frances 199
  Hyman 199 Jane 199 Westley
  199 William 199

HOLLY, Thomas 19
HOLMES, Abraham 201 202
  Bebley 201 Dorcas 156
  Edward 33 Eliza 201 Fanny
  201 211 George 211 Henry
  60 Isaac 211 Juda 201 Julia
  60 Mildred 211 Peter 201
  Richard 201 Tasko (?) 211
HOLSTEINE, Selise 212
HOLSTIEN, Aggy 252 Braistoe
  252 Charles 252 Emma 252
  Frank 252 Henrietta 252
  James 252 Jimmy 252 Rachal
  252 Sally 252 Samuel 252
HOLT, Clara 203 Frederica 292
  Harris 292 Isaac 203 James
  115 Jeffery 115 Joseph 115
  Martha 292 Rachel 115
  Reuben 44 William 69
HOOPER, Margaret 200 Rebecca
  200
HOPELL, Clarissa 11 Eva 12
  Jane 12 Matilda 12 Wilfred
  12
HOPEWELL, Buck 3 Till 3
HOPHALL, Allen 224 Louis
  225 Plesent 225 Sarah 224
HOPKINS, Clementine 212
  James 7 Maria 7 Mary 212
HOPPEL, Charles 12 Gabrella 13
  Perry 13 Vincent 13
HOPPER, Abram 121 David 121
  Dempsey 120 John 121
HORACE, Betsey 216 Henry 216
HORSEY, Annie 158
HOSEA, Viney 29 William 29
HOUSTON, Celia 311 Cheely 77
  Clarissa 46 Judith 4 Keziah
  77 Louis 46 Maria 311 Mary
  A 311 Matilda 46 Osborn 46
  Peter 77 Philip 311 William
  46 311
HOWARD, Aleck 198 Charlotte
  177 Eliza 198 Grandison 272
  Hays 177 Henry 177 Howard
  92 Jack 197 198 Jane 198
  Joseph 158 Josiah 115 Levin
  272 Louis 177 Louise 115
  Loyd 92 Manuel 198 Manuel
  Jr 198 Melinda 272 Milly 92
  Peter 198 Pinkney 177
  Samuel 198 Wash 198
  Winnie 198
HOX, Frank 39 Isabella 40 Mima
  39 William 40
HOYLE, Jordan 92 Mary 92
HUBBARD, Andrew 293 Annie
  45 Charles 293 Hannah 231
  Jane 45 Mary 45 Moses 293
  Norris 282 Peggy 293 Peter
  231 Romeo 45 Spencer 45
HUCKILLER, Fanny 66 Lucy 66
HUCKLA, Milton 173
HUDSON, Charles 172 Harriett
  224 Ida 224 Isaac 224
  Jenkins 224 Julia 229 Lottie
  62 Louisa 224 Lucy 172
  Miller 229 Nancy 224
  Pinkney 172 Sarah 224
  Violet 229
HUFF, Dinah 140
HUFFMAN, Herman 117
HUGHES, Clemenza 247 Lewis
  247 Matt 247 Minerva 247
  William 247
HUISEN, Daniel 167 Mary 167
HUMPHREY, Frances 254
  Horace 254

HUMPHRYS, Aleck 242 Anna 242 Dinah 242 Hester 242 James 242 Minty 242 Sophia 242
HUNKERFOOT, Nancy 41 Sarah 41
HUNTER, Amelia 240 Armstead 240 Arthur 283 Caroline 297 Cora 297 Cornelia 240 Ellen 240 George 239 Jackson 297 Joseph 297 Mahalia 283 Mary 297 Mary J 284 Natnan 297 Phoebe 297 Retta 297 Robert A 173 Roseanna 297 Sarah 297 Stritam 240 Susan 240 297 William 284
HURT, Peter 148
HUSTEN, Crecy 268 Frank 268
HUTCHESON, Sterling 260 Tempey 260
HYAMS, Alexander 262 Daniel W 252 Emeline 92 Harriett 153 Jane 262 Jesse 252 John Smith 252 Lucinda 252 Nelly 252 Peggy 262 Perry 92 Richard 89 262 Ritter 92 Ruth 89 William 153
HYNES, Caroline 46
HYNSON, Joseph 58 Maria 58
HYSON, Barbre 309 Charles 172 309 Elizabeth 197 Lee 309 Thomas 197 Walter 309
IMES, Betsy 178 Henry 178 Hyacinth 178 Judith 178 Julia 178 Nelly 178 Oliver 178 Richard 178
IREONS, Eliza 109 Ellet 109 Peter 109
IROIN, Alice 116 Benjamin 116

IRVIN, Alexander 155 Celeste 155 Charles 155 David 112 Elizabeth 155 Felix 155 Frank 112 Isabella 112 Jane 155 Margaret 155 Matthew 155 Rachel 155 Sarah 155
IRVING, Emma 202
ISAAC, Britton 90 Matilda 90
ISAIAH, Edward 274 Frank 274
ISRAEL, Abner 39 Ann 39 Dora 39 Emmeline 39 Isaac 39 John 39 Robert 39
IVES, Harriett 244 Hetter(?) 192 John 244 Joseph 244 Laura 244 Lawson 244 Milly 244 Rhoda 192 Robert 244 William 192 William 244
JACKSON, Abraham 50 Adelia 211 Alexander 117 163 Alice 270 Andrew 151 211 288 301 Ann 217 Annie 153 Belle 239 Benjamin 274 Bernard 257 Betsey 85 Carrol 304 Ceasar 121 Celeste 121 Chaply 271 Charles 117 147 273 Clara 153 Corinne 121 Daisy 304 Daniel 296 Daphney 50 Delia 32 Dennis 32 Dorcas 107 Douglas 33 Elizabeth 280 Ella 121 Ellen 270 Elvira 136 Emily 239 Emma J 280 Ezekial 130 Fanny 249 George 32 33 122 153 Griffin 217 Hannah 135 136 Harriett 3 153 164 Henreit 311 Henrietta 301 Henry 53 153 164 217 Isaac 50 185 Isabell 249 Jacob 3 James 135 164 172 Jim 249 John 124 153

Joseph 33 289 Juba 163 Julia
274 Lanty 33 Latma 274
Lazine 164 Louisa 124 Lucy
243 273 Malinda 164
Marshall 249 Mary 121 153
Mary Ann 102 211 Matthew
33 Mike 249 Mima 164
Moses 164 Nanny151 Nellie
243 Olley 117 Patience 164
Patty 289 Peter 274 Rand L
211 Robert 280 Roda 211
Rosa 243 Samuel 280
Sanders 50 Scipio 273
Shelbin 33 Sidney 136 Silas
314 Smith 148 Squire 249
Susan 125 Tamar 273
Thomas 107 Tinie 172 Upton
164 Victotia 280 Vinnie 239
Washington 239 243 274
William 3 102 115 182 270
Willis 292 Wilson 188
JAMES, Ann 251 Caesar 164
   Calvin 146 Caroline 251
   Carrol 146 Clara 251 Drueilla
   251 Elsie 149 Henry 69 Jacob
   277 Jane 148 John 123 251
   Lanty 251 Lavinda 251 Lee
   123 Lem 251 Lemuel 148
   Louis 146 Louisa 123 251
   Martha 139 234 309 Mary
   146 Melinda 251 Nancy 251
   Neal 146 Ralph 251 Sam 234
   Taylor 251 Washington 136
   William 251 309
JARELL, Martha 55
JEAN, Mary 21 Peter 21
JEFFERSON, Alice 163 Eliza
   163 Florena 274 George 274
   Henrietta 255 Jasper 274 Julia
274 Lewis 274 Margaret 255
Mary J 255 Moses 274
Randolph 161 Susan 302
Vina 163 Wimpsey 163
JENKINS, Albert 36 Amanda
   283 Deacon 38 Dorcey 283
   George 38 Jesse 79 John 161
   Joseph 79 Julia 36 Mary 283
   Mina 78 Minerva 36 Rachel
   161 Rhiney 79 Sallie 283
   Samuel 38 Sandy 283 Silvia
   283 Spencer 283 Tip 78 Toch
   161
JENSON, Bilson 206 Moses 206
JESSMAN, Elsie 47 Henry 47
   Isaac 47 James 47 Margaret
   47 Patsey 47 Simon 47
   Thomas 47
JETT, Clarinda 177Jett, George
   176Jett, Hilliary 177Jett,
   Isabella 176 177Jett, James
   176Jett, Margaret 177
JIGGETS, Allen 95 Annie 95
JOHN, Elijah 138 Lucinda 138
   Nancy 138 Redick 138
   Robert 138 Samuel 138
   William 183 Winney 138
JOHNS, David 128
JOHNSON, Aaron 92 Abraham
   67 278 Adam 141 Adeline
   113 170 171 172 291 Albert
   35 Alec 202 Alexander 50
   Alfred 87 Alice 297 Allen
   128 Amanda 68 204 Amelia
   116 America 172 Anderson
   21 Ann 22 221 Anna 1
   Anthony 22 Antione 238
   Austin 21 142 Axce 297
   Beckie 298 Belle 55

Benjamin 21 Bowman 207
Caloit 35 Caroline 35 169
184 227 Cassanero 164
Catherine 94 238 Celeste 238
Celia 291 Charlotte 146 215
Cindia 297 Clarissa 238
Comfort 167 Cornelius 167
Creecey 101 Creesy 87 Cullas
171 Daniel 272 Delia 86
Delisey 230 Della 50 Dennis
276 Dilsey 221 Doctor 21 26
Dora J 171 Edward 5 291
Elisha 86 Eliza 87 184
Elizabeth 241 Ellen 129 141
230 Emily 113 207 Emma 5
171 Ephraim 184 Ephraim Jr
184 Ernest 215 215 Esther
297 Evelina 181 Fanny 299
Fenton 204 Fleming 204
Frances 241 Frank 14 311
George 21 111 311 Hannah
21 238 Harriett 22 Hattie 59
Henrietta 221 Henry 1 59 167
279 Hester 241 Homer 238
Horace 21 207 238 Ida 291
Isaac 49 276 299 Isabelle 230
238 Jack 216 Jacob 238
James 142 146 228 Jane 58
Jeannette 238 Jeremiah 5
John 230 Johnson 221 Jordan
92 Jordon 297 Joseph 86 101
158 Josephine 14 69 169 Julia
93 184 Juliana 7 Jupiter 7
Katherine 5 Kitty 67 Lauritte
238 Lavina 1 94 142 Lawrina
241 Lemuel 167 Lena 279
Lethia 69 Lorenzo 158 Lorina
86 Lorinda 276 Louis 141
Louisa 1 5 50 56 59 276

Lucind 86 Lucy 93 132 Mack
215 Margaret 204 227 310
311 Maria 21 85 141 Martha
87 101 158 207 Mary 21 62
87 129 146 215 Mary J 238
Mary W 171 Matilda 87 171
291 Melinda 4 Meshack 311
Milly H 171 Mina 271 Minty
131 Monroe 241 Moses 5 141
Nancy 126 127 216 311
Nathan 101 Nellie 27 Nelly
184 Nelson 227 Nelson Jr
227 Nicholas 58 Patsey 167
Pauline 169 Pekanna 238
Peter 278 Petience 241 Philip
146 297 Phillissa 272 Polly
227 Rachal 187 Rachel 87
Ransom 226 278 Ransom Jr
227 Rebecca 202 Robert 141
158 230 Rosannah 11 Rosetta
92 141 Russett 61 Sallie 56
Sally 86 Sally Ann 50 Samuel
138 204 Samuel K 69 Sarah
27 56 111 146 Selina 86
Shepherd 141 142 Sidney 172
Silva 127 Sophia 49 Spemcer
129 Spencer 1 Susan 14 35 87
94 Susannah 96 Teinet 35
Temperance 27 Thomas 4 35
50 85 87 102 227 241 Viney
221 Violet 311 Virgil 238
Virginia 142 Walker 113
Walter 204 Warmer 221
Westley 181 Wiley 129
William 22 94 142 221 291
William T 59 William W 68
Winnie 228 Winnifred 241
Winny 4

JONAS, Hannah 265 Joseph 265
  Phebe 265
JONES, Adaline 147 Adelle 252
  Aleck 169 Alexander 86
  Amanda 131 Andrew 104 110
  261 Anna 233 Anthony 12
  Arina 85 Arthur 312 Austin
  215 Benjamin 218 Betsy 312
  Brit 226 227 Burrel 97
  Caroline 67 Carroll 242
  Carroll Jr 243 Catherine 85
  183 242 Celeste 104 Charity
  18 218 Charlotte 97 263
  Christina 183 Clarissa 105
  Cleburn 12 Cora 243 Daigre
  98 David 98 104 183 206
  Delica 58 Dyer 131 Edward
  236 Eliza 62 208 Elizabeth 2
  183 227 Ella 147 Ellen 181
  Elvira 261 Emelia 169 Emma
  104 215 Ephraim 25 Felix
  163 Florentine 243 Frank 282
  Frederick 208 Gabriel 10
  George 85 98 110 263 Green
  226 227 Hannah 18 Harriett
  12 18 Harry 284 Henry 97
  184 234 256 263 Henry Jr
  263 Hercules 18 183 Hester
  104 Irene 261 Isaac 145 147
  181 Isabella 86 Israel 282
  Jack 226 314 Jackson 227
  Jacob 147 James 24 261 Jane
  18 191 Jefferson 12 218
  Jennie 312 Jeremiah 18 Jerry
  243 284 Jesse 85 John 252
  263 312 Joseph 226 227
  Josephine 52 Josiah 183
  Judith 85 Judy 147 Julia 147
  Julius 162 Juney 191 Laura
  226 243 Leaconnon 227
  Leena 12 Levi 53 256 Lina 98
  Lizzie 62 170 Louisa 52 98
  145 284 Louisiana 226
  Lucinda 183 Mahala 218
  Malvina 145 Manuel 12
  Marceline 52 Margaret 20
  162 183 Maria 76 145 243
  Marsh 104 Martha 162 234
  243 Marv 169 Mary 12 51 98
  110 162 208 236 Matilda 104
  Melvin 282 312 Milly 181
  Minerva 261 Minnie 218
  Monroe 218 Moses 227
  Nancy 226 282 Nathan 243
  Nelson 145 282 Oscar 98
  Patsey 12 Peggy 61 Phillisity
  85 Prince 183 Priscilla 24
  Quintard 183 Rachel 85 145
  Robert 18 162 191 224
  Rouena 233 Sabby 145 Sandy
  25 282 Sarah 18 62 98 Sarah
  J 169 Savannah 103 Solomon
  104 Stephen 52 Stewart 226
  227 Sukey 104 Susan 206
  Tempey 256 Thomas 12 98
  105 Tilda 206 Travis 183
  Ursulia 312 William 12 51 62
  131 159 243
JONES, William H 63
JORDAN, Abraham 80
  Augustine 6 Charles 56
  Charlotte 6 Eliza 80 Fanny 6
  George 134 Gracie 134
  Harriett 6 Joshua 179 Maria
  80 Peter 56 Safier 56 Spencer
  6 80 Virginia 179
JOSEPH, George 212 Louisa 212
  Thomas 212

JOSEY, Nancy 71 Wilson 71
JOSIE, Anette 273 Celestine 273
    Henry 273 January 273 Lake
    273 Lector 272
KAID, Alexander 118
KANE, Brant 55 Caroline 55
    Jordon 279 Louisa 279 Mary
    172 Sally 55
KARTRIX, Hager 223
KEARY, Alice 255 Allen 134
    Chapman 134 Edward 253
    Eliza 254 Emma 254 Ephraim
    253 Frozine 253 Georgianna
    255 Isaac 253 Israel 134 Jane
    254 John 254 Johnson 134
    Louis 255 Mary 253 Mary
    Ann 134 Robert 254 Rose
    254 Sarah Ann 254
KEATING, Frank 39 Jane 39
KEELSO, George Y 66 Mary L
    66
KEESE, Sam 218 Western 218
KELLER, Bell 96 James 96
    Thomas 96
KELLY, Ceasar 294
  Dennis 67 Jane 294 William 83
KELSO, Eliza 294 John P 65
    Peter 250 294 Rebecca 65
    Rum 294
KENEDY, Benjamin 300 Emily
    300 Henry 300 Jackson 300
    Jackson Jr 300 James 300
    Juda 300 Susan 300 William
    300
KENNA, Stephen 141
KENNEDY, Abram 113 Alec
    223 Dennis 108 Frank 223
    John 223 Lydia 223 Milly
    113 Sarah 223 Taylor 108

KENNY, Isabella 253 Lewis 252
    Mary 253
KENZIC, Caroline 95
KERR, Clorinda 88
KEYES, Abram 93 Cornelius 91
    Dashig 95 David 93
    Georgianna 93 Joseph 93
    Rhoda 93 Washington 93
KEYS, Israel 245
KIMBALL, Charlotte 265
    Isabelle 187 John 187
    Margaret 8 Samuel 265
KIMBLE, Matilda 216 Peter 307
    Samuel 216 Susan 307
KING, Cage 193 Charity 251 256
    Charles 264 Clariss 251
    Coleman 11 Dennis 251 Dilly
    45 Elizabeth 7 Emma 291
    Fanny 264 Harry 256 Harry
    Jr 256 Henry 167 Hester 286
    Indiana 193 Isaac 256 Jesse
    188 Jessie 288 John 95 291
    Louisiana 193 Marie 256
    Mary 11 Mary E 256 Mary
    Jane 256 Milly 288 Moses
    276 Nathan 45 Priscilla 193
    Rachel 193 Rebecca 276
    Rose 167 Susan 11 Triton
    256
KINNA, Harriett 140 Richard
    140 Spencer 140
KINSE, Joseph 57 Laura 57
KINSIE, Ann 149 Nelson 149
KIPER, Chloe 195 Josiah 195
KIPLET, Margaret 33
KIRK, Cinn 248 Daniel 248 Dick
    247 Isaac 248 Jacob 248
    Julius 248 Maria 247 Rachal
    247 Regis 248

KITCHEN, Esther 61 Moses 9 61
KITTY, Julius A 310
KNIGHT, Daniel 119 Hickman
    142 Hurley 142 Jane 119
    Louisa 142 Margaret 142
    Turner 142
KNIGHTS, Adeline 191 Gernion
    191 John 191 Matthew 191
    Thomas 191
LABRINA, Jenny 311
LACY, Frank 217
LANE, Dodey 41 Lawson 41
    Mary 41
LANG, Jennie 225 Louis 225
    Mary 225 Randall 225
LANGSTON, Alexander 187
    Esther 187 Isaac 187 Mack
    187 Narcissa 187
LANSTER, Georgeanna 66
    Henriette 66 William 66
LASSARD, Dora 159
LASSEE, Charlotte 164 Lucretia
    164 Thomas 164 Zero 164
LATMO, Felis 236 Jacob 236
    John 236
LAWDEN, Isabell 261 Jackson
    261 Louis 261 Nancy 261
    Thomas 261
LAWDON, John 263 John Jr 263
LAWRENCE, Edward 272 Ester
    272 Hester 272 Jane 272
LAWSON, Alice 111 Ann 272
    Annazette 272 Eliza 247
    Harriett 111 Henrietta 43
    Henry 271 Joe 247 John 43
    111 Melinda 271 Morris 43
    Peter 111 Samuel 247
    Virginia 272 William 111
    247
LAYSSARD, Betsey 23 Eliza 23
    Horace 23 Moses 23
LEA, Eliza 61 John 61 Robert 61
LEAR, Juda 314 Matthew 314
    Robert 314
LECKIE, Benjamin 278
    Catherine 278 Johanna 278
LEDOUX, Charles V 275
LEE, Adam 181 Annie 140
    Charles C 167 Daniel 122
    David 93 Delia Y 280 Dilsey
    280 Dora 291 Fanetta 47
    Fanny 47 George L 169
    Grace 108 Hannibal 169
    Harriett 124 Henry 140 Jane
    162 Jesse T 167 John 2 25 47
    108 124 140 Julia Ann 26
    Kenny 182 Louis 7 Louise 41
    Luck 123 Margurett 280
    Maria 41 Martha 41 109
    Mary 184 280 291 Mary C
    169 Matilda 181 182 184
    May 140 Moses 280 Nathan
    47 Patsie 291 Reberto 140
    Richard 109 Riley 291 Robert
    184 Sandy 109 Sarah 280
    Scipio 4 Silas 291 Susan 25
    Thomas 123 182 Woodson
    184
LEGON, Hannah 243 James 243
    244 Melinda 243 Nathan 244
    Sarah 244
LEGRAS, Dorcas 1 Ellen 1
    Harriett 1
LEIDAM, James 260 Jordon 260
    Rosette 260
LEMAR, Frankie 185 Thomas
    185
LEMONE, Albert 278

LEMOTHE, Daniel 159
LEMOTT, Amelia 300 Armstead 300 Louisa 300 Sam 300
LEONARD, Cub 99 Jane 99 Judith 99 Margaret 99 Mary 99
LEPLEN, Leander 221 Mary 221 Nicholas 221
LEROY, Fant L 62
LESSARD, Agnes 157 Lorenzo 157 Nicey 157 Phebe 157 Toby 157 Vincent 157
LETCHER, Mary 86 Richard 86
LETHEY, Benjamin 159 Luke 159
LEVI, Charles 142 Jordan 142 Sallie 221 Susan 142 Wilson 142
LEVINS, Harriett 64 John 64 Sarah 64
LEVY, Arland 48
LEWIS, Abraham 44 228 Abraham Jr 228 Adam 159 Albert 106 Allen 219 Alsey 200 Andrew 200 Antione 314 Benjamin 296 Betsey 159 Bibley 64 Cardish 106 Caroline 200 Celia 219 Charity 231 Cora 44 Curtis F 203 Daniel 15 39 Darkey 238 David 185 Dicey 6 Dink 106 Dora 106 Elizabeth 200 Ellen 223 Fanny 44 Flemming 262 Frances 44 Francis 44 General 238 Hagar 67 Haly 292 Harriett 38 Hester 165 Isaac 231 Isaac Louis 200 Jane 39 Jeremiah 39 John 11 39 165 Joseph 182 Lamb 268 Levi 165 Lizzie 159 Louis 44 268 Louisa 200 Lovicia 228 Malinda 6 Margaret 165 263 Mary 39 44 189 200 241 Mary E 238 Moses 39 Nancy 6 241 Paul 241 Peter 189 197 Philip 106 Polly 238 Richard 6 38 241 Robert 6 159 268 Rosa 263 Samuel 6 231 Sarah 165 189 Sophia 278 Stephen 263 Susan 106 Thomas 262 268 Thornton 64 Washington 231 William H 6 64 106 148 Willie 218 Wright (?)262
LIGNATO, Clementime 312 Fanny 312 Manuel 312
LIGRAS, Cornelia 66 Michael 66 William 66
LILES, Ellen 8 Joseph 8
LINDSEY, Clarissa 175 Harriett 175 James 175 Mary Ann 175
LINN, Charlotte 83 Jeremiah 83 Matilda 83
LITTLE, Levina 63 Rosine 164 Virgil 164
LIVINGSTON, Frederick 184
LOCK, Cora 91
LOGAN, Jannitta 263 Lewis 218 Matthew 263
LOMAX, Celia 253 John 253 Lewis 253
LONG, Charles 220 275 Charlotte 226 Delphine 230 Emily 226 Lady 275 Leander 230 Lucy 225 Lucy 226 Milly 230 Randall 226 Sarah 226 Tilman 230 Tilman Jr 230 William 220

LOSSEE, Joseph 70 Louisa 70
    Margaret 70
LOTT, Alice M 68 George B 68
    Harry 68 Henry 68 Joseph B
    68 Little B 68 Louisiana V 68
    Pauline 68
LOUIS, Peter 13
LOURY, Alice 123 Isaac 123
    Jefferson 166 Jeremiah 123
    Lucy 166 Minnie 166 Moses
    123 Polly 166 Rachel 123
    Thomas 166 Wallace 166
    William 166
LOVE, Annie 162 Chaney 130
    Ellen 130 Kate 130 Louis 130
    Oscar 121 Thomas A 130
LOVELACE, William 270
LOW, Abbe 299 Adeline 307
    Harriett 308 Horton 307 John
    D 307 Kate 299 Madison 308
    Mitchel 307
LOYD, Ceban 258 Grosay 300
    Harrison 300 Harrison Jr 300
    Lovely 258 Maria 300
    Minerva 300
LUCAS, Eliza 197 James 197
    Marie 197 Peter 197
LUCK, Alice 93 David 93
    Mumfort 93 Sarah 93
LUCY, Eliza 248 George 248 Ida
    248
LUMFIELD, Fellonais 166
    Martin 166
LYKYE, Ann 59
LYNCH, David 123 Dennis 58
    Lucinda 58
MACK, Alfred 95 George 122
    Sylvia 122

MADISON, Abram 250
    Antonette 250 Austin 250
    Catherine 278 Jane 275 John
    275 Letty 46 Lucy 275
    Martha 46 Mary 250 278
    Mary Jane 250 Robert 1 Sam
    250 Sarah 250 278 Thomas
    250 Virginia 278 William 46
MAGUIRE, Dolly 203 Henry
    203 Susan 203
MAILES, Elizabeth 99
MALERY, Henry 181
MALONE, Agnes 107 George
    107 Hannah 107 James 107
    Mary 107 Ruth 107
MAND, Eliza 292 Horace 292
    Laura A 292 Roseanna 292
MANDAN, Ann 289 Catherine
    289 Hamilton 289 Margarett
    289 Milley 289 Nicholas 289
MANNING, Henrietta 55 Joseph
    N 240 Rachel 55 Sarah 55
    Thomas C 55
MANUEL, Charlotte 261 Edward
    261 Elzuba 261 Essey 72
    Franklin P 208 Gasien 208
    John 208 Josephine 261 Kitty
    208 Lindy 72 Moses 261
    Rosalie 72 Sabria 72 Sarah 72
    Susan 208
MAON, John 57 Maria 57 Sarah
    57
MARBIN, William 136
MARSHAL, Abner 38 Caroline
    280 Martha 38 Thomas 38
MARSHALL, Alsey 245 Dinah
    272 Francis W 116 George B
    140 John 244 Joseph 271

Judy 272 Lucy 149 Sarah A 272
MARTIN, America K 60 Annie V 60 Betsey 153 Bettie 287 Catherine 288 Ceasar 289 Charles 250 Charlotte 251 Delia 251 Ellen 60 289 Elsie 219 Emily 219 George 219 250 Harrison 219 James W 184 Jane 3 219 John 3 219 300 Johnson 53 Katie 219 Louisa 3 Martha 219 Mary 3 53 Matthew 287 Mercia 287 Milly 232 Phoebe 219 Richard 276 Rosa 60 Rufus 153 Sam 219 Samuel 219 Silvia 212 Stamford 153 William 219
MARVEY, Lucinda 43 Nancy 43 William 43
MASON, Albert 30 Amy 263 Ann 283 Ben 250 Chaney 250 Charles 283 Charlotte 227 Ellen 283 George 227 George Jr 227 Hariet 227 Harriett 283 Henry 15 212 283 Jackson 30 Janette 30 Josiah Jacob 250 Louisa 283 Mary J 30 Neel 250 Westley 30 William 283
MATEN, Eliza 171 Hyson 171 John 172
MATLEY, Caroline 67
MATTHEW, Cornelius 165
MATTHEWS, Azelda 257 Elger 258 Enos 257 James 257 Kitty 258 Mary 258
MAULBER, Nancy 264
MAY, Emily 64

MAYBERRY, Arthur 14 Nancy 14 Octavius 14 Peter 14 Rachel 14
MAYER, Lizzie 35 Lucy 160 Robert 35
MAYHAN, Elsie 38 Peter 38 Phileste 38
MCBRIDE, Bella 33
MCCAIA (?), Daniel 30 Elizabeth 30 Maria 30
MCEDWARD 123
MCCARY, George 284 Georgeanna 284 Milly 284
MCCLENHAM, Alice 313 Andy 313 Ann 313 Levi 313 Lottie 313 Willie 313
MCCOY, Aggie 105 Andrew 105 Butler 105 Catherine 105 112 Deal 105 Isaac 105 Jeanette 105 Nancy 105 Paralee 105 Peter 105 Sarah 105 Vincent 105 William 105
MCCREA, Abraham 136 Andrew 136 Calvin 136 Carrol 136 Henry 136 John 136 Louisa 136 Rachel 136 Sarah 136
MCDANIEL, Amanda 119 Calvin 48 Leonard 48 Levi 119 Polly 48 Sarah 48
MCDEWILL, Doney 93 Hannah 94 James 93 Sally 93 Sampson 93 Warren 93
MCDOWAL, Alfred 312
MCDOWELL, Dorcas 138
MCELROY, Corinne 49 Mary 49 Thomas 49 Virginia 49

MCGEE, Caroline 219 Eliza 110
    Jarry 219 John 110 Louisa
    219
MCGIBBINS, Hannah 278 Hugh
    278
MCGOUDER, Philip 240
MCINAN, Andrew 267 Archie
    267 Carter 267 Carter W 267
    Christine 267 George 267
    Jemima 267 Joseph 267 Julia
    267 Lottie 267 Lydia 267
    Memphis 267 Nettie 267
    Oliver 267 Phebe 267 Prator
    267 Rachal 267 William 267
MCINTOSH 284
MCINTYRE, Albert 44 Louis 44
    Mary 44 Phebe 44 Theodore
    44
MCKABE, Ada 228 Horace 228
MCKAY, Margaret 97 Solomon
    97 Susan 97
MCKENZIE, Dublin 102 Hagar
    102 Maty 102
MCNABB, Edward 223 Nellie
    223
MCNABE, Caroline 225 Claborn
    225 Lucy 225 May 225
    Milton 225 Nelson 225 Sam
    225
MCNEELY, Jordan 276 Major
    276
MCNUTT, Charles 249
MCQUARTERS, Ella 146 Emily
    146 Henry 145
MEAD, Edmond 291 Harry 203
    Mary E 291
MEATH, Benjamin 22 Cinny 22
    Eli 22 Henderson 22 Judith
    22 Julia 22 Lee 22 Thomas 23

MEED, Emma 110 John 110
MEEKER, Agnes 146 Isaiah 146
    Joseph H 106 Josiah 146
MELBERT, Ann 36 Cella 36
    Ella 36 Ellen 36 George 36
    Maria 36 Nancy 36 Rebecca
    36 Thomas 36 William 36
MELCHER, Edward 108
MELVIN, Charles 150 Matthew
    150 Nancy 150 Robert 150
MERRITT, Milly 292 Frozine
    159 Moses 62
MICKES, Harriett 206 Louis 206
MIDDLETON, Bennett 87
    George 87 Hyams 85 Issac 74
    Jane 74 Louisa 87 Mary 74
    Melinda 86 Paul 87 Philip 87
    Silas 86
MIDLETON, Genie 282 Henry
    282 Mary 282 Ned 282
MILES, Archie 262 Elizabeth
    262 Guss 262 Laura 262 Levi
    262 Miler 150 Rhody 150
MILLER, Amelia 20 Anne 132
    Baron 191 Catherine 133
    Charles 74 132 Charlotte 20
    Cressy 191 Eliza 219 Ellen
    133 Emily 15 George 191
    Hampton 114 Hannah 191
    Henry 20 Isaac C 67 Jane 118
    219 275 Josiah 15 Leady 191
    Lemlin 219 Liddy 118 Lydia
    219 Martin 20 Mary 191 275
    Milly 114 Mindie 275 Phoebe
    114 Plesant 191 Samuel 191
    Summer 132 133 Susette 133
    William 118 191
MILLIARD, Charity 16 Dion 16
    Elsey 16 Henry 16 John 16

Lethi 16 Orris 16 Rebecca 16
Sosthene 16
MILLS, Amy 287 Catherine 180
Horace 180 Maria J 58
William 58 287 William Jr 58
MILTON, Josephine 113
MINER, John 148
MINERVA, Ella 32 Palles 32
MINGER, Johnson 172 Louisa
172
MINOR, Henry 219 Mary 219
MITCHEL, Alto 64 Ann 307
Benjamin 223 Clarrissa 63
Jack 277 James 277 June 277
Lena 235 Martha 314 Rachal
223 Roango 307
MITCHELL, Adeline 13 Agnes
127 Anthony 127 Azarius 76
Creecy 140 Fanny 140 Harry
13 James 76 Jane 140
Jeremiah 13 John 140
Lucinda 13 Rachel 140 Sip
20 Tennie 171 Tillman 13
Victoria 130
MOLES, David 55 Marie D. 55
MONEY, Anna Maria 23 Harriett
161 Jack 23 Matilda 23 Milly
161 Sally 161
MONK, Charles 131 Jane 168
Mary 168 Riney 131
Wallace 131
MONROE, Alfred 109 Clinton
109 Edmond 109 Gracie 87
James 87 109 Joseph 109
Susanna 109
MONS, Etienne 103 John 103
Louisa 103 Taylor 103
MONTGOMERY, Edward 138
Elizabeth 127 Ellis 127

Frederick 127 Henry 314
Jackson 138 Montgomery
127 Nan 138
MOON, Leestella 64
MOORE, Amanda 144 Annie
162 Anthony 263 Betty 263
Cora 162 Daniel 17 Edward
274 Elizabeth 23 Henry 46
Jane 263 Janet 4 Joseph 308
Kitty C 308 Lee 23 Lethe 180
Louisa 180 235 Maria 17
Marshal 23 Mary 162 274
Mary Ann 139 Phoebe 180
Rhoden 180 Rolly 213 Rose
180 Samuel 139 Sarah 213
Stephen 263 Tennessee 263
Vernon 308 William 23 144
308
MORAL, Hanny (?) 290 John H
290 June 290 Martha 290
Sarah L 290
MOREHEAD, Phebe 45 William
45
MORELAND, Frank 243
MORELEY, Alfred 240 Lucinda
240
MORGAN, Ardel 33 Caesar 21
Caroline 202 Charles 33
David 202 Etienne 155 Frank
202 Joel 202 Luke 155
Madaline 21 Manuel 33
Martha 21 170 Mary 155
Nancy 202 Sarah 202 Susan
202 Thomas 21 Upton 155
MORISON, Joseph 252 Susan
252 William 252
MORRIS, Albert 290 Amelia 278
Betsey 290 Caroline 292
Cornelia 290 Eliza 130 234

Helen 290 Henrietta 49 John
15 49 Juda 278 Julia A 234
Margaret 65 Rachal 278
Robert 234 Scott 234 278
Sophia 292 Susan 234
Virginia 278 William 128
130
MORRISON, Frank 295 George
240 Jackson 295 John 71
Nancy 295 Rosetta 240
MORTON, Albert 176 Jackson
176 Lorenzo 175 Mahala 176
MOSELY, Angeline 4 Peter 4
Silla 105 Watson 105
MOSES, Simon 74
MOSPY, Arina 178 Eda 178
James 178 Jane 178 John 178
Nancy 178 Phoebe 178
MOSS, Fanny 66 Matthew 66
Sarah 66
MOUNTS, Celeste 24 128 James
128 James E 128 Louisa 128
Mahala 128 Ralph 128
Reuken 24
MOUSE, Henry 192 Lewis 192
MULLEN, Fanny 24 Isam 24
Lucy 24
MUMFORD, Eliza 287 Harry
287 June 287 Louisa 287
Mary 287 Robert 287 Sallie
287
MUNDA, Harrison 229
MURREY, Baziel 27 Etienne 27
Harriett 27 Hugh 27 John 162
Plishe 27 Polly 162
MURRY, Ananias 18 Beverley
18 Binnard 62 Caroline 19
Catrin 62 Celia 229 Eliza 62
Ellen 18 Emanuel 62 Epsey
229 Isabella 179 Jacob 19
Jefferson 18 19 Jesse 229
John 264 John Jr 264 Levina
61 Lilly C 62 Mary 18 62
Missouri 19 Nancy 264
Philda 229 Sarah 264 Stephen
179 William 61
MUSE, Charles 116 Denny 254
Edward 116 Elijah 254 Jane
254 Robert 116
MYERS, Mann M 269 William
269
MYRES, Jerry 309
NALRE, Clemence 37 John 37
Mack 37 Pilla 37 Sosthene 37
NAPOLEON, Elva 13 Henry 13
Lizzie 13
NASH, Emanuel 165 Louise 165
Maria 165 Martha 165 Mary
165 William 165
NATHER, Louis 295 Polly 295
NEAL, Catherine 99 168
Elizabeth 99 Esther 99
Frances 99 Henry 99 James
99 James F 270 John 99
Joseph 165 Josephine 99
Louisa 223 Lucy 99 Martha
242 Mick 242 Milly 242 Noel
G 222 Oliver W 99 Phebe
168 Raleigh 168 Roxanna 99
Sarah 99 William J 265
NEEDHAM, Caroline 259 Jane
259 Jefferson D 259 Quincy
258 Rigden 259 Samuel 259
Tecumseh 259
NEELEY, Phillis 17 William 17
NEELY, Edward 176 Laura 176
NELSON, Amanda 314 Archie
313 Dora 9 Elisabeth 313

Isam 9 John 45 Joseph 314 Mary 114 Robert 114 Thomas 9 Tony 58 William 9
NESBIT, Ellen 306 Hester 306 Oscar 306 Thomas 306
NETTLES, Betsey 229 Caroline 229 Charles 229 Dernsey 229 Sylvia 220
NEWALL, Charles 302
NEWELL, John A 200
NEWMAN, Frances 62
NEWTON, California 3 Claiborne 169 Henry 184 Joseph 105 Rachel 184 Rose 105 Silvia 105 Winifred 169
NICHOLAS, Allen 219 Dolly 20 Eliza 265 Emily 220 Henry 220 Hillery 220 Jane 219 John 219 Lawson 20 Lolette 20 Wilson 265
NICHOLS, Mary Ann 141
NILLAM, Charles 248 Isabella 248 Randolph 248
NIMMER, Albert 167 Allen 167 Bella 167 Caroline 167 George 167 Jane 167 Martin 167 Mary 167
NINNY, Mary 274 Nicholas 274
NOLIN, Elvira 60 Mary 60
NORFOLK, Levina 220 Richard 220
NORMAN, Andrew 248 Bebecca 248 Frances 248 Henry 248
NORMAND, Ailsey 17 David 17 Jacob 17 John 17 Mary 17 Octavia 17 Silva 17
NORRIS, Adeline 288 Betsey 288 Catherine 288 George 288 Henry 288 Louis 293

Nancy 288 Puss 288 Samuel 288
NORTH, Hannah 155 John 155 Martha 155 Moses 155 Solomon 155
NORWOOD, Ann 21 Martha 21 William 21
NOYES, Daniel 292 Eliza 292 Eliza A 292 James 292 Joseph 205 Joshua 205 Laura 205 Leone 205 Mack 292
O'NEAL, Ellen 116 Judith 116 William 116
OBENION, John 193 William 193
OCHS, Amelia 272 Irene 272 Oscar 272 Thomas 272
ODUM, Charity 149 George 150 Henry 149 Jefferson 150 Levi 150 Melinda 149 Nanny 150 Sarah 150 Talfair 150 Washington 150
OGDEN, Abner N 253
OGEESE, Dora 18
OLAGE, Sophia 312
OLAW, Stafford 152
OLERIAN, Mary 129
OLIVER, Charity 93 Charles 5 Cora 5 Dicey 93 Ellen 5 John 5 253 Lucy 5 Minerva 93 Sam 93 Scott 93 Vesta 93
OLIVIA, Isaac 209
OLSTREET, Nelson 53
OSBORN, Agnes 15 Armstead 15 Elizabeth 15 Pinkney 62
OTHAS, Alfred 292 Eliza 292 Martin 292 Mary 292 Thomas 292

OVERTON, Philis 292 Richard 292
OWEN, Susan 10 Berry 10 Laura 10
OWENS, Amelia 276 Boston 276 Hannah 298 Jefferson 276 John 298 303 John Jr 298 March 276 Mary 276 Rebecca 276 Robeline 298
PACE, Matilda 9 Eda 9 Mary 9 10 William 9 10 William Jr 9
PACKENS, Beauregard 27 Mary Ann 27 Thornton 27
PAGE, Charles 253 David 93 Elizabeth 253 John 19 Mary 172 253 Reuben 253 Robert 253
PAID, Benjamin 78
PAINE, Albert 120 Annie 119 Marcellus 39 Miranda 117 Rachel 39 Russel 119 Sukey 120 Thomas 177
PAISON, Jacob 270
PANEL, Betsy 304 Cora 305 Horace 305 Nancy 304 Sarah 305
PARKER, Ann 172 Delphi 176 John 56 John F 56 Mahalia 56 Martha 207 Moses 173 Stephen 172 Thomas 173 William 218
PARKS, Flora 202 Helsia 202 John 202 Louisa 62 Manuel 202 Nancy 62 Sallie 202
PARM, Abraham 2 Charity 2 Julia 2
PARSONS, George 98 Thornton 4

PATEN, Adeline 307 Alcia A 307 Charles 307 James 307
PATTERSON, Delia 117 George 117 Henry 117 Sarah 117
PEARCE, Ephraim 107
PEARSE, Joseph 211
PEARSON, Amanda 308 Emma 308
PEER, Silas 154 Violet 154 Zedah 154
PEIRRO, Emmeline 181 Hetty 181 Isaac 181
PEMBERTON, Caroline 172 Edward 172
PEMBROKE, Joseph 8
PENNYWAY, Jennie 222 John 222 Margaret 222
PEOPLE, Doc 45 Pricilla 45
PERKINS, Agnes 157 Albert 108 Alexander 157 Delia 157 Edward 99 George 108 136 Grace 108 Henrietta 34 Jacob 235 Lucy 235 Richard 136 Robert 235 Washington 235
PERO, Alfred 82 Esau 82 Frederick 82 Glover 82 Jane 82 Jesse 82 Julianna 82 Lemuel 82 Mary 82 Matthew 82 Priscilla 82
PERR, Baker 29 Biddy 29 Dennis 31 Edmund 29 James 31 Jefferson 29 Lizzie 29 Isaac 31 Penelope 29 Peter 29 Providence 29 Silva 29
PERRITT, James 235
PERRY, Betsey 25 Brooks 112 Caroline 32 Dennis 25 Elly 25 Francis 12 George 112 Isabella 47 Jacob 112 James

25 Liza 56 Lucy 25 112
Malinda 200 Mathew 112
Miles 47 Peter 25 47 Thomas
25 Vina 112 William 25
PETERS, Anna 8 Delia 8
Stephen 8
PEW, Albert 41 Elizabeth 41
Johman 41 Sarah Ann 41
PHILIP, Eddy 117
PHILIPS, Adeline 170 Kate 170
Leina 170
PHILLIPS, Carroll 93 George 43
52 Mack 93 Milton 93
Phineas 93 Rose 93 Sally 52
Sara 95 Sarah 43
PHINX, George 189
PICKENS, George 84 Hagar 84
Jonas 84 Lila 87 Mary 84
Richard 84 Silva 84
PICKS, Eliza 185 George 185
Louisa 185
PIER, Anna 165 Emma 165
Harriett 165 Mary 165
Sharper 165
PIERCE, Dennis 21 Emiline 21
Judith 21 Missouri 104
Oaphens 21 Rose 21 Toney
21
PIERMAN, Frank 180 Marie 180
Nathan 180
PIERSON, Caroline 4 Edith 4
Eversilla 4 Malinda 4
William 182
PINK, Albert 204 Chaino (?) 204
Dolly 262 Eliza 262 Fanny
262 Frederick 262 Joicey 262
Leonard 262 Maria 204 262
Mary E 262 Robert 204
Washington 262

PINKNEY, Benjamin 310
Delmore 310 James W 310
Maud 310 Peggy 310 Peter
310
PINKS, Clarissa 263 Jordan 263
Louisa 263 Richard 263
PINS, Nathan 232
PIPER, Antione 295
PLOUCHE, Edwin 156 Ester 156
Florida 156 Middleton 156
Milton 156 Oda 156
PLUMMER, Amanda 141
Charles 141 Isabella 141 Kate
141 Margaret 141 Maria 141
Mary Ann 141 Nancy 163
Rebecca 141 Sarah 141
Westley 140
POINDEXTER, George 31
Martha 31 O'Donnel 31
POLK, Augustus 42 Ellen 42
Elvira 42 Enoch 42 Henry 42
Joseph 270 Martha 42
Ransom 42 Rose 42 Sarah
270
POLLITT, Jean W 272
POLLOCK, Hancy 73 Robin 72
Watson 72
POOL, Elizabeth 11 Jackson 11
John 11 Margaret 11
POOLE, James 144 Mary 144
Melinda 144 William 144
PORDS, Mary 58
PORTER, Aaron 262 Adaline
267 Albert 183 Edith 64 Eliza
52 Fanny 44 Flora 156 159
Frank 267 Gracey 262
Harriett 65 Henry 52 John
256 John Jr 256 Joseph 65

Mary 267 Mary J 64 Richard 52 Thomas 156 William 52
POSEY, Cready 58 Jane 58
POTTER, Ellis 74 Issac 73 Jane 74 Rhody 74 Tempey 73 Washington 73
POWAL, Andy 206 Edward 67 Henry 206 Laura 206 Susan 206 Parker 211 Sarah 211
POWELL, Henry 288 Martha 288 Mary 288 Sallie 288 Thomas 288
POWERS, Susan 221
PRICE, Adeline 152 Andrew 48 Appy 79 Caroline 48 Collevick 108 Dinah 152 Dolly 48 Elizabeth 80 Elnora 200 Ezekiah 79 Gilbert 79 James 30 Jane 85 Jesse 48 Joshua 79 Mary E 80 Matthew 79 Moses 85 Penelope 79 Pleasant 79 Serina 152 Silas 80 Stephen 48 Thomas 79 William 79 152
PRINCE, Charlotte 294 Hanson 294 Isaac 295 Sallie 295
PROCTOR, Hannah 286 Jack 287 Jane 287 Joseph 287 June 286
PROTHO, Frank 260 George 260 Mary J 260 Prince 260
PRUET, Washington 49 Charlotte 200 Stephen 200
PUISON, Charlotte 264 Maria 264 Richard 264 Seely 264
PUNY, Adolphus 272
PUTLEY, Charles 269 Harriette 269 Horace 269 Isaac 269 Joseph 269 Katz 269 Nathan 269

QUARNER, Alice 68 Antonia 67 68 Charles 68 Eliza 68 Emily 68 Emily H 68 George 68 Simon 68
QUARRELS, Sarah 162 Charles 130
QUINLAN, Mike 158 Phoeme 158
QUINTON, Georgianna 157 Jackson 157 Laura 157 Lucy 157
RADFORD, Hannah 250 Henry 250 John 284 Mary 284 Sam 250 William 250
RANCE, James 233
RANDAL, Gilbert 178 Henry 148 Jane 178 Julia 148 Marie 178 Orrin 148 Sohius 178 Walker 178 William 178
RANDALL, Adeline 117 Amy 144 Chloe 72 Ella 144 Everett 114 Fanny 114 James 114 Jane 144 Jesse 72 Josephine 117 Mack 144 Martha 144 Rose 144 Willet 117
RANDOLPH, Grosay 300 John 249
RANEY, Ann 96 Eliza 96 Minerva 96 Moses 96 Richard 96
RANKINS, Samuel 130
RATHALL, Charles 125
RAWLINGS, John 14 Chaney 269 Henry 269
RAY, Alfred 99 Clara 63 Colla 213 Edward 99 Ellen 210 313

Hannah 99 Harrison 213
James 313 Jane 210 313 John
99 Joseph 209 Kent 99
Lamson 99 Levina 313 Lucy
213 Mary 210 Nancy 99 213
Norman 209 Phoeba 213
Randal 213 Samuel 209 Sarah
213 Susan 209 Warren 213
RAYMOND, Andrew 121
Edward 45 Francis 84
Isabella 121 Josephine 84
Julia 84 Martha 84 Thomas
84
READ, Anthony 76 Emily 76
READDON, John 75
REAGEN, Ben 57 Estelle 57
Frank 57 Georgianna 57
Mary 57
REASEN, Andrew 132 Mary 132
RECTOR, Alexander 94
Charlotte 90 Dora 90
Parmelia 94
REDDIN, Phillis 29 Stephen 29
Unas 29
REDMOND, Anthony 75 Lucy
75 Martha 75 Mary 75
Samuel 75
REED, Charlotte 264 Daniel 264
Daniel Jr 264 Emily 264
George 264 Hynston 264
Marcia 264 Richard 264
Samuel 264 Teena 264
REESE, Catherine 26 David 26
George 26 Judith 26
REEVES, Charlotte 43 Emily 52
Hay 52 Henry 52 Jane 52
William 52
REID, Amy 111 Andrew 104 135
Caroline 111 Cassy 101

Cecelia 135 Ceily 32
Charlotte 122 Cheney 104
Claiborne 111 135 Cupid 32
Daniel 101 Dicey 32 Dinah
111 Edmund 120 Ellen 127
Esther 120 Fannie 135
Frances 101 George 104 122
Hamilton 120 Hannah 120
135 Harriett 111 Horace 101
Isaac 102 Israel 101 Jane 121
Jesse 111 John 33 Josephine
104 Laura 101 Lutherine 104
Mace 104 Monroe 101 Nancy
32 Nettie 135 Priscilla 102
Putnam 32 Rachel 104 Rose
104 Rubin 122 Samuel 148
Sukey 102 121 Thomas 21
Venjamin 33 Washington 104
William 120 127 144
REILLY, Jack 57
RENOLDS, Lucy 293 Mary Ann
293
RESINA, Catherine 70 Horace
70
RESTER, Stephen 4
REUBEN, Caroline 71 Cheney
71 Elizabeth 71 Kizzy 71
Laura 71 Matilda 71 Nancy
71 Reuben 71 William 71
REYNOLDS, Alice 240 Clara
241 Clarence 240 Hannah
241 James 240 Jesse 30
Lavina 30 Louisa 241 Mack
90 Major 30 Mary Ann 30
RHODES, Rebecca 149
RICE, John 220
RICHARDS, Dallas 48 William
303

RICHARDSON, Amelia 209
　Angeline 209 Ann 296 Cloy
　209 Daniel 294 Dolly 209
　Elijah 184 Emmeretta 108
　George 296 James 209 Jary
　233 Lethe 184 Lucy 209
　Mary 233 294 Robert 314
　Sam 61 Silvia 184 Starling
　226 Thomas 222 226
RICHMOND, George 165
RIDELY, Thomas 52
RIDGE, William S 63
RIDLEY, Rose 168
RILEY, Annie 94 Arina 129
　Arthur 93 Edward 94 Eliza 94
　Harriett 94 Isabella 94
　Jefferson 129 John 129 Mary
　94 Sandy 94 Wright 94
ROBERTS, Agnes 289 Brown
　290 Coleman 314 David 285
　Emma 290 Frances 304 Frank
　290 Harriett 314 Houston 290
　Isaac 304 Jane 107 John 165
　Julia 285 Louis 285 Lula 305
　Martha 314 Mary 31 Matilda
　305 Pleasant 31 Ritta 285
　Roger 116 Samuel 107 Sandy
　289 Sarah 304 Thomas J 304
　Wiley 305 William 290
ROBERTSON, Aleck 206 Eliza
　206 Frances 74 Isaac 129
　Janet 106 Len 206 Mary 206
　Samuel 106 Sarah Jane 106
ROBIN, Amanda 136 Augustus
　136 Betty 136 Jane 136
　Lawyer 136 William 136
ROBINSON, Aaron 18 Abraham
　239 Agnes 238 Amanda 239
　Amy 97 Anna 222 Anthony
　128 Augusta 150 Beverly 238
　239 Calmus 240 Cassel 47
　Cato 238 Ceeley 18 Charles
　18 84 Charles H 239
　Charlotte 203 Clarissa 234
　Cleburn 110 Clemence 47
　Delia 239 Edward 110 Eliza
　Ann 84 Elizabeth 18 150 Ella
　310 Ellen 128 Elvie 56 Emily
　29 Esther 23 Fanny 240
　Francis 110 Frank 118
　Georgianna 110 Hally 311
　Harriett 240 Harrison 240
　Henrietta 110 238 Henry 239
　Henry M 18 Holly 47 Horace
　56 Ida 310 Isam 128 Jack 203
　Jane 48 97 123 311 Jenson
　118 John 69 127 203 234
　Judith 115 Kitty 203 Lolette
　29 Louisa 47 Margaret 110
　Mary 272 Mary Ann 29 Mary
　E 150 Matilda 240 Matthew
　150 May 30 Miles 222 Milly
　222 Monroe 30 Nancy 29
　Nathaniel 48 Nellie 310
　Nelson 239 Nettie 238 Nisey
　23 Payson 222 Peter 128
　Phoebe 30 Rachel 118
　Reuben 23 Robert 97 Rosetta
　239 Samuel 121 Sandy 47
　Sarah 48 56 Silas 222 Stewart
　296 Susanna 203 Susannah
　150 Thomas 123 311
　Thompson 240 Tison 97
　Walter 240 Washington 203
　Westley 29 239 Wilbert 310
　311 William 30 Zachariah 47
ROBISON, Fanny 277 Hannah
　277 Linda 277 Thomas 277

ROE, Martha 120 Taylor 120
ROGERS, Elizabeth 165 Henry
　219 Offie 165 Rose 165
　Thornton 277
ROLLINS, Ellen 47 Holstein 129
　John 47
ROME, Cillia 56
ROSCOE, David 48 Sarah 48
ROSE, Amelia 233 Arthur 233
　Gustavus 233 Gustavus Jr
　233 Mary V 233 Oscar 233
　Spotswood A 233
ROSENTHAL, Adeline 244
ROSS, Abigail 256 Alice 303
　Ann 240 Caroline 240
　Clarissa 256 Delicia 256
　Edward 303 Ellen 303 Jacob
　240 Jacob Jr 240 Jennie 240
　Johnson 228 Juliana 256
　Jupiter 256 Lucy 256 Matilda
　228 Richard 256 Sally 256
　Sarah 303 Seldona 240 Toney
　152 Walton152 Westley 256
　William 240
ROUSEAU, Elizabeth 275
　Joseph 275 Joseph Jr 275
　Posey 275
RUFFIAN, John 117 Louis 117
　Martha 117 Prince 117 Silas
　117
RUNNELS, Elizabeth 177 John
　177
RUPELL, Amy 243 Frank 243
　Isaac 243 Mary 243
RUSSEL, Amy 266 Blackstone
　266 Isaac 267 Matilda 41
　Richard 41 Virginia 267
RUSSELL, Arina 178 Celia 178
　Jackson 178 Jenny 235
　Louisa 237 Mary 178 Sina
　178
RUSSET, Anthony 41 Emmeline
　41 James 41
RUTH, Allen 305 Ella 305
　Harriett 59 John 305 Laura
　305 Louisa 59 Luck 305
　Rachal 305 Sallie 305
　Thomas 305
RUTHE, Matilda 244 Richard
　244 Richard Jr 244 Tony J
　244
RYANS, Judith 97 Terence 97
RYLAND, Jeptha 200
SAMPSON, Robert 24
SAMUEL, Alice 22 John 22
　Mary J 22 Stella 22
SANDERS, Alexander 147 Asa
　163 Beckie 58 Clem 204
　Delia 147 Eli 286 Eliza 181
　Eliza Jane 176 Elizabeth 286
　Ellen 130 181 Emily 61
　Gilbert 286 Hardy 147 Henry
　181 Isaac 147 Jacob 286 Jane
　147 181 Jeanette 147 John 60
　Joseph 61 Lina 169 Linda
　133 Louis 130 Louisa 147
　286 Louise 133 Lucy 204
　Martin B 169 Mary 58 Mary
　Ann 133 Patsy 61 Rease 204
　Robert 181 Rose 169 Sallie
　204 Sarah 58 Susan 204
　Viliot 60 William 133 286
SANFORD, William L 296
SARDEE, Charlotte 295 John
　295
SAUNDERS, Alfred 256 Bellona
　256 Elijah 254 Elisabeth 256
　Mahala 138 Sarah 256

SCHACKELLORD, Marion 243
SCHAFOOT, John 239
SCOFFRL, Benjamin 78
SCOTT, Abraham 153 Adam 209
　Alexander 104 Alice 303
　Amwrica 209 Anna 283
　Anthony 221 Antione 303
　Betsey152 Caroline 105
　Catherine152 Charles 43 105
　282 Christopher 104 Clarissa
　103 Delia 236 Dilsey 105
　Dorcas 282 Douglas 153 Eda
　302 Edward 153 Edwin 198
　Elijah 241 Elisha 4 Ellen 153
　248 Emma 171 236 Fanny 42
　Florida 248 Frances 172
　Frank 197 General 104
　George 103 193 302 Hannah
　221 Harriett 207 221 Henry
　153 Isaac 198 303 Isabella
　104 Jacob 63 Jeanette 272
　John 198 Jones 105 Joseph
　153 Julia 198 Louisa 248
　Lucinda 193 197 Malbory (?)
　303 Marcelus 302 Maria 4 61
　Mary 43 276 Mary Ellen 153
　Matilda 302 Millie 289 Milly
　104 Moses 302 Nancy 283
　Orlando 198 Robert 248 Rose
　198 Sally 55 Sam 236 Samuel
　4 Saphronica 104 Sarah 302
　Solomon 153 Sophia 209
　Stanhope 42 Stanley 42
　Stephen 104 221 302
　Thornton 248 Victoria 209
　Virginia 302 Walter 282
　Warner 153 William 221 242
SCRUGGINS, Robert 102
SCUANTERBURG, John Jr 170

SEALS, Austin 201 Delta 201
　Emma 201 Fernando 201
SEAY, Willis 277
SEILLEY, Minerva 138 William
　138
SEIP, Eliza 285
SEVALL, Amos 242 Francis 242
　Georgia 242 Jane 242 Miles
　242 Sarah 242
SEWELL, Amy 312 Benjamin
　312 Dennis 314 Dolly 314
　Isaac 253 Jarvis 312 Joseph
　134 Julia Ann 312 Louisa 312
　Mary 253 314 Mary Ann 12
　Mary M 312 William 312
　William Jr 312
SEYLIE, Fanny 119 William 119
SEYMOUR, Allen 222 David
　222 Dolly 222 Emily 222
　John 222 Peter 222
SHACKLEFORD, Algerie 125
　Andrew 125 Toney 125
SHARP, Chatman 125
SHAVER, Charles 268 Duck 268
　Puss 268 Shilds 268 William
　268
SHAW, Anderson 268 Benjamin
　111 Henrietta 111 John 268
　Lizzie 268 Melinda 268
　Pleasant 268
SHEPPARD, Harrison 307 Henry
　188 Lucy 215 Nelson 215
　Rebecca 307
SHIELD, Land 262
SHIELDS, Clara 169 Elleck 169
　Josiah 169 Martha 169 Mary
　169 Sandy 271
SHIRL, Betsy 269 Guss 269
　Sadonia 269 William 269

SHORT, Ruth 301
SHORTER, Betsy 308 Erstine
   249 Harry 250 Letitia 249
   Loyd 249 250 Lucy E 249
   Maria 308 Martha 250 Mary
   E 250 Nickey 308 Oscar 308
   Oscar Jr 308 Peter 249
   Rachel 308 Thomas M 250
   William Henry 249
SIAH, Benjamin 80 Hester 80
SIDLEY, Dolly 137 Donnison
   137 George 137 Lucy 137
   Neal 137 Nelson 137
SIGNATER, Laura 293 Mary
   293 Peter 293
SIKES, Andrew 97
SILLA, General 179 Jane 179
   Mary 179
SILMAN, Jane 2 Sam 2 William
   2
SIMES, Roster 209 Rural 212
SIMMINS, Belle 298 George 298
   Julia 298
SIMMONS, Columbus 144
   Martha 73 Milton 166
   William 73
SIMONS, Josephine 57 Lizzie 57
   Loda 56 Louisa 56
SIMPSON, Effin 280 Fanny 280
   James 2 Nancy 280
SINNIX, Richard 283 Robert 283
SKINNER, Ellen 197 Hebert 197
   Martha A 197 Vansler 197
   Winnie 197
SLACK, Louis 77
SLADE, Fenton 73
SLAUGHTER, Adeline 165
   Charles 165 Emma 165 Jane
   165 Judith 165 Tete 106

SLAY, Aaron 296 Celest 296
   Peggy 296
SLEDGE, Daniel 148
SLEY, Henry 204 Josephine 204
   Lizzie 204 Margaret 204
   William 204
SLUT, Lucy C 266
SLYE, Utah 204 William 204
SMALL, Albert 227 Clara 227
   Johanna 227 Lear 227 Moses
   227 Thomas 135
SMALLEY, John 21 Sarah 21
SMILER, Frances 35 John 35
   Martin 35 Mary 35 Milton 35
   Sarah 35
SMITH, Aaron 300 Abbe 229
   Abraham 199 Afred 279
   Albert 239 Aleck 228 285
   Alfred 109 229 285 Allen 32
   Alley 103 Alverda 122 Amy
   239 Andrew 48 Anne E 285
   Anthony 103 Archer 237 Ben
   285 Betsy 199 Camelia 269
   Charles 18 69 145 287 Clara
   18 Clarissa 32 294 Daniel
   103 David 177 295 Edmond
   243 Edmund 102 Ellen 122
   142 170 312 Emeline 298
   Emily 13 Emma 122 Fanny
   228 Fawn 269 Flora 197
   Frances 279 Frank 239
   Frederick 285 Gafe 285
   George 177 229 258 Henry
   170 Hettie 189 Ida 122 Isaac
   298 300 Isabella 177 Isabelle
   301 Isam 194 Jackson 194
   James 177 Jane 102 Jefferson
   216 Jenkins 228 John 9 228
   239 298 Jordan 128 228 229

Joseph 189 294 Joseph P 63
Juda 300 Kitty 274 Lamas
204 Laura 142 Lawson 103
Lewis 5 313 Littleton 194
Lottie 285 Louisa 298 Major
9 Manuel 142 Maria 63 229
Martha 40 109 216 239 Mary
5 Miles 287 Milton 103
Minerva 285 Minnie 285
Moses 239 Murry 228 Nancy
6 199 Nason 228 Nelly 102
Paul 287 Perry 40 Phebe 48
Polly 287 Rachal 204 239
Rafe 127 Richard 18 Robert
103 Sallie M 228 Sam 239
Samuel 186 285 Sarah 142
216 229 Seymour 13 Stephen
301 Susan 9 285 Tanny 69
Thomas 161 Unity 237 Van
14 Westley 194 Wilder 312
William 122 123 142 302
SMOOT, Horace 96 Lee 96
Margaret 96 Viney 96
William 96
SNELLING, John 108
SNIRELL, Louis 130 Maria 130
SNOWDEN, Ceaser 37 Harriett
37 Isabella 37 Isam 37 Isdin
37 Israel 133 Jane 133
Manuel 133 Rachel 133
Samuel 133
SOLIBELLAS, Joseph M 213
SORRELL, Manuel 53
SOSTHENE, Braziel 149 Isabel
149
SOVELLE, Julia 226 Thomas W
226
SPAIN, Cannon 168 Harriett 168
SPARKS, Aleck 208

SPIKES, Abbe 286 Abraham 286
Albert 286 Celia 286 Dennis
286 Ellen 286 Emeline 286
Henry 286 Joseph 286 Maria
286 Martha 286 Samuel 286
Sarah 286
SPLAR, Adeline 64 Elisha 64
Eliza 64 George R 64 Tanny
M 65
SPRADLEY, Robert 129
SPRAGGON, William 275
SPROUT, William 170
ST CLAIR, Edward 95 Fanny 95
Harriett 95 Henry A 95
STAFFOD, Ellen 271 Imy (?)
271 Jane 271 Louisa 271
Robert 271
STAFFORD, Charlotte 168
Josephine 94 Maria 94 95
Robert 111 William 158
STAPLETON, Americus 75
Celeste 75 Courtney 75
Thomas 75
STARKS, Batice 230
STARTS, Delphi 35 Mack 35
STEPHEN, Sharper 92
STEPHENS, Ardell 101 Frank
101 George 192 Hannah 114
Jacob 192 Louisa 65 Michael
101 Roseanna 192 Selvin 65
STEVENS, Annie 127 John 127
Shelby 184
STEVESON, Mary 10 Eva 10
Jeremiah 10
STEWART, Anderson 255
Anthony 35 Bailey 286
Burdet 118 Caroline 186
Catherine 98 Charity 286
Charles 139 Cornelius 165

David 187 Delia 118 Delphie
35 Ellen 98 Emma 286 Esther
9 Fanny 4 Henderson 118
Henry 118 296 Hester 286
James 9 35 286 Jim 255 Kate
118 186 Lafayette 187 Lottie
35 Mary 98 118 242 286
Mary A 296 Mary Ann 35
Nancy 98 118 296 Octavia
242 Phillis 139 Rebecca 35
255 Richard 187 Rose 9
Samuel 165 Sarah 165
Timothy 9 Washington 35
William 98 296
STILES, Henry 119
STOKES, David 179 Isaac 179
Jane 179 Milly 179 Solomon
179 Tillman 179
STRANGHTER, Fanny 154
Mahala 154 Mary 154
Stamford 154 William 154
STREET, Elinora 17 Eliza 162
Kate 162 Letitia 162 Loletta
162 Michael 17 Patrick 162
STROLLER, Julia 310
STRONG, Lydia 261 William
261
SUCKERS, Charles 148
SULLIVAN, Catherine 62
William 2
SUMMERS, Dick 223 Lettie 223
SUMNER, Amanda 94 George
94 Martha 89 Ransom 89
SWAIN, Andrew 172
SWEETMAN, Anna 166
Charlotte 166 Doc 157
Frederick 166 James 166 Juba
166 Kaye 157 Mary 157
Robert 156 157 Robinson 157

SYLVESTER, John 179 Nancy
179 Phoebe 179
TABOR, America 183 Cilla 183
Ellen 183 Richard 183
TALBERT, Isaac 149 John 152
Patsey 152
TALLEY, Everett 175 Henry 175
Martha 175 Virginia 175
William 175
TANNER, Archibald 94 Betsey
162 Emma 146 Esther P 140
Felicia 94 Frederick 94
Moses 94 Nancy 94 Robert
249 Thomas 94
TAPE, John 183
TARLTON, Hannah 194 Samuel
194
TAU, Ellen 203
TAYLOR, Adeline 298 Albert
289 Alexcenice (?) 3 Allen
304 Angeline 213 Ann 220
Benjamin 46 Betsey 281
Betsy 247 Charles 84 304
Charlotte 247 Clarissa 281
Delia 84 Dicey 149 Dinah
170 Dorinda 266 Edmond
302 Eliza 173 213 Elizabeth
304 Emeline 288 289 Frances
293 Francis 3 213 Frank 288
289 Gabelle 67 George 247
302 Georgeanna 281
Granville 131 Henry 46 127
Hester 84 Iverson 119 James
170 247 John 280 Joseph 171
288 June E 281 Lacheria 218
Lark 289 Lizzie 162 Louisa
289 Maria 3 247 281 Mary 58
213 238 Milly 302 Moses 281
Nelson 287 Nettie H 281

Penelope 84 Pickens 220
Prisilla 46 Richard 238
Robert 247 298 Sarah 280
Sarah A 281 Sharper 149
Sidney 266 Susan 247 266
Susan 304 Taylor 220
Tempas 266 Thomas 162 173
Tim 170 William 171 220
TEA, Albert 207 Amy 207 John
  207 William 207
TENIX, David 199
TERRELL, Eliza 131 George
  131 Violet 187
TERRY, Jane 105 Silvia 105
TEXADA, Hannah 263 Joseph
  W 301 Shelton 263
TEXALL, Dinah 225 Jennie 225
  Moses 225
THOMAS, Abitha151 Abraham
  215 Alfred 230 Amelia 4 126
  Anna151 Brit 304 Celia 290
  Charity 216 Cornelia 130
  Daniel 73 Delia 72 Edward 4
  271 275 Eliza 126 176 290
  Esther 304 Frederick 176
  Gadson 130 George 130
  Georgeanna 230 Halley A
  216 Hamilton 149 Harriett 72
  216 Harrison 148 Henrietta
  271 Henry 37 115 216 290
  Isaac 130 Israil 275 Israil Jr
  275 Jacob 4 James 72 275
  Jane151 251 Jefferson151
  John 37 63 Joseph 37
  Josephine 4 Kitty C 217 Lana
  230 Laura151 Lorenso 275
  Louis 149 Lynch 304 Mahala
  176 Margaret 126 Maria 4
  Martha 126 Mary 63 149 230

271 Melinda 275 Minter 271
Nancy 37 217 Nicholas 149
Noah 72 Reuben 72 Richard
183 230 Robert 176 Rose 275
Sarah 130 Scott 115 Silley
115 Stephen 275 Sukey 37
Thomas 72 Ussian 275
Warren 176 Washington 149
Westley151 William 183
THOMASNOW, Alice 170 Anna
  170 James 170 Nancy J 170
  Teba 170
THOMPSON, Albert 51
  Alexander 79 Caroline 41
  Celeste 51 Celia 220 Charles
  53 79 220 Daniel 231 Delia
  53 Emmeline 38 Esther 7
  Georgianna 50 Hagar 79
  Henrietta 129 Henry 25 41
  231 Henry A 233 Humphrey
  284 Isabell 114 James 25 148
  271 Jane 44 114 Jeff 64
  Jefferson 51 John 53 114
  Josiah 112 Kate 114 Lila 51
  Lizzie 112 Louisa 220 306
  Margaret 51 79 Maria 25 231
  Mary 114 Mary Ann 79 Mary
  Celeste 38 Matthew 7
  Melinda 25 Miles 49 Minerva
  114 Moses 231 Nathan 51
  Peter 231 Philip 38 Priscilla
  25 Randolph 51 Resina 220
  Reuben 220 Rosanna 44 Rose
  79 Rosianna 220 Samuel 44
  Sandy 125 Sarah 7 25 284
  Scott 114 Sidney 7 Sophia 44
  Susan 53 Thomas 114 220
  Virginia 51 William 25 53
THOMSON, Peter 283

THORNTON, Aaron 208 Betsey 78 Elisabeth 208 Ellen 208 Lizzie 78 Mary 208 Milly 208 Patsy 208 Quinton 2 Sallie 208 Stephen 142 Thomas 166 William 166
THORP, Della 89 John 89 Jordan 89 Nancy 89 Sarah 89
TICKLED, Alice 264 Charlotte 264 Mary 264 Priest 264
TIGHLMAN, Alexina 8 Arina 8 Baziel 102 Charles 8 Delia 111 Elijah 8 Elvira 102 Hannah 8 Jeff 102 Maria 8 Michael 8 102 Nancy 102 Pinkney 8 Prince 102 Richard 8 Sarah 8
TILFORD, Annie 47
TILMAN, Amanda 199 Amelia 199 Isaac 199 Jane 69 Martha 199
TINNAN, George 45 Harriett 45 John 45
TOBY, Henry 81
TOLBERT, Ann 202 Daniel 202 Lydia Ann 202
TOLLIVER, Arthur 148 August 88 Daniel 88 Edmund 88 Ellen 87 Frances 87 Henry 88 James 87 Rebecca 88 Seymour 87 William 88 Willis 87
TOMPKINS, Amelia 221 Martin 221 Mary 221 William 221
TOYE, Annette 309 Elizabeth 309 Richard 309
TREDDWELL, Charles 296 Eliza 296 Lucinda 296 Robert 296 Stephen 296 Willis 296

TRESTER, Ann 235 Peter 235 William 235
TRUDS, Aurolia 107 Baptiste 107 Frozine 107 Lawrence 107 Miles 107
TUCKER, Ann 59 Charlotte 65 Hester 148 Jane 148 Marshal 148 Richard 148
TURNER, Aurelia 75 Austin 166 Averana 31 Catherine 166 Charles 75 Coata A 225 Cora 222 Cora A 225 Creecy 80 David 31 Elizabeth 23 Emma 31 Hardy 80 Harriett 23 Hector 75 Jane 75 John 23 Joseph 193 Keziah 75 Laura 75 Lizzie 31 Louis 75 Louisiana 81 Lucinda 31 Lucy 166 Maria 31 Mary 31 75 Melia 75 Melinda 166 Mitchell 75 Preston 75 Robert 75 Virginia 75 William 75 81
TYLER, Adeline 260 Dent 40 Edmund 260 Eliza 260 Henry 40 John 260 Mahalie 260 Moses 130 Rachal 260 Rose 40
UNDERWOOD, Davis 130
VAILE, Rachel 18
VAILES, Robert 203
VAILEY, Martha 95
VALENTINE, Doctor 11 Jane 11
VAN HORN, James 105 Mary 105 Julia Ann 106 Sophia 106 Lee 106 Nancy 106 Maria 123
VAN BUREN, Martin 282 Martha 282 Henry E 282

VANCE, Ball 76
VANE, Elizabeth 23 Jacob 23
　Josephine 23 Martha 23
　Sylvester 23
VASHIEL, Goens 118 Hannibal
　118 Henry 119 Milly 118
　William 119
VAUGHN, Easton 177 Henry
　177 Hester 177 Malvina 177
VAUN, Frank 284 Hannah 284
　John 284 Maud A 284
VEIL, Charleston 145 Cherry
　145 Clifton 76 Duncan 76
　Harriett 76 145 Henry 76
　Kate 77 Louisa 77 Mary 76
　William 145
VICTOR, Frank 18
VIEL, Adley 83 Alice 83 Charles
　83 Liddy 83 Maria 83 Nolan
　83
VINCEN, Alfred 210 Henry 210
　Isabella 210 Mary 210
　Nathan 210 Ransom 210
　Richard 210
VIRGIL, Emily 116 Jane 116
　Kento 116 Margaret 116
　Martha 116
WADDLE, James 166
WADE, Albert 41 Andrew 168
　Dinah 168 Jefferson 76 John
　119 Oliver 168 Sicily 119
WAILES, Nelson 209
WAITS, Caroline 269 Laura 269
　Mason 269 William 269
WALKER, Abram 258 Alice 222
　Andrew 253 Baziel 37 Betty
　56 Bully 36 Catherine 153
　222 Darling 52 David 76 267
　Eliza Jane 1 Esau 36 Esther

　37 Frogine 37 George 205
　Gracie 222 Jacob 1 Jane 253
　John 132 184 267 Jozette 36
　Juda 222 Kate 55 Louisiana
　55 Lucinda 222 Martha 37 52
　Mary 37 55 253 Milly 153
　Moses 222 Nalsey 96 Nancy
　184 205 Philip 52 Prince 52
　Priscilla 132 267 Rachal 208
　Reuben 76 Rose 56 Samuel
　208 Sarah 267 Silvia 56
　Susan 205 Taylor 132
　Thomas 56 Thornton 76
　Walter 52 Winnie 222
WALL, Betsey 279 James 279
　John 279 Lavina 149 Lizzie
　279 Mack 279
WALLACE, Amanda 207 Bevel
　144 Cephas 271 Clifton 271
　David 83 Eliza 17 Emma 83
　Filisia 207 George 17 Horace
　307 John 197 Lettie 307
　Lucinda 142 Maria 17 Milton
　142 Nancy 17 Nep (?) 83
　Orange 17 Prince 49 142
　Robert D 307 Samuel 144
　Sarah 307 Sidney 144 Susan
　17 144 Thomas 144
　Washington 83 William 207
WALLNONER, Edward 278
　Ellen 278 John A 278
WALSH, John 294
WALTER, Frances 217
WALTON, Nathan 130
WARD, Charlotte 69 Filo 69
　Joseph 69 Wiley 127
WARNER, William 303
WARREN, Rebecca 17

WARRENTON, Ceeley 253
    Helena 253 Nelson 253 Rose
    253
WARRICK, Berlin 71 Kate 71
WARRINGTON, Felicia 212
    John 212 Joseph 212
    Nicholas 212 Rachal P 212
    William 212
WASHINGTON, Abram 125
    Albert 120 Alfred 120 Alice
    144 Amos 293 Angeline 87
    Anna 60 Ballard 108 Barbre
    291 Bart 22 Catty 55 Chaney
    132 Charles 87 David 65 291
    Dial 144 Dicey 88 Dick 289
    Doc 194 Eliza 12 86
    Elizabeth 106 Esther 203
    Etienill (?) 86 Frances 179
    Frank 144 George 22 55 60
    194 203 213 289 296
    Georgianna 144 Hannah 144
    Henderson 55 Henrietta 86
    Henry 106 153 Hester 194
    Hiram 132 Isaac 120 144
    Isabella 84 179 Jackson 88
    James 2 120 Jane 88 120 John
    22 86 87 Josephine 22 Julia A
    289 Laura 22 Lavina 86
    Lewis 65 203 Lippo 203
    Lizzie151 Louise151 Malvina
    120 Manda 120 Martha 65
    204 Mary 22 86 293 Miles
    136 Milly 87 Minnie 289
    Missouri 194 Monroe 120
    Murry 27 Nancy 132 Nelson
    144 Pelisha 125 Rosa 291
    Rosetta 108 Samuel 60 86 87
    Sarah 86 120 Savery 87
    Sinner 171 Solomon 22

Stephen 120 Sukey 120
Susan 179 Sylvia 120 Trotter
    120 Turner 108 Vina 86
    Violet 87 Walter 179 291
    William 289
WATERS, Betsey 171 Mollie
    171 Shades 171
WATKINS, Mary 132 William
    126 132
WATSON, Abraham 152
    Adeline 121 133 Alexander
    83 125 Amelia 207 Ann 83
    179 Arthur 207 Baziel 152
    Betsy 205 Birdie 179 Cecelia
    122 Celeste 180 Charity 205
    Collins 183 Cordelia 205
    Cornelia 133 Daniel 122 179
    Delilah 122 Eda 207
    Elizabeth 122 Ellen 83
    Emmeline 180 Ester 179
    Frank 133 George 252 Hagar
    133 Henry 122 133 179
    Jeremiah 122 John H 198
    Joseph 179 Lavina 152 Liddy
    83 Linda 205 Louis 205
    Margaret 122 Mariney 183
    Mark 122 Mary 122 183 205
    Mattie152 Mitchell 121
    Noble 207 Patrick 207 Philip
    122 Prince 121 Robert 9 Silva
    133 Simon 205 Squire 207
    Walter 76 William 185
    Wright 179
WATTS, Mary 63 Ruffian 142
WEBSTER, Betsey 168 Daniel
    130 Eli 13 Ellwood 140
    Frank 13 George 13 John 28
    Louisa 13 Lucy 13 67 168

Martha 28 Mary 13 Nelson 28 Sarah 168 Toney 168
WEEDEN, Grandville 244 Julia A 244 Lucy 244 Mary 244 Thomas 244
WEEMS, Dixie 34 Eliza 34 Grant 34 Jesse 34 Martha 34
WEIL, Jonas 57
WEILS, John 127
WELCH, Emma 185 Harley 185 James 185 Margaret 185 Tucker 185
WELCOME, Edward 273 Louise 273 Martha 273 Wilson 273
WELLS, Arthur 19 Caroline 19 Celeste 88 Cora 300 Duck 300 Emma 257 Frederick 300 George 257 Green 300 Harriett 88 Jefferson 300 Kenny 88 Mary Ann 88 Patsey 300
WELSH, Adway 210 Laura 210 Letty 210 Marcey 210 Sampson 210 Tilda 210 Welsh 210 William 210
WELSHE, Helen 202 John 202 Peter 202 Royal 202 Susan 202 William 202
WERDEN, Cora 305 Richard 305
WEST, Charles 16 Emiline 16 Frosine 314 George 16 Griffen 15 Harrison 136 James 16 Jane 314 Louis 282 Louisa 16 Nelson 314 Robert 16
WESTBROOK, Caroline 118 Henderson 118
WESTLEY, Nathan 202

WESTON, Eveline 153 John 153
WHEATER, Eliza 136 Grant 137 Henry 136 Mary 136 Tubal 137
WHEATON, John J 78
WHEATTY, Eliza 263 Samuel 263
WHITE, Abbey 126 Adeline 126 240 Agnes 155 Albert 156 Alfred 37 Allen 94 Amelia 251 Anderson 232 Andrew 125 Bella 103 Benjamin 103 Caroline 38 Cecelia151 Charles 38 91 Clara 103 Clarence 37 Clarissa 37 126 Clorese 37 Cornelius 98 David 116 Edith 94 Eliza 11 116 203 Ella 98 Ellen 116 Emily151 Emma 7 Ettinan 37 Fanny 156 Frances 37 George 12 126 156 Henry 24 Jane 7 151 Jesse 240 Johanna 251 John 37 Joseph 104 Kate 37 Landy 251 Lavina151 Leah 104 Lemuel 91 Manuel 11 Margaret 94 Maria 98 Martha 240 Mary 11 94 153 155 Matt 94 Matthew 94 103 Minerva 12 Mitty151 Moses 155 Nancy 126 Patrick151 Peter 103 Rachel 103 Rebecca 103 Saline 155 Silvia 126 Spencer 37 Stephen 11 125 251 Thim 203 Thomas 156 William 7 37 126 155 156 Willis 7
WHITESAY, Julia 232 Kasy 232
WHITING, Lena 62
WHITLOCK, Sandy 162

WHITTAKER, Jeremiah 167
    Louisiana 167 Susannah 167
WHITTER, Margaret 10
WHITTINGTON, William W 69
WHOLES, Isam 27 Mary 27
    Susan 27 Vina 27
WICKES, Louis 256
WICKLIFF, Letty 276 Louise
    276 Samuel 276
WICKLIFFE, Frank 154 Samuel
    154
WIGGINS, Julius 73 Maria 73
    Silvia 73 Turner 73
WILBURN, Ellen 65 Eva 65
    Joseph 65 Stella 65 Winnie
    65
WILEY, Handy 147 James 114
    John 114 Rose 114
WILKINS, Betsey 135 John 135
    Phebe 135 Providence 135
WILLIAM, Fitzhue 189 Freeman
    189 Gilbert 189 Hawkins 189
    Lucinda 189 Marzalia 189
    Sarah 189 Temple 189
    Theressa 189 Thomas 189
    Turner 189 Wiley 189
WILLIAMS, Abraham 287
    Adams L 298 Albert 257 288
    Aleona 289 Alexander 45
    Alfred 301 Alice 266 Allen 5
    Amanda 33 297 Anarchy 268
    Anderson 211 Anderson Jr
    211 Andrew 98 Ann 6 104
    Annie 78 Anthony 10 92
    Antoniette 36 Armstead 29
    Austin 295 Becky 281
    Benjamin 211 265 Benjamin
    Jr 265 Betsey 5 81 Betty Ann
    29 Bruce 298 Caesar 257

Caleb 82 Carissa 220
Caroline 288 Caroline 60
Casey 154 Catherine 210
Cattie 211 Celeste 185 Celia
78 288 Charles 81 105 129
Charley 258 Charlotte 290
Cherry 82 125 Chrino (?) 210
Clements 29 Clinton 104
Cora 81 Crip 38 Crup 268
Daniel 11 63 127 152 266
David 76 Delia 104 288
Denton (?) 288 Ebenezer 78
Eda 265 Edith 95 Edward 60
309 Elenora 81 Elijah 111
Elisabeth 258 Eliza 16 29 81
297 Elizabeth 74 Ellen 5
Elsey 86 95 192 Elvira 53 79
Emeline 289 Ement 193
Emily 257 Emma 82
Emmeline 98 Esther 220
Esther 258 Ezekial 79 Fanny
76 81 128 Fillis 58 Frank 6
14 59 95 Frederick 309
George 81 98 152 188 256
Georgianna 301 Grinnel 268
Guy 76 Hannah 144 Harriett
63 79 81 98 211 290 297 309
Henry 2 6 38 40 81 127 268
Hester 74 Hettie 258 Horace
128 Ida 95 193 Isaac 10 182
290 Isabella 257 Isabelle 290
Israel 78 James 36 51 95 98
258 289 Jane 2 10 29 78 106
127 211 266 268 281
Jefferson 258 265 Jeffery 73
Jerry 309 Jerry J 309 Jesse 81
Jimmy 268 John 128 John 2
15 45 258 259 290 John R 2
Jordon 281 Joseph 76 82 220

Josephine 256 Judy 45 193
Julia 128 193 Julias 192
Kenneth 81 Kenny 291 Kiah
81 Killas 288 Lavina 95
Lenna 29 Levina 281 Lewis
189 258 Liddy 2 80 Lincoln
258 Linda 36 Lizzie 95 Louis
104 Lucinda 80 Luck 291
Lucy 6 59 79 147 258 288
Luke 128 258 Mahala 32 78
Manqua 209 Manuel 95 Mark
78 Martha 79 192 259 Martin
298 Mary 36 38 78 81 95 257
268 295 301 Mary E 289
Melinda 236 313 Miles 95
Milly 209 Mima 81 Minela
(?) 297 Minnie 258 Missouri
14 Mitchell 268 Molley 192
Moses 2 17 75 81 159 313
Nancy 68 76 78 268
Napoleon 211 Nathan 45
Nelia 80 Nelson 140 258
Netta 265 Noah 96 Oscar 281
Patience 81 Patsey 152
Pauline 152 Penney 192
Penny 51 Perry 74 185 Peter
159 189 211 257 Phillis 10
Pilgrim 79 Providence 258
Rachal 189 211 Rebecca 14
287 Rhina 78 Rhodin 78
Richard 76 84 211 Robert
265 Roland 211 Sabria 82
258 Sam 64 Samuel 51 Sarah
2 17 81 82 152 Sidney 210
281 Silda 59 Silvia 108
Simon 82 Stephen 14 69
Stradder 297 Susan 32 81 125
Teena 76 82 Thensia 291
Theresa 63 Thomas 51 76 95

144 306 Truman 82 Victoria
81 Waira (?) 29 Walter 33
West 81 William 63 76 81
130 220 281 313 Willis 281
Winnie 82 Winny 84 Wylis
258
WILLIS, Jane 78 Jennie 291
   Mary 78 Price 78 William 78
WILLS, Julia 249 Robert 249
WILMONT, Charles 199 Danra
   199 Jack 199 Landre 199
   Louisa 199
WILSON, Alfred 40 Alsey 237
   Charity 206 Charles 220 237
   Clarissa 281 Davis 237
   Edmund 36 Elrey 200 Elsey
   206 Elsie 31 Frank 15 George
   32 228 Henry 31 158 Hillery
   32 Idoff 29 James 31 206
   Jane 31 Janette 36 Johanna
   281 Joseph 228 Julia 34 Kate
   119 Lacy 237 Laura 138
   Lawson 34 Lulu 237 Matilda
   299 Melane 237 Milley 206
   Milton 32 Myra 228 Nancy
   281 Palace 147 Prussia 237
   Samuel 138 299 Samuel Jr
   299 Sarah 15 Susan 206
   Tennie 206 Thomas 237
   Tynia 206 Viney 158 Virginia
   299 Wash 200 William 281
WILTON, Amanda 294 Ansted J
   294 Celia 229 Daniel 296
   Eliza 229 Henry 296 Joseph
   294 Joseph Jr 294 Juda 229
   Louisa 294 Prince 294
   Richard 296 William 296
WILY, Morris 65

WINBUSH, Abraham 50 Lizzie 26 Mary 26
WINCHESTER, Alfred 141 Edward 153 Emily 141 Gunny 141 Jane 116 Mary 141 Nicholas 141 Rose 141 Samuel 153 Warner 116
WINDER, Jane 15 William 15
WINEGART, Joseph 99
WINFIELD, Coleman 156 Eva 156 Lexington 156 Louis 156 Lydia 156 Thomas 274
WINFREE, Eliza 194 Louis 194 Mary 194
WINN, Martha 207 Robert 130 William 207
WINNFIELD, Thomas 258
WISDOM, Emily J 209 Sampson 209
WISE, Harriett 185 Lilly 65 Rachel 185
WISHAM, Isaac 103 James 103 Lucinda 103 Lucy Ann 103 Phoebe 103 Sally 103 Thomas 103
WOLFORD, John 295 Levi 295 Levi Jr 295 Rachel 295
WOOD, Diana 176 Frank 51 Jefferson 51 Mathias 176 Sarah 51 Virginia 51
WOODARD, Thomas 223
WOODFORD, Isaac 121
WOODLEY, Samuel 299
WOODS, Andrew 65 Ann 215 Ceeley 115 Charles 215 Cinthia 211 Dilsey 215 Elizabeth 139 Frank 215 Jacko 184 Jane 138 Jennie 215 Jilsen 115 John 211 215 Josette 139 Margaret 215 Martha 139 Milly 215 Nelson 139 Viney 215 Walton 115 William 138
WORDS, Nancy 108 Sandy 108
WORK, Adeline 28 Celia 28 Frank 28 Hannah 28 Malvey 28 William 28
WORTHY, Henry 126
WRIGHT, Allen 26 Ann 26 Bebley 308 Caroline 290 Catherine 26 Clara 26 Cora 26 David 308 Elisha 26 Elizabeth 308 Frances 26 Harriett 133 James 133 Janet 26 Joshua 37 38 Kate 7 Lambert 133 Laura 46 Louisa 46 Maria 133 Mary 14 308 Matilda 308 Minerva 285 Orrin 46 Party 38 Remus 38 Robert 133 Silas 290 Silvia 308 Susan 133 Tilman 308 William 308
WYATT, Maria 149 Silas 149 Solomon 149
YELL, George 303
YOUNG, Alec 248 Alexander 264 Amy 248 Annie 101 Benjamin 296 Catherine 292 Charles 159 172 Charlotte 292 David 95 Doc 38 Dora 264 Emeline 112 Emma 201 Frances M 292 Hannah 159 Harriett 208 Henrietta 112 Henry 154 Jefferson 112 John 248 Joseph 29 Joshua 78 Josiah 112 June 112 Landy 38 166 Lanry 101 Lizzie 292 Louisa 201 Lucy 101 112

Mary 38 279 Patsey 101
Peggy 154 Rebecca 296 Reed
154 Robert 194 Sam 201 Sigh
208 Surry 154 Susan 112
Sylvia 38 Thomas 188 Van
201 Wesley 248 William 30
248 Wilson 292

www.ingramcontent.com/pod-product-compliance
Lightning Source LLC
Chambersburg PA
CBHW071951220426
43662CB00009B/1079